Seminários
sobre Psicologia
Analítica (1925)

Dados Internacionais de Catalogação na Publicação (CIP)
(Câmara Brasileira do Livro, SP, Brasil)

Jung, C.G., 1875-1961
Seminários sobre Psicologia Analítica (1925) / C.G. Jung ; edição original
William McGuire ; edição revista, introdução e notas adicionais
Sonu Shamdasani ; tradução de Gentil Avelino Titton. – Petrópolis, RJ :
Vozes, 2014.

Título original : Introduction to Jungian
Psychology : notes of the Seminary on Analytical
Psychology given in 1925
Bibliografia.

6ª reimpressão, 2024.

ISBN 978-85-326-4772-6

1. Psicologia junguiana I. McGuire, William. II. Shamdasani, Sonu.
III. Título.

14-01587

CDD-150.1954

Índices para catálogo sistemático:
1. Psicologia analítica   150.1954

C. G. JUNG

Seminários sobre Psicologia Analítica (1925)

Edição original
William McGuire

Edição revista, introdução e notas adicionais
Sonu Shamdasani

Tradução de Gentil Avelino Titton

EDITORA VOZES

Petrópolis

Direitos de publicação em língua portuguesa – Brasil:
2014, Editora Vozes Ltda.
Rua Frei Luís, 100
25689-900 Petrópolis, RJ
www.vozes.com.br
Brasil

Tradução do original em inglês intitulado *Introduction to Jungian Psychology –
Notes of the Seminary on Analytical Psychology given in 1925 by C.G. Jung*

Edição original editada por William McGuire, edição revista editada por Sonu Shamdasani.

Introdução e notas para a edição de 2012: copyright © 2012, Sonu Shamdasani,
reproduzidos com permissão da Princeton University Press.

Editoração: Maria da Conceição B. de Sousa
Diagramação: Alex M. da Silva
Capa: WM design

ISBN 978-85-326-4772-6 (Brasil)
ISBN 978-0-691-15205-9 (Estados Unidos)

Este livro foi composto e impresso pela Editora Vozes Ltda.

Sumário

Prefácio à edição de 2012 da Philemon Series

De um ponto de vista histórico, estes seminários foram, sob muitos aspectos, os mais importantes dados por Jung, já que são a única fonte direta confiável na qual Jung fala do desenvolvimento de suas ideias e de seu autoexperimento, o que deu origem ao *Livro Vermelho*, o *Liber Novus*. Contudo, nunca receberam em grande escala a atenção que merecem. Em 1989 foram publicados na Bollingen Series, numa edição organizada por William McGuire (1917-2009)[1]. A edição foi preparada para ser uma edição de padrão elevado[2]. A publicação do *Liber Novus* proporciona uma oportunidade para uma nova apresentação dos seminários, já que a análise feita por Jung nestes seminários aparece agora sob uma nova luz. A esta edição revista da Philemon Series foi acrescentada uma nova introdução, junto com referências cruzadas ao material a que Jung se refere no *Liber Novus*, bem como ulteriores notas adicionais com novas informações. Estas foram identificadas com a abreviação *2012*. Erros que ocorreram na edição de 1989 foram simplesmente omitidos. Pesquisas ulteriores mostraram que as passagens de *ABC of Jung's Psychology* de Joan Corrie, identificadas como sendo deste seminário, e reproduzidas num apêndice, eram de fato do seminário dado por Jung no mesmo ano em Swanage, na Inglaterra, e por isso foram omitidas. McGuire supunha que os seminários ocorreram nas segundas-feiras entre março e julho, sem interrupção, e por isso acrescentou datas a cada preleção. Mas anotações recuperadas recentemente por Cary Baynes sugerem que os seminários ocorreram duas vezes por semana e por isso as datas adicionais foram suprimidas.

Sonu Shamdasani

---

1. Cf. BEEBE, J. "Obituary, William McGuire". *Journal of Analytical Psychology*, 55, 2010, p. 157-158.

2. Em 1988 ajudei com algumas pesquisas na preparação deste volume, o que foi uma experiência instrutiva naquele tempo.

Introdução

Sonu Shamdasani

Dia 24 de março de 1925 em Zurique. Cary Baynes anotou:

> Ontem começou a nova ordem, ou seja, o primeiro dos seminários. Estes
> últimos, como as antigas guerras descritas nos manuais escolares, têm uma
> causa imediata e uma causa remota, sendo que a primeira é brilhantemente
> exposta na carta circular de Jung. Diz-se que, quando a Srta. Corrie rece-
> beu a dita carta, ela sentiu como se seu pai tivesse morrido[1]. Houve um ge-
> ral choro e lamento e ranger de dentes entre os fiéis, mas júbilo dos "Quatro
> Ventos" pelo fato. Como eu tivera apenas duas sessões de análise desde o
> dia primeiro de dezembro, pareceu-me uma excelente oportunidade.
> Nós nos encontramos às segundas e quintas, das 4,30 às 6h da tarde, nas sa-
> las situadas na Gemeinde Strasse[2]. Ontem estiveram presentes os seguin-
> tes: Dra. Shaw, Dra. Kay (de 28 anos, procedente da Austrália, que eu via
> pela primeira vez, e de aparência muito atraente), Srta. Sergeant, Kristine
> Mann, Dra. Ward, Dra. Gordon, Beckwith[3] (que parecia picado por uma
> abelha, convencido de que os seminários significam a perda de sua sessão
> de análise com Jung – o que eles não significam –, mas a Anima dele o fa-
> zia apegar-se o máximo possível a essa convicção), Murray[4] (de 32 anos,
> recentemente chegado de Cambridge, na Inglaterra, mas anteriormente

---

1. Em 1922, Joan Corrie publicou um ensaio intitulado "A Personal Experience of the Night Sea Journey under the Sea", recontando e analisando sonhos que ela tivera durante sua análise com Jung. *British Journal of Psychology (Medical Section)* 2, p. 303-312.

2. A agenda de Jung confirma que os encontros ocorriam às segundas e quintas. Houve também uma interrupção de três semanas, de meados de abril até início de maio (a informação é cortesia de Andreas Jung).

3. Para informações sobre Sergeant, Mann e Gordon, cf. abaixo p. 25s. e p. 53s. respectivamente.

4. Por ocasião da páscoa, Murray passou três semanas em Zurique para sessões de análise com Jung. Para detalhes, cf. ROBINSON, F. *Love's Story Told*: A Life of Henry A. Murray. Cambridge, MA: Harvard University Press, 1992, p. 120s.

dos Estados Unidos – veio com 60 perguntas e entendeu os *Tipos* – fala ao estilo da Rainha, de maneira muito mais atraente do que eu – farmacêutico por profissão, possui uma propriedade num terreno retirado em Vermont, para onde espera atrair Jung para uma conferência; quando mencionaram a Califórnia, respondeu que esta última era inadequada porque tinha um futuro e que, depois que o lugar da conferência fosse escolhido, dentro de duas semanas seria construído um edifício de apartamentos; Vermont, por outro lado, seria o mesmo dali a 80 anos – isto para mim era uma estimativa conservadora. Penso que ele deve ter dito 800), Aldrich, Sra. Dunham (Chicago), eu, Srta. Hincks e Srta. Corrie. Sentamos nesta ordem ao longo das paredes e parecíamos sábios.

Jung disse que iria começar com um apanhado histórico da psicologia analítica e que, depois, nós poderíamos fazer todo tipo de perguntas como fizemos na Cornualha e que ele iria selecionar as convenientes para discussão[5]. Lembrei a ele que nós havíamos chegado a um acordo sobre um tema geral (Transferência) e perguntei-lhe se ele iria escolher o tema agora. Ele disse que não. Preferia que falássemos sobre aquilo em que estivéssemos interessados apenas quando estivéssemos numa análise pessoal. A Dra. Shaw disse que desejava saber algo mais sobre o princípio da enantiodromia – mais do que foi dado no capítulo sobre Schiller[6]. Você pode recorrer a isso, disse Jung, ou a palavras com esse significado, mas formule-o numa pergunta. O Sr. Aldrich disse que gostaria de ouvir Jung expor sua filosofia da vida e que as pessoas que estavam pensando em praticar a análise podiam reservar suas perguntas para suas sessões privadas de análise com ele. Eu protestei contra essa ideia e disse que alguns de nós não tínhamos essas sessões e ficaríamos muito desapontados se o seminário não fosse uma oportunidade liberal. Então Jung disse que Aldrich estava apenas mostrando seus chifres contra o elemento feminino preponderante, pelo que recebeu sonoros aplausos. Do tom abusado de Aldrich poder-se-ia supor que ele havia sofrido terrivelmente das pessoas que iam praticar a análise. Quanto à questão de discutir sua filosofia da vida, Jung disse que isso era um assunto grande demais e que Aldrich deveria dividi-lo em perguntas; depois a Srta. Corrie protestou contra um apanhado histórico, dizendo que ela preferia antes ouvir algo vindo dele próprio. Fiquei contente por ela ter dito isto, porque eu também pensei que ele planejava repetir a introdução

---

5. Referência aos seminários de Jung de 1923 em Polzeath (estes serão preparados para publicação na Philemon Series).

6. Cf. JUNG. *Tipos psicológicos. OC* 6, § 150. Jung observou: "Enantiodromia significa 'correr em sentido contrário'. Com este conceito se designa, na filosofia de Heráclito, o jogo de oposição no devir, ou seja, a concepção de que tudo o que existe se transforma em seu contrário" (§ 790).

que nos dera na Cornualha e isso teria sido uma pena; mas Jung pretendia algo muito diferente, ele tinha em mente o curso do desenvolvimento de suas próprias ideias sobre a análise, e isso evidentemente foi um tema que todos nós acolhemos com prazer. Ele disse que sempre ficou impressionado com a amplitude do campo que a psicologia analítica abarcava e, por isso, julgava que era útil se alguém tivesse uma espécie de panorama desse campo; e então ele começou sua palestra, que eu, na medida do possível, transmitirei de acordo com as próprias palavras dele, porque assim talvez reaparecerá algo da vigorosa qualidade de...[7]

O brilhante relato que Cary Baynes apresenta do bem-humorado início destes seminários termina abruptamente aqui. O público, evidentemente, não tinha nenhuma ideia do que Jung estava prestes a apresentar. Mas, antes de voltar a isso, precisamos examinar a situação de Jung em 1925.

JUNG EM 1925

Em 1921 apareceram os *Tipos psicológicos*, com aplauso geral. A edição inglesa apareceu em 1923 e recebeu muitas resenhas elogiosas. Num texto de duas páginas na *New York Times Book Review*, Mark Isham concluía: "Este volume é rigorosamente sério, positivo, didático, clássico e, no entanto, mais do que estimulante. É energizante, libertador e recreativo. O autor mostra um conhecimento surpreendentemente simpático do introvertido de tipo pensamento e dificilmente menos simpático no tocante aos outros tipos. [...] Jung revelou o reino interior da alma maravilhosamente bem e fez a notável descoberta do valor da fantasia. Seu livro tem um âmbito e um alcance múltiplos e sobre ele poderiam ser escritas muitas resenhas com temas bastante diferentes"[8]. Em termos de publicações, o período que vai de *Tipos psicológicos* até o presente seminário foi um dos períodos mais tranquilos na carreira de Jung. O ano de 1921 viu a publicação de uma contribuição a um simpósio dado na Sociedade Britânica de Psicologia, "O valor terapêutico da 'ab-reação'"[9]; 1922 viu a publicação de uma preleção feita na Sociedade de Língua e Literatura Alemãs em Zurique, "Relação da psicologia analítica com a obra de arte literária"[10]. De maneira atípica para ele, não houve novas publicações

---

7. Cary Baynes Papers. Contemporary Medical Archives, Wellcome Library (doravante *CFB*). As anotações de Cary Baynes são reproduzidas com permissão de Ximena Roelli de Angulo.

8. 10 de junho de 1923. Sobre a recepção da obra, cf. meu *Jung and the Making of Modern Psychology*: The Dream of a Science. Cambridge: Cambridge University Press, 2003, p. 83s. e 334s.

9. *OC* 16/2.

10. *OC* 15.

em 1923 e 1924. Isto pode ter ligação com o fato de que sua mãe faleceu em janeiro de 1923. Dois artigos apareceram em 1925: a publicação de uma síntese de 1923 sobre "tipos psicológicos" apresentada no Congresso Internacional de Educação em Territet, na Suíça[11], e uma contribuição para o volume impresso do Conde Hermann Keyserling sobre o matrimônio, "O casamento como relacionamento psíquico"[12]. O centro de gravidade da criatividade de Jung estava nitidamente em outro lugar, a saber, na transcrição do *Liber Novus*, o *Livro Vermelho*[13], e no início da construção de sua torre em Bollingen, no litoral norte do lago de Zurique.

A gênese da obra pode ser exposta resumidamente. No inverno de 1913, Jung deliberadamente deu rédeas à sua fantasia e foi anotando cuidadosamente o resultado. Mais tarde deu a este processo o nome de imaginação ativa. Registrou por escrito estas fantasias nos *Livros Negros*. Estes não são diários pessoais, mas antes os registros de um autoexperimento. Os diálogos que constituem estas imaginações ativas podem ser considerados uma forma de pensamento em forma dramática.

Quando estourou a Primeira Guerra Mundial, Jung pensou que diversas de suas fantasias eram precognições deste acontecimento. Isto levou-o a compor o primeiro esboço manuscrito do *Liber Novus*, que consistia numa transcrição das principais fantasias dos *Livros Negros*, junto com uma camada de comentários interpretativos e elaboração lírica. Aqui, Jung procurou deduzir das fantasias princípios psicológicos gerais, como também entender até que ponto os acontecimentos retratados nas fantasias apresentavam, em forma simbólica, evoluções que iriam ocorrer no mundo. A obra, embora nunca publicada durante a vida de Jung, foi projetada para publicação. O tema geral da obra é: como Jung reencontrou sua alma e superou o mal-estar contemporâneo da alienação espiritual. Isto se alcança, em última análise, possibilitando o renascimento de uma nova imagem de Deus em sua alma e desenvolvendo uma nova cosmovisão na forma de uma cosmologia psicológica e teológica. O *Liber Novus* apresenta o protótipo da concepção que Jung tem do processo de individuação.

O material passou por vários esboços e, por fim, foi recopiado por Jung, com uma escrita gótica floreada, num grande calhamaço com capa de couro vermelho, ao qual acrescentou iniciais historiadas, margens ornamentais e um considerável número de pinturas. Jung havia completado o manuscrito das duas primeiras partes do *Liber Novus* em 1915 e a terceira parte, os "Aprofundamentos", em 1917. Depois disso, ocupou-e com sua cuidadosa transcrição. As pinturas começaram

---

11. *OC* 6, § 951ss.

12. *OC* 17.

13. JUNG. *O Livro Vermelho, Liber Novus*. Petrópolis: Vozes, 2010 [Ed. e introd. Sonu Shamdasani; trad. Edgar Orth] [Doravante: *Liber Novus*].

inicialmente como ilustrações das fantasias expostas no texto e podiam, por conseguinte, ser consideradas imaginações ativas por si mesmas, referindo-se às vezes a fantasias contemporâneas nos *Livros Negros* de Jung. Jung interrompeu abruptamente a transcrição por volta de 1930. Em janeiro de 1921, ele tinha chegado à página 127 do volume caligráfico e em agosto de 1925 chegara ao fim da página 156.

Em 1920, Jung comprou um terreno na margem norte do lago de Zurique, em Bollingen. Ele sentiu a necessidade de representar seus pensamentos mais íntimos em pedra e de construir uma residência completamente primitiva: "Bollingen foi um grande assunto para mim, porque palavras e papel não eram suficientemente reais. Eu precisava deixar uma confissão em pedra"[14]. A torre era uma "representação da individuação". Ao longo dos anos, ele pintou murais e fez entalhes nas paredes. A torre pode ser considerada uma continuação tridimensional do *Liber Novus*: seu *"Liber Quartus"*.

Em 1924 e 1925, a publicação da obra parece ter sido uma das questões principais na mente de Jung. No início de 1924, ele pediu que Cary Baynes fizesse uma nova transcrição datilografada do texto e discutiu com ela a questão de publicar a obra. Ela anotou em seu diário:

> Você disse então que eu devia copiar os conteúdos do *Livro Vermelho* – uma vez antes você mandara copiá-lo, mas depois acrescentou uma porção de materiais, de modo que você quis que ele fosse copiado novamente, e você me explicaria as coisas à medida que eu prosseguisse, porque você entendia quase tudo nele, você disse. Dessa forma, poderíamos chegar a discutir muitas coisas que nunca afloraram em minha análise e eu poderia entender as ideias de você a partir do fundamento[15].

Ao mesmo tempo, Jung discutiu a forma de uma possível publicação com seu colega Wolfgang Stockmayer[16]. Em 1925, Peter Baynes fez uma tradução dos *Septem Sermones ad Mortuos*, que foi publicada privadamente por Watkins na Inglaterra.

Enquanto estava empenhada na transcrição, Cary Baynes insistiu com Jung para que fizesse um seminário sobre a obra. Em seu diário, ela anotou:

> Quando perguntei a Baynes se ele não gostaria de um seminário sobre o Livro Vermelho, eu não tinha nada mais em mente senão o que você estava fazendo com ele. Desde que comecei a lê-lo pensei que seria muito bom se, em vez de você discuti-lo comigo como você disse que faria, pudesse

---

14. Protocolos da entrevista de Aniela Jaffé com Jung para *Memories, Dreams, Reflections*, Library of Congress. Washington, DC, p. 142 [original alemão].

15. 26 de janeiro de 1924, reproduzido em meu *"Liber Novus*: O 'Livro Vermelho' de C.G. Jung". In: *Liber Novus*, p. 213.

16. Ibid., 214s.

ser incluída também Mona Lisa[17]. Talvez ela conheça tão bem o que está nele, e o entenda tão completamente, que isto não lhe interessaria, mas eu pensei que sim. [...] ele [Peter Baynes] perguntou-me [...] por que eu via um problema quanto à publicação do Livro Vermelho. Eu podia ter-lhe dado uma boa bofetada dizendo que era um problema para mim porque você o apresentou desta maneira. [...] depois você lhe contou sua ideia a respeito do livro, e ele ficou totalmente confuso. [...] Quando eu disse que queria ouvir você falar do Livro Vermelho fora de casa e você quis pensar que eu tinha em mente um chá elegante, eu revidei na mesma moeda e disse que, se o Livro Vermelho não era suficientemente grande para se falar dele fora de casa, então você deveria fazer algo a respeito dele[18].

Não sabemos se esses seminários aconteceram. Seja como for, é provável que estas discussões tenham desempenhado algum papel na decisão de Jung de falar abertamente em público pela primeira vez sobre seu autoexperimento e algumas das fantasias que ocorrem no *Liber Novus*.

Durante este período, Jung retirou-se do Clube Psicológico, que ele havia fundado em 1916[19]. A 25 de novembro de 1922 ele, junto com Emma Jung e Toni Wolff, deixaram o Clube[20]. Durante o período em que esteve retirado do Clube, Jung deu sua série de seminários em Polzeath, na Cornualha, na Inglaterra, em julho de 1923. No ano anterior, fora fundado o Clube de Psicologia Analítica em Londres. O seminário foi organizado por Peter Baynes e Esther Harding, e vinte e nove pessoas assistiram[21]. O seminário teve dois temas principais – a técnica de análise e os efeitos psicológicos históricos do cristianismo. Durante este período, um número cada vez maior de pessoas da Inglaterra e dos Estados Unidos dirigiu-se a Zurique para trabalhar com Jung, formando um grupo informal de exilados. A 22 de agosto de 1922, Jaime de Angulo escreveu a Chauncey Goodrich, lançando "um desafio a todos os irmãos neuróticos – ide, meus irmãos, ide a Meca, quero dizer a Zurique, e bebei da fonte da vida; todos vós que estais mortos em vossas almas, ide e procurai uma nova vida"[22].

---

17. Emma Jung (informação de Ximena Roelli de Angulo).

18. 5 de junho de 1924, *CFB*.

19. Cf. meu *Cult Fictions*: C.G. Jung and the Founding of Analytical Psychology. Londres: Routledge, 1998.

20. MUSER, F. "Zur Geschichte des Psychologischen Clubs Zürich von den Anfängen bis 1928". Separata do *Jahresbericht des Psychologischen Clubs Zürich*, 1984, p. 8.

21. Informação de HANNAH, B. *Jung, His Life and Work*: A Biographical Memoir. Nova York: Putnam, 1976, p. 149.

22. Goodrich Papers. Bancroft Library. Universidade da Califórnia em São Francisco.

A 30 de abril de 1923, houve uma iniciativa de Eugen Schlegel para que o Clube procurasse trazer Jung de volta. Mais tarde, nesse ano, seguiu-se uma correspondência entre Jung e Alphonse Maeder neste sentido. A posição de Jung foi que ele só retornaria se sua colaboração fosse desejada com clareza e unanimidade. No Clube houve acalorada discussão a este respeito. A 29 de outubro de 1923, por exemplo, von Muralt sustentou que Jung usava as pessoas para seus fins pessoais, que as relações pessoais com ele eram difíceis a não ser que a pessoa aceitasse suas teorias e que sua atitude para com as pessoas não era a de um analista e assim por diante. Pode-se imaginar a resposta de Jung ao ver-se numa situação em que uma instituição por ele fundada, baseada em sua visão, estava sendo desviada para outros objetivos, enquanto ele estava sendo colocado no papel de um patriarca obstrutor intruso. Em fevereiro de 1924, Hans Trüb renunciou ao cargo de presidente do Clube e foi enviada uma carta a Jung pedindo que retornasse, o que ele fez um mês depois[23].

Mais pelo fim desse ano, Jung começou uma preleção em três etapas, em alemão, sobre a psicologia dos sonhos (1º de novembro, 8 de dezembro, 21 de fevereiro de 1925) seguida de uma discussão a 23 de maio de 1925[24]. É importante notar que, embora os presentes seminários em língua inglesa fossem dados no Clube Psicológico, eles não eram oficialmente "seminários do Clube" – não se encontra nenhuma menção a eles nas atas ou no relatório anual do Clube e, dos vinte e dois membros e três hóspedes do Clube em 1925, só uns poucos os assistiram. Pelo contrário, os seminários parecem ter sido um acontecimento privado organizado por Jung, acontecimento que por acaso ocorreu no Clube Psicológico. Ao que parece, houve maior continuidade entre os que compareceram aos seminários de Jung em Polzeath e estes (os grupos de participantes dos seminários eram mais ou menos do mesmo tamanho). Houve assim uma divisão entre os membros locais do Clube, que só recentemente haviam readmitido Jung em seu meio, e o público mais internacional dos seminários dados por Jung em língua inglesa e, por conseguinte, uma dinâmica psicológica diferente. Nos anos seguintes, o contingente de língua inglesa iria desempenhar um papel dominante na disseminação de sua obra.

OS SEMINÁRIOS

Jung havia começado *Tipos psicológicos* comentando o condicionamento subjetivo do conhecimento, a "equação pessoal". Ele observou que, na psicologia,

---

23. Informação neste parágrafo obtida de MUSER ("Zur Geschichte des Psychologischen Clubs Zürich von den Anfängen bis 1928") e das atas do Clube Psicológico, de Zurique. Agradeço a Andreas Schweizer por ter-me ajudado a consultar os arquivos do Clube.

24. *Jahresbericht des Psychologischen Clubs Zürich*, 1925.

as concepções "serão sempre um produto da constelação psicológica subjetiva do pesquisador"[25]. Reconhecer os efeitos da equação pessoal, que constituía a determinação subjetiva do conhecimento, era a precondição para a avaliação científica de outros indivíduos. Neste seminário, Jung falou francamente de sua equação pessoal – não de sua biografia como tal, mas de sua orientação, da formação de seu ponto de vista psicológico, de sua orientação subjetiva. Pela primeira vez ele falou de seu tipo psicológico. Começou sua apresentação assinalando que pretendia fornecer uma "visão" da "amplitude do campo" da psicologia analítica e começou esboçando a gênese de suas próprias concepções, principiando com o tempo em que ele ficou preocupado com questões relativas ao inconsciente. Em notável contraste com as apresentações freudocêntricas de sua obra, Jung não passou diretamente para esta associação com Freud, mas para suas leituras anteriores de Schopenhauer e von Hartmann e o envolvimento com o espiritismo, situando assim sua obra numa trajetória intelectual e experiencial completamente diferente da de Freud. Jung deixou claro que só depois de ter formado suas concepções iniciais do inconsciente e da libido e de ter-se distinguido por suas pesquisas experimentais em psicopatologia é que entrou em contato com Freud. Embora tivesse percebido que confirmara independentemente algumas das teorias de Freud, ele manteve reservas logo desde o início. Em sua obra publicada, Jung havia mostrado suas diferenças teóricas em relação a Freud[26]. Aqui, ele falou francamente pela primeira vez da relação entre eles e dos defeitos pessoais de Freud – sua desonestidade no que diz respeito a seus casos, sua incapacidade de aceitar críticas e, por fim, o fato de colocar sua própria autoridade acima da verdade. Esta foi a primeira resposta de Jung ao relato *ad hominem* de Freud sobre a relação entre eles, feito em seu *Zur Geschichte der psychoanalytischen Bewegung*, em 1914[27].

Depois Jung anotou sonhos importantes que Freud foi incapaz de compreender corretamente, o que lhe deu uma nova sensação da autonomia do inconsciente. Em seguida chegou a dar-se conta de que, em *Wandlungen und Symbole der Libido* (*Transformações e símbolos da libido* – 1912), ele estivera analisando a função de sua própria fantasia. Por conseguinte, pôs-se a fazê-lo de maneira mais sistemática. Depois Jung narrou suas visões a caminho de Schaffhausen em outubro de 1913, visões que, após estourar a guerra, ele considerou como precognições e o início de suas imaginações ativas. Focalizou seus diálogos com sua alma no outono

---

25. JUNG. *Tipos psicológicos. OC* 6, § 8. Sobre esta questão, cf. meu *Jung and the Making of Modern Psychology: The Dream of a Science*, seção I.

26. Cf., p. ex., JUNG. *Jung contra Freud*: The 1912 New York Lectures on the Theory of Psychoanalysis. Princeton, NJ: Princeton University Press, 2012 [com uma nova introdução de Sonu Shamdasani].

27. *On the History of the Psychoanalytic Movement* (SE 14).

de 1913, sua primeira descida visual a 12 de dezembro, seu sonho do assassinato de Siegfried a 18 de dezembro e seu encontro com Elias e Salomé pouco depois. Em resumo, o período de seu autoexperimento, que Jung incluiu no seminário, foi de outubro a dezembro de 1913 e constitui a base da primeira parte do *Liber Novus*: o *Liber Primus*. Junto com a discussão, isto constitui o corpo principal deste seminário. Esta foi a primeira e, na verdade, a única vez que Jung falou em público sobre este material. De maneira significativa, porém, ao narrar estes episódios, Jung nunca se referiu diretamente ao *Liber Novus*, o que certamente teria despertado grande curiosidade. O seminário pode ser considerado uma tentativa de apresentar a psicologia analítica em primeira pessoa, tomando seu próprio "caso" como o exemplo mais claro de suas teorias. Ao mesmo tempo, ele disse claramente ao seu público: "Eu contei a vocês muita coisa, mas não pensem que lhes contei tudo!"[28] Neste ponto, sua apresentação passou a responder, até certo ponto, ao pedido de Cary Baynes de um seminário sobre o *Liber Novus* e é possível que Jung estivesse interessado em observar a resposta do público em relação à questão de suas ponderações sobre a publicação da obra.

A análise que Jung fez destes episódios não repete de forma alguma seu comentário sobre eles na segunda camada do *Liber Novus* e pode ser considerada uma terceira camada do comentário. Em contraste com a linguagem lírica e evocativa da segunda camada do *Liber Novus*, Jung emprega aqui seus conceitos psicológicos – para ser mais preciso, ele tenta mostrar como deduziu seus conceitos psicológicos de suas reflexões sobre estes encontros. Ele observou enfaticamente: "Tomei todo o meu material empírico de meus pacientes, mas a solução do problema eu a deduzi a partir do interior, a partir de minhas observações dos processos inconscientes"[29]. Ao mesmo tempo, a apresentação de Jung teve uma função pedagógica. O público era composto em grande parte por pessoas com as quais ele estava trabalhando e podemos presumir que a prática da imaginação ativa desempenhou uma função-chave no trabalho delas. Assim ele estava, na verdade, usando seu próprio material como modelo de ensino, mostrando como sua tipologia psicológica pessoal era retratada e representada em suas fantasias, como ele encontrou e aceitou as figuras da anima e do velho sábio e a gênese da função transcendente como uma solução do conflito dos opostos. Além disso, uma parte importante da discussão no seminário concentrou-se na importância da arte moderna e como ela podia ser entendida psicologicamente. A questão de situar sua própria obra criativa parece que estava no pano de fundo da mente de Jung.

---

28. Adiante, p. 74.
29. Adiante, p. 73s.

Após a apresentação e a discussão de seu material, Jung apresentou um esquema geral mostrando como essas figuras podiam ser entendidas. De um ponto de vista histórico, pode-se lamentar que os participantes não tenham insistido para que Jung apresentasse e comentasse mais coisas de seu material pessoal. O seminário terminou com uma tarefa escolar, em que se pediu aos participantes que estudassem três romances populares que tratavam do tema da anima: *She* de Rider Haggard, *L'Atlantide* de Benoît e *Das grüne Gesicht* de Meyrink. A pedido do grupo, uma obra que tratava do animus, *The Evil Vinyard* de Marie Hay, substituiu a obra de Meyrink[30]. Nas palavras de Jung, o objetivo deste exercício era dar-lhe "uma boa ideia daquilo que vocês aproveitaram destas preleções"[31]. Não foi a primeira vez que Jung recorreu a escritos populares para ilustrar seu trabalho. O capítulo V de *Tipos psicológicos* incluiu sua análise de *Prometheus und Epimetheus*, romance do autor suíço Carl Spitteler. Spitteler havia recebido o Prêmio Nobel de literatura em 1919[32]. Publicado em 1887, *She*, de Rider Haggard, continuava sendo um best-seller. A produção de um filme mudo baseado no romance, para o qual Rider Haggard escreveu os entretítulos, foi completada em 1925. A utilização de romances populares tinha a função de demonstrar que a dinâmica psicológica em jogo no processo de individuação não era de modo algum um assunto puramente esotérico.

Algumas semanas após a conclusão do seminário a 6 de julho, Jung dirigiu-se à Inglaterra para apresentar outro seminário em língua inglesa em Swanage, no condado de Dorset, entre 25 de julho e 7 de agosto[33]. Novamente o seminário foi organizado por Peter Baynes e Esther Harding. O tema era a análise dos sonhos e assistiram cerca de cem participantes[34]. Jung começou apresentando uma história da interpretação dos sonhos e prosseguiu com a análise de uma série de sonhos de uma viúva de trinta e três anos de idade.

O RESULTADO

Cary Baynes fez anotações do seminário e, pouco depois de concluído o seminário, surgiu uma discussão sobre a possível publicação das anotações, que parece ter sido proposta primeiramente pela Dra. Harriet Ward. Num apontamento do

---

30. Dado o grande interesse de Jung por Meyrink, podemos lamentar tardiamente não termos um registro dos comentários de Jung sobre esta obra. Cf. meu *"Liber Novus:* O 'Livro Vermelho' de C.G. Jung". In: *Liber Novus*, p. 207 e 212.

31. Cf. adiante, p. 156.

32. Cf. *Tipos psicológicos. OC* 6, cap. V.

33. As preleções serão preparadas para publicação na Philemon Series.

34. Informação extraída de Hannah (*Jung, His Life and Work*, p. 166) e das anotações desse seminário feitas por Esther Harding (Nova York: Kristine Mann Library).

diário feito a 26 de setembro de1925, Cary Baynes escreveu um relato de algumas destas deliberações:

> Depois de falar com Emma sobre as anotações e descobrir que sua reação à publicação delas é exatamente a mesma que eu tive, todas as minhas resistências a essa ideia voltaram agora à minha mente com toda a força, e eu gostaria de colocar a questão a você mais uma vez. Penso que essas preleções que você deu na última primavera são a coisa mais importante que aconteceu na psicologia neste século, porque nelas você fornece a passagem de uma ideia de seu lugar na natureza como um arquétipo para a posição de uma abstração, ou de um conceito, o último requinte do engenho humano, poderíamos dizer. Uma coisa destas nunca foi nem sequer sonhada antes no mundo, e muito menos realizada; e por isso penso que essas preleções deveriam ser tratadas de uma maneira condizente com a importância de seu conteúdo. Mas você dirá: que maneira melhor existe de tratá-las do que imprimi-las? Mas eu penso que publicá-las exatamente como estão as falsificaria de maneira muito prejudicial. Entende-se geralmente que, quando uma coisa é impressa, ela deve ser considerada como se tivesse uma estrutura mais ou menos permanente; mas essas anotações não têm estrutura nenhuma, elas não podem ser e não pretendem ser mais do que uma repetição esquemática do que você disse. Elas compartilham a natureza do ébauche [esboço] do escultor, feito em argila, e como tais contêm magia; mas, logo que são forçadas a ser algo que elas não são, a magia desaparece e elas murcham. Além disso, quando se faz alguma coisa com as palavras faladas, pode-se construir estruturas extraordinárias num curto espaço de tempo; mas, quando se chega à palavra escrita, ou melhor, à palavra impressa, as estruturas precisam ter fundamentos visíveis se quiserem obter aprovação, isto é, no campo da ciência. Ora, as três séries de preleções – as de Swanage, estas aqui e as de Cornualha – estão cheias de pensamentos fugazes que voaram com segurança quando você as falou, mas percorrem mancando as páginas das anotações com apenas a metade da força das asas. Se você as escrever, elas voarão novamente, mas como anotações elas não voarão; e este é mais um motivo para eu achar que elas não devem ser apresentadas com a formalidade que a impressão lhes confere. Elas devem ser conservadas exatamente como são, um rudimentar material de laboratório, até que você algum dia desenvolva as ideias ali contidas num livro que você certamente fará no decorrer do tempo. A melhor maneira de conservá-las em seu lugar parece ser mimeografá-las e dá-las apenas a membros do curso com meia dúzia de exceções, como Baynes, Shaw e uns poucos como eles. [...] Na primavera passada, quando lhe falei sobre isso, você considerou esta ideia da impressão como apenas uma fantasia inofensiva de Ward. Não tenho dúvida de que você pensou a mesma coisa quando Hinkle propôs traduzir as *Wandlungen* [Transformações

e símbolos da libido], mas olhe como essa fantasia mostrou estar muito longe de ser inofensiva![35]

Pode-se imaginar o impacto que estes seminários, com seu nível de detalhes a respeito do autoexperimento de Jung, teriam tido *se* tivessem sido publicados nessa ocasião. Cary Baynes ressaltou com perspicácia o aspecto mais impressionante dos seminários, a saber, a maneira como o relato de Jung fornecia uma janela única para entrar no processo criativo, registrando a sequência desde o surgimento das suas fantasias, passando por suas reflexões sobre elas, até chegar ao resultado final na forma de abstrações psicológicas numa nova concepção da psicologia humana.

A proposta de Baynes a respeito da distribuição limitada dos seminários foi adotada. Jung tomou as anotações consigo para revisá-las quando partiu para a viagem à África. A 19 de outubro ele escreveu para ela "de Lisboa": "Analisei conscienciosamente as anotações como você poderá ver. Penso que elas são um conjunto bem preciso. Algumas preleções são até fluentes, a saber, aquelas em que você não pôde impedir que sua libido entrasse"[36]. A acurada revisão que Jung fez do texto deste seminário distingue-o das anotações da maioria de seus outros seminários, e assegura sua confiabilidade.

Cary Baynes fez uma lista de pessoas, para distribuir entre elas as primeiras cinquenta cópias. Além dos que assistiram ao seminário, foram enviadas cópias aos seguintes: Dr. Peter Baynes, Sra. Sigg, Chauncey Goodrich, Srta. von Sury, Sra. Füglisteller, Professor Vodaz, Dr. James Young, Dra. Irma Putnam, Dra. Elizabeth Whitney, Dr. Wolfgang Kranefeldt, Sra. Altherr, Srta. N. Taylor, Frances Wickes, Wilfred Lay, Dra. Helen Shaw, Willard Durham, Dra. Adela Wharton, Srta. M. Mills e o Clube Psicológico[37]. Após a preparação das anotações do seminário, enquanto Jung estava na África, Cary Baynes voltou ao seu trabalho de transcrever o *Liber Novus*[38]. Depois de voltar da África em abril de 1926, Jung retomou seu trabalho de transcrever o *Liber Novus* no volume caligráfico. No entanto, deste ponto até abandonar a transcrição em 1930 (antes de retomá-lo uma última vez no

---

35. A 10 de abril de 1942, Jung escreveu a Mary Mellon: "As *Wandlungen und Symbole* deveriam ser traduzidas novamente, coisa de que elas precisam muito" (Arquivos Jung. Zurique: Instituto Federal Suíço de Tecnologia), original inglês. De acordo com Joseph Henderson, Jung desejava que o texto fosse retraduzido, mas teve problemas com os direitos autorais (comunicação pessoal).

36. *CFB*.

37. *CFB*.

38. Em fevereiro desse mesmo ano, ela começou a tradução da edição alemã do *I Ching*, feita por Richard Wilhelm – uma tarefa que iria ocupá-la durante décadas (Cary Baynes a Chauncey Goodrich. Goodrich Papers. Bancroft Library, Universidade da Califórnia em São Francisco, 15 de fevereiro de 1925).

final dos anos 1950), existem apenas dez páginas completas de texto caligráfico e duas pinturas completas (os mandalas da "janela para a eternidade" e do "castelo dourado" e uma pintura inacabada)[39].

Em 1926, Jung publicou *O inconsciente na vida psíquica normal e patológica: Visão geral da moderna teoria e método da psicologia analítica*[40]. Esta era uma revisão de seu livro de 1917: *Die Psychologie der unbewussten Prozesse*[41]. As principais mudanças entre esta edição e a segunda edição de 1918 foram: a revisão do material sobre os tipos psicológicos, uma ampliação e revisão da discussão do inconsciente, junto com material adicional sobre individuação e psicoterapia. Em 1928 Jung publicou *Die Beziehungen zwischen dem Ich um dem Unbewussten*[42] e uma versão bastante revisada e ampliada de seu artigo de 1916, intitulado "A estrutura do inconsciente"[43]. Os capítulos sobre o confronto com a anima, o animus e a personalidade mana desenvolvem algo de sua apresentação no presente seminário, citando os livros de Rider Haggard e de Benoît, sem apresentar qualquer pano de fundo pessoal[44]. Quando Jung publicou três de suas pinturas do *Liber Novus* em seu comentário sobre *O segredo da flor de ouro* em 1929 como exemplos de "mandalas europeus", elas foram apresentadas anonimamente[45]. Doravante Jung iria evitar a linguagem em primeira pessoa, seja na forma da sua apresentação neste seminário ou ao longo de uma publicação do *Liber Novus*.

No final da década de 1950, quando estava empenhada em seu projeto biográfico que resultou em *Memories, Dreams, Reflections*, Aniela Jaffé fez uma incursão em seções deste seminário para completar o material de suas entrevistas com Jung – em particular a análise que Jung faz de sua relação com Freud e de seu autoexperimento – em seu capítulo sobre o "confronto [de Jung] com o inconsciente"[46].

---

39. *Liber Novus*, p. 157s.

40. *Das Unbewusste im normalen und kranken Seelenleben* – Ein Überblick über die moderne Theorie und Methode der analytischen Psychologie. Zurique: Rasche, 1926. A subsequente versão revisada de 1943 (*Psicologia do inconsciente*) está em *OC* 7/1.

41. Disponível em inglês em Jung, *Collected Papers on Analytical Psychology*, com o título de *The Psychology of the Unconscious Processes*: An Overview of the Practice and Theory of Analytical Psychology. Londres: Baillière, Tindall and Cox, 1917 [ed. e trad. Constance Long].

42. *O eu e o inconsciente* (*OC* 7/2).

43. Ibid. (Apêndice).

44. *OC* 7/2, § 296s.

45. *CW* 13, p. 56s.

46. JUNG, C.G. *Memories, Dreams, Reflections* (1962). Londres: Flamingo, 1983 [registrados e ed. por Aniela Jaffé; trad. Richard e Clara Winston].

Infelizmente, a maneira como o material foi combinado e ordenado neste capítulo torna impossível estabelecer uma cronologia clara deste período e perde a coerência da análise feita neste seminário. Esse capítulo também não fez distinção entre a análise que Jung fez do material de 1925, quando ele ainda estava empenhado na transcrição e na pintura, e suas recordações e reflexões posteriores, mais de trinta anos depois.

O que dissemos acima serviu para mostrar a singularidade deste seminário no cânone de Jung, singularidade que não foi amplamente captada quando finalmente foi publicado em 1989. A publicação do *Liber Novus* de Jung em 2009 possibilita ler este seminário sob uma nova luz e vê-lo como um companheiro essencial para essa obra, e como um capítulo ulterior em sua análise do material e sua elaboração numa forma conceitual, bem como um experimento pedagógico. Sua combinação única do pessoal, do histórico e do conceitual faz dele a mais clara introdução em um só volume à psicologia de Jung.

Introdução à edição de 1989

William McGuire

Este seminário, com seu título curiosamente sinótico, foi o primeiro que Jung deu em circunstâncias relativamente formais e também o primeiro que foi posto por escrito e multicopiado em proveito do crescente grupo de seus alunos de língua inglesa[1]. Em 1925, o ano em que Jung completou cinquenta anos, havia uma evidente necessidade de uma apresentação atualizada da teoria e do método da psicologia analítica para o público leigo culto e particularmente para o público de língua inglesa. Oito anos haviam passado desde que Jung publicara um pequeno livro (na expressão do próprio Jung), intitulado Die *Psychologie der unbewussten Prozesse*[2], descrita em seu subtítulo como uma Überblick, uma visão de conjunto. Uma tradução inglesa, "The Psychology of the Unconscious Processes", só ficou disponível na segunda edição dos *Collected Papers of Analytical Psychology* (1917), uma miscelânea de 520 páginas de escritos pré-freudianos, freudianos e pós-freudianos, editada pela psiquiatra inglesa Constance E. Long. Esse volume, junto com as principais obras extensas *Wandlungen und Symbole* e *Tipos psicológicos*, constituíam em 1925 a lista de leitura em língua inglesa para os estudantes de psicologia junguiana. Durante o mês de abril desse ano, um mês depois de Jung ter iniciado o presente seminário, ele completou uma popularização extensamente revisada e melhorada da obra de 1917, reintitulada *Das Unbewusste im normalen und kranken Seelenleben* (1926), que visava "dar uma ideia aproximativa de seu tema e provocar a reflexão, mas não entrar em todos os detalhes". Talvez a expe-

---

1. Para os seminários informais que Jung deu em 1912-1913(?), 1920 e 1923, e os seminários mais formais (e preleções ETH) que ele deu de 1928 a 1941, cf. *Dream Analysis*, introdução, p. vii-xiii. (Para os títulos abreviados, cf. a lista de abreviações.) Outro dos seminários informais teve início em Swanage a 25 de julho, apenas duas semanas após o término do presente seminário, e no dia anterior ao quinquagésimo aniversário de Jung. As anotações escritas a mão de Esther Harding para este seminário e o de 1923 foram conservadas.

2. Este originou-se como um ensaio de 36 páginas, intitulado "Neue Bahnen der Psychologie". In: *Raschers Jahrbuch für schweizer Art und Kunst*. Zurique, 1912 [traduzido como "New Paths in Psychology" na primeira edição de *Collected Papers on Analytical Psychology*, 1916].

riência de rever e discutir seu sistema para o seminário tenha provocado a revisão. A revisão melhorada feita por Jung em 1926 chegou ao seu público americano e inglês em 1928, traduzida por H.G. e C.F. Baynes com o título "The Unconscious in the Normal and Pathological Mind". "Das Unbewusste im normalen und kranken Seelenleben", junto com outra obra de caráter sinótico, "Die Beziehungen zwischen dem Ich und dem Unbewussten"[3], constituiu os *Dois escritos sobre psicologia analítica*. Os *Dois escritos* continuaram por muitos anos a ser considerados a introdução preferida.

***

No primeiro dia deste ano de 1925, que foi um divisor de águas, Jung estivera no Grand Canyon do rio Colorado com um grupo de amigos; poucos dias depois ele visitou a região de Taos Pueblo, ao norte de Santa Fé, no Novo México, e depois Nova Orleans, Chattanooga e Nova York[4]. Celebrou seu quinquagésimo aniversário, a 26 de julho, em Swanage, na costa sul da Inglaterra. No último dia do ano ele estava no lago Kioga, em Uganda, preparando-se para embarcar na viagem de barco a vapor pelo rio Nilo abaixo[5]. Em todas essas viagens arriscadas, os companheiros de Jung eram ingleses e americanos: no Sudoeste, George F. Porter e Fowler McCormick, ambos de Chicago, e Jaime de Angulo, de origem espanhola; na África, o analista inglês H. Godwin Baynes, George Beckwith, um americano, e uma inglesa, Ruth Bailey. Todos, exceto a Srta. Bailey, foram analisandos de Jung em algum momento ou outro.

Dos vinte e sete membros registrados do seminário de 1925, treze eram americanos, seis eram ingleses, cinco (a julgar por nossos únicos indícios: seus sobrenomes) podiam ser ou americanos ou ingleses, dois eram suíços, um era alemão[6]. Sete (todas mulheres) eram analistas junguianas, das quais duas eram suíças: Emma Jung, que nessa época havia começado a praticar (seus filhos mais novos tinham quatorze e onze anos), e Tina Keller, que mais tarde foi para a Ca-

---

3. Originalmente uma conferência de 27 páginas, feita em 1916, para a Escola de Psicologia Analítica de Zurique, publicada primeiramente em tradução francesa, "La structure de l'inconscient". *Archives de psychologie*, XVI, 1916. Genebra. Uma tradução inglesa apareceu em *Collected Papers* (2. ed., 1917), com o título "The Relations between the Ego and the Unconscious". Apareceu pela primeira vez em alemão, muito revisada e ampliada, como *Die Beziehungen zwischen dem Ich und dem Unbewussten* (1928).

4. McGUIRE, W. "Jung in America, 1924-1925". *Spring*, 1978, p. 37-53.

5. HANNAH, B. *Jung. His Life and Work*: A Biographical Memoir. Nova York, 1976, p. 176.

6. *2012*: Seis outros nomes foram acrescentados, tirados da lista de Cary Baynes. Destes, um era britânico, enquanto a proveniência do resto é incerta.

lifórnia com seu marido Adolf Keller, um pastor protestante atraído muito cedo para a psicanálise – assistiu ao Congresso de Weimar em 1911[7]. Entre as americanas estava a troica de Nova York – M. Esther Harding, Eleanor Bertine e Kristine Mann, todas médicas. Harding, de Shropshire no oeste da Inglaterra, habilitara-se na London School of Medicine for Women em 1914. Sua colega Constance Long apresentou-lhe as *Wandlungen und Symbole*, recém-publicadas na tradução de Beatrice Hinkle. Na década de 1920 Harding começou a frequentar Zurique para ter análise pessoal com Jung e ali encontrou Mann e Bertine. Mann havia abandonado a carreira de professora de inglês para obter o título de M.D. no Cornell University Medical College em Nova York, onde Eleanor Bertine era companheira de classe. Ambas obtiveram seus títulos em 1913. Na década de 1920 começaram a análise com Jung durante as viagens à Suíça e em 1924 resolveram juntar-se a Harding numa prática analítica nos Estados Unidos. As três mulheres fundaram a comunidade junguiana em Nova York: o Clube de Psicologia Analítica (e sua excepcional biblioteca com o nome de Biblioteca Kristine Mann), o Instituto C.G. Jung e a Fundação C.G. Jung[8].

A outra americana, Elida Evans, não fizera parte do círculo junguiano em Nova York, ou parece que não. Em 1915 ela estivera em Zurique para análise com Maria Moltzer e em 1920 Jung escreveu a introdução ao seu livro sobre psicologia da criança. Nesses mesmos anos, como analista leiga em Nova York, ela havia prestado ajuda a Smith Ely Jelliffe, um psicanalista que tinha relações amistosas tanto com Jung quanto com Freud[9]. A outra analista registrada no seminário, Dra. Helen Shaw, é uma figura obscura. Membro destacado do seminário sobre Análise dos Sonhos, dotada de excelente capacidade de expressar-se, diz-se que ela tivera laços profissionais tanto com a Inglaterra quanto com a Austrália[10].

Outra categoria abarca aqueles membros do seminário que eram, até certo ponto, letrados. O escritor americano Charles Roberts Aldrich, a julgar por seus comentários feitos no seminário, era um intelectual com uma sofisticação fora do comum. Ajudou Jung a revisar o texto inglês das preleções sobre psicologia e edu-

---

7. *2012*: Sobre Adolf e Tina Keller, cf. JEHLE-WILDBERGER, M. *Adolf Keller, 1872-1963*: Pionier der ökumenischen Bewegung. Zurique: Theologischer Verlag, 2009. • SWAN, W. (ed.). *Memoir of Tina Keller-Jenny*: A Lifelong Confrontation with the Psychology of C.G. Jung. Nova Orleans: Spring Journal Books, 2011.

8. LEE, D.B. "The C.G. Jung Foundation: The First Twenty-One Years". *Quadrant*, 16: 2, outono de 1983, p. 57-61.

9. BURNHAM, J.C. & McGUIRE, W. *Jelliffe*: American Psychoanalyst and Physician, & His Correspondence with Sigmund Freud and C.G. Jung. Chicago, 1983, índice, s.v. Evans. Cf. o prefácio de Jung a *The Problem of the Nervous Child*, de Evans. OC 18/2, § 1.793-1.794.

10. Informação do Dr. Joseph Henderson. Cf. *Dream Analysis*, índice, s.v. Shaw.

cação dadas em Londres na primavera de 1924. Quando Aldrich deixou Zurique para voltar à sua terra, a Califórnia, deu de presente a Jung seu cachorro, Joggi, que se tornou familiar de Jung por muitos anos e tinha seu lugar na sala de consultas[11]. Em 1931, Aldrich publicou na Biblioteca Internacional de Psicologia, Filosofia e Método Científico de C.K. Ogden um livro erudito, intitulado *The Primitive Mind and Modern Civilization*, com uma introdução do antropólogo Bronislaw Malinowski, um prefácio de Jung[12] e uma dedicatória à memória de George F. Porter, que estivera com Jung no Novo México e se suicidou em 1927. A carreira de Aldrich também terminou com sua morte súbita, em 1933, que ele havia predito para esse dia, embora estivesse em perfeita saúde[13]. Outro americano, o poeta Leonard Bacon, viera a Zurique em 1925 para fazer análise com Jung, que o convidou a juntar-se ao seminário[14]. As experiências desse ano refletiram-se num volume de poemas, *Animula Vagula* (1926). A carreira posterior de Bacon como poeta, crítico e tradutor foi eminente; recebeu o Prêmio Pulitzer de poesia em 1940.

Mais outra americana letrada, Elizabeth Shepley Sergeant, pode ter sido uma das primeiras, ou até *a* primeira, analisanda de Jung proveniente dos Estados Unidos. Quando tinha uns vinte anos, enquanto viajava pela Europa com uma tia, Sergeant sofreu algum tipo de transtorno nervoso e foi tratada num sanatório em Zurique durante o inverno de 1904-1905. De acordo com a tradição da família, pode ter sido nessa ocasião que ela foi analisada pela primeira vez por Jung[15]. Nesse tempo, embora não se tivesse encontrado com Freud, Jung havia começado a usar o método freudiano, às vezes combinado com o teste da associação, no Hospital de Burghözli – como fizera no caso de Sabina Spielrein[16]. Sergeant tornou-se uma jornalista bem conhecida; foi correspondente de *The New Republic* durante a Primeira Guerra Mundial e ficou ferida enquanto visitava um campo de batalha perto de Rheims. Enquanto esteve hospitalizada em Paris por seis meses, recebeu a visita

11. Jung a Aldrich, 5 de janeiro de 1931. In: *Jung*: Cartas. Vol. I, p. 96. • SERGEANT, E.S. "Doctor Jung: A Portrait in 1931". *Jung Speaking*, p. 51-52.

12. *OC* 18/2, § 1.296-1.299.

13. *The New York Times*, 9 de abril de 1933, IV, 7: 5.

14. BACON. *Semi-centennial*: Some of the Life and Part of the Opinions of Leonard Bacon. Nova York, 1939, p. 182.

15. DAVIS, L.H. *Onward and Upward*: A Biography of Katherine S. White. Nova York, 1987, p. 27-28. Katherine S. White, uma editora do *The New Yorker*, era irmã mais nova de Sergeant.

16. Jung a Freud, 23 de outubro de 1906. *Freud/Jung*. • CAROTENUTO, A. *A Secret Symmetry*: Sabina Spielrein between Jung and Freud. 2. ed. Nova York, 1984, p. 139ss. • *2012*: Para os registros hospitalares de Spielrein, cf. "Burghölzli Hospital Records of Sabina Spielrein". *Journal of Analytical Psychology*, 46, 2001, p. 15-42.

de amigos como Walter Lippmann, Simon Flexner e William C. Bullitt[17]. Durante sua longa carreira tanto como jornalista quanto como crítica literária, foram alvos de suas entrevistas ou críticas Robert Frost, Willa Cather, William Alanson White, Paul Robeson, H.L. Mencken e muitos outros. Entre diversos trabalhos a respeito de Jung, um "retrato" publicado por Sergeant em 1931 apresenta a seguinte imagem dele numa sessão de um seminário a que ela assistiu:

> Quando, na quarta-feira pela manhã, às onze horas, [...] o Doutor Jung entra na grande sala no Clube Psicológico onde é realizado seu seminário, sorrindo com uma profunda afabilidade para este ou aquele rosto, a pasta marrom que ele carrega parece ser o repositório desta conta conjunta – a conta coletiva de um pequeno grupo internacional cujo interesse comum é a psique. Um silêncio involuntário cai sobre a sala enquanto o próprio Jung permanece calado e grave por um momento, olhando para seu manuscrito como um marinheiro poderia olhar para sua bússola, relacionando-o com os ventos e ondas psicológicos cujo impacto ele sentiu em sua passagem desde a porta. O silêncio na assembleia significa não só reverência, mas intensa expectativa. Que aventura universal teremos hoje com este pensador criativo? Que pergunta ele deixará ressoando, como a batida de um sino de bronze, em nossas mentes? Que visão drástica de nossa época ele nos dará, que possa ajudar-nos a largar nossa percepção dos problemas, subjetivos e opressivos, e entrar numa região mais universal e objetiva?[18]

Jung deve ter tomado conhecimento da pesquisa do antropólogo Paul Radin sobre a etnografia e a religião dos índios americanos através de Cary e Jaime de Angulo, que haviam conhecido Radin na Califórnia antes de 1920. Nesse ano, Radin foi para a Inglaterra para trabalhar na Universidade de Cambridge com o antropólogo W.H.R. Rivers, dando conferências, ensinando e prosseguindo a pesquisa[19]. Ele ainda estava em Cambridge cinco anos depois, quando Jung, talvez estimulado por suas recentes experiências com Jaime de Angulo e Mountain Lake em Taos Pueblo, convidou Radin a vir a Zurique e falar a ele e a seus alunos sobre a religião dos índios americanos. (Diz-se que Jung pagou a viagem.) Radin falou informalmente aos membros do Clube Psicológico, participou do seminário e estabeleceu com Jung uma amizade que durou toda a vida. Uma colega antropóloga escreveu que "nestes anos, além de Rivers, foi C.G. Jung em Zurique quem proporcionou substância intelectual a um homem que já estava muito interessado em religião comparada e literatura. Que Radin nunca foi um junguiano é óbvio. Seu

---

17. SERGEANT. *Shadow Shapes*: The Journal of a Wounded Woman. Boston, 1920.

18. "Doctor Jung: A Portrait". Harper's, maio de 1931. In: *Jung Speaking*, p. 52-53.

19. DU BOIS, C. "Paul Radin: An Appreciation". In: *Culture in History*: Essays in Honor of Paul Radin. Nova York, 1960, p. xiii.

contato com a mente culta mas mítica de Jung talvez tenha servido para reforçar o racionalismo cético de Radin e o tenha alienado pelo menos das investigações mais sombrias das profundezas do inconsciente"[20]. Na década de 1940 Radin (não renunciando nunca à sua visão marxista da sociedade) tornou-se um influente conselheiro da Fundação Bollingen, cujo apoio possibilitou-lhe continuar a escrever. Lecionou nas Conferências Eranos e colaborou com Jung e Karl Kerényi num livro sobre o arquétipo do Trapaceiro (Trickster).

Enquanto estiveram em Zurique, Radin e sua mulher, Rose, descobriram conhecidos da Califórnia: Kenneth Robertson e sua mulher Sydney. Robertson, que havia estudado testes psicológicos com L.M. Terman na Universidade de Stanford, dirigira-se à Europa procurando exercitar-se como analista leigo. Em Paris, na livraria chamada Shakespeare & Co., descobriu um exemplar de *Wandlungen und Symbole* e imediatamente escreveu a Jung, que o convidou para vir e exercitar-se em Zurique – como se veio a saber, para trabalhar analiticamente com Toni Wolff e frequentar o seminário. Sydney Robertson, por sua vez, trabalhou com Kristine Mann e também participou do seminário, em silêncio. (Ela lembrou, numa recente entrevista, que Hermann Hesse e Richard Strauss, também em silêncio, apareceram inesperadamente numa sessão.) Jung, que havia posto a jovem Sydney Robertson a trabalhar corrigindo e datilografando suas preleções sobre psicologia e educação, declarou que o marido dela não podia ser analisado. Mesmo assim, os Robertsons, junto com alguns dos outros participantes do seminário, seguiram Jung até Swanage para o seminário sobre Sonhos e Simbolismo, no final de julho. Depois voltaram para casa em Oakland, onde Robertson tentou por algum tempo a carreira de analista leigo, e depois desistiu e assumiu um emprego nos correios. Ao longo dos anos, no entanto, ele manteve uma relação de amizade com os pioneiros junguianos na Bay Area, os Whitneys e os Gibbs[21].

Duas literatas inglesas: Charlotte A. Baynes e Joan Corrie. Baynes (aparentemente sem parentesco com o analista H.G. Baynes) iria mais tarde publicar um livro citado muitas vezes por Jung em seus escritos sobre a alquimia: *A Coptic Gnostic Treatise, Contained in the Codex Brucianus* (1933). Quando ela deu uma preleção na conferência Eranos de 1937, foi apresentada como antropóloga, estudiosa oxfordiana do gnosticismo e membro da O.B.E. (Order of the British Empire = Ordem do Império Britânico). Sabemos que ela trabalhou também numa escavação arqueológica em Jerusalém. Joan Corrie trabalhara na Inglaterra como aluna

---

20. Ibid.

21. Comunicação pessoal de Sidney (Sra. Henry) Cowell. Depois de divorciar-se de Robertson, ela se casou com o compositor americano Henry Cowell. Continuou mantendo amizade com Radin.

de Jung por alguns anos. Depois de frequentar o seminário de 1925, ela escreveu um pequeno livro que foi a primeira apresentação das ideias de Jung para o leitor comum: *ABC of Jung's Psychology* (Londres e Nova York, 1927), que inclui diagramas e citações do seminário de1925[22].

Um literato alemão: Oskar A.H. Schmitz, romancista, crítico do cenário europeu contemporâneo, conhecido por sua sagacidade e humor e estudante da psicologia profunda e da ioga. Embora cerca de três anos mais velho do que Jung, Schmitz considerava-se aluno de Jung – e era sem dúvida o aluno mais velho. Havia apresentado Jung ao Conde Hermann Keyserling, o fundador da "Escola da Sabedoria" em Darmstadt, onde Jung ocasionalmente deu preleções, e onde em 1923 encontrou-se com Richard Wilhelm, mestre de Schmitz na arte do *I Ching*[23]. Schmitz tinha um evidente anseio de praticar como analista e talvez o tenha feito: certa vez ele escreveu a Jung pedindo seu conselho a respeito de honorários e atendimentos por hora[24]. Depois da morte repentina de Schmitz, em 1931, Jung escreveu uma homenagem póstuma na forma de um prefácio a "O conto da lontra", obra de Schmitz que surgiu de uma experiência do inconsciente[25].

Um membro americano do seminário, um tanto difícil de classificar, foi Elisabeth Houghton, filha de Alanson Bigelow Houghton, embaixador dos Estados Unidos na Alemanha de 1921 a 1925 e no Reino Unido de 1925 a 1929. Era prima de Katherine Houghton Hepburn, uma das primeiras ativistas da Paternidade Planejada. De acordo com o diário londrino de sua mãe (que não tem nada a dizer sobre Zurique ou a psicologia)[26], a moça tinha dezesseis anos quando assistiu ao seminário – isso deve ter sido necessariamente a convite de Jung. Mais tarde, Elisabeth Houghton dedicou-se à Cruz Vermelha e a outras boas obras, mas não permaneceu na órbita junguiana.

***

22. Alguns dos extratos não ocorrem no original de Cary de Angulo; na presente edição são feitos alguns acréscimos.

23. WEHR, G. *Jung: A Biography*. Boston/Londres, 1987, p. 6 [trad. D.M. Weeks]. Cf. Jung, "O casamento como relacionamento psíquico" (1925). *OC* 17, § 324ss. • "Alma e terra" (1927). *OC* 10/3, § 49ss. Cf. tb. *Sinnsuche oder Psychoanalyse: Briefwechsel Graf Hermann Keyserling* – Oskar A.H. Schmitz aus den Tagen der Schule der Weisheit. Darmstadt, 1970, Register, s.v. Jung. • *2012*: cf. tb. "C.G. Jung: Letters to Oskar Schmitz, 1921-1931". *Psychological Perspectives*, 6, 1975.

24. *Jung: Cartas*. Vol. I, p. 70, 20 de setembro de 1928.

25. "Prefácio à obra de Schmitz: 'Märchen vom Fischotter'". *OC* 18/2, § 176ss.

26. HOUGHTON, A.L. *The London Years 1925-1929*. Nova York, 1963, publicação particular, verbetes de 28 de outubro de 1925, 21 de fevereiro de 1926. Comunicação pessoal de James R. Houghton.

Cary F. de Angulo foi responsável pela existência deste registro do seminário de Jung. Chamada mais tarde Cary F. Baynes, seu nome é muito conhecido por sua tradução do *I Ching* e, como tradutora e amiga de Jung, foi uma figura central no mundo da psicologia analítica. A última forma de seu nome é tão familiar que é mais fácil usá-la agora.

Cary Baynes pode ter sido o único membro do seminário (talvez de *todos* os seminários) que não se dirigiu a Zurique por algum interesse em Jung, interesse clínico ou de outra natureza. Mas é melhor começar do início[27].

A Cidade do México foi seu lugar de nascimento, em 1883. Seu pai, Rudolph Fink, natural de Darmstadt, estava construindo uma ferrovia para Veracruz. Cary e sua irmã mais velha, Henri, cresceram em Louisville, no Estado de Kentucky, cidade natal de sua mãe. No Vassar College (A.B., 1906), Cary destacou-se num curso de argumentação ministrado por uma professora de inglês, Kristine Mann. Em 1911 obteve um diploma de doutorado em medicina na Johns Hopkins University. No ano anterior ela se casara com outro médico que obtivera o diploma na Johns Hopkins, Jaime de Angulo, de origem espanhola, transferido para a costa de Big Sur, na Califórnia. Cary nunca praticou a medicina; seu marido exerceu-a apenas como médico das Forças Armadas dos Estados Unidos e, em vez disso, fez carreira como antropólogo. Era um prendado estudioso das línguas dos indígenas americanos. Em 1921, Cary deixou de Angulo. Ela e sua filha Ximena, de três anos, foram para a Europa com sua professora de colégio Kristine Mann, então médica e adepta da psicologia de Jung. Tendo-se estabelecido em Zurique, Cary foi convencida por Mann a estudar com Jung. No verão de 1923, ela assistiu ao seminário de Jung em Polzeath, na Cornualha. Em 1925, quando pôs por escrito o presente seminário, ela tinha conhecimentos sólidos do sistema da psicologia analítica. Sua irmã Henri (uma artista que estivera casada com um homem chamado Zinno) juntou-se a ela em Zurique e estudou ao lado dela.

Assistente de Jung nessa época era o analista inglês H. Godwin Baynes, doutor em medicina, que traduzira *Tipos psicológicos* e viajara com Jung para o Leste da África durante o inverno de 1925-1926. Casou-se com Cary de Angulo no ano seguinte e, enquanto moraram na Inglaterra, colaboraram como tradutores das obras de Jung *Contributions to Analytical Psychology* e *Two Essays on Analytical Psychology* (ambas publicadas em 1928). Seguiu-se um ano nos Estados Unidos: Cary e sua filha moraram em Carmel e Baynes exerceu a prática analítica ali e em

---

27. Dados biográficos tirados de Ximena de Angulo Roelli. Cf. tb. McGUIRE, W. *Bollingen*: An Adventure in Collecting the Past. Princeton, 1982, índice, s.v. "Baynes, Cary F.", e p. 330. • *2012*: em Zurique, ela começou a análise com Jung, como lembra Ximena de Angulo Roelli, para descobrir por que seu casamento não havia dado certo. Cf. tb. ANGULO, G. *The Old Coyote of Big Sur*: The Life of Jaime de Angulo. Big Sur: Henry Miller Memorial Library, 1995.

Berkeley, onde encontrou o jovem Joseph Henderson e encaminhou-o para sua carreira como analista.

Estando Cary novamente em Zurique, Jung pediu-lhe que traduzisse a versão alemã do *I Ching*, de Richard Wilhelm, publicada em 1924. Wilhelm deveria ter supervisionado a tradução, mas morreu em 1930. Entrementes, Cary traduziu *O segredo da flor de ouro* – tradução do texto chinês feita por Wilhelm, com comentário de Jung (1931). Depois que Cary e Baynes se divorciaram, ela continuou morando em Zurique, onde sua irmã Henri Zinno veio juntar-se a ela. Na década de 1930, Cary trabalhou na tradução do *I Ching*, traduziu (com W.S. Dell) *Modern Man in Search of a Soul* (1933), frequentou os seminários de Jung e ajudou Olga Froebe-Kapteyn a conduzir as conferências Eranos em Ascona. Atuou no Clube Psicológico e, como disse uma colega, "procurou coibir as excessivas intrigas e manter as coisas num plano objetivo". A casa de Baynes-Zinno era um lugar de encontro para seguidores e alunos de Jung americanos e ingleses, como também europeus. Jane e Joseph Wheelwright moraram ali enquanto se submeteram à análise. A pedido de Jung, Cary prestou ajuda, como acompanhante, a Lucia, filha de James Joyce, durante um surto psicótico.

De acordo com as palavras de sua filha Ximena, Cary Baynes "nunca 'se habilitou' como analista, nunca exerceu a psicanálise e nunca teve pacientes, no sentido de que ela nunca aceitou qualquer relação regular de analista para paciente ou quaisquer honorários, mas durante toda a sua vida adulta houve um fluxo incessante de pessoas que vinham consultá-la. Quando lhe perguntavam por que ela não se estabeleceu como analista, ela sempre apresentava dois motivos: em primeiro lugar, que ela não tinha 'nenhum contato com o consciente coletivo' e, em segundo lugar, que Jung lhe havia dito que ninguém devia engajar-se na análise se não estivesse respaldado por uma relação muito sólida com um parceiro, relação que o impedisse de ser engolido, por assim dizer, pelos problemas de seus pacientes e de perder seu controle sobre a realidade"[28]. E Joseph Henderson observou que "as duas irmãs tinham, poder-se-ia dizer, uma relação simbiótica. Cary era quem conduzia com seriedade qualquer discussão, enquanto Henri proporcionava o humor, a hospitalidade e o charme feminino. Cary tinha um tremendo domínio da teoria junguiana e aplicava-a conscientemente com grande habilidade. Pode-se dizer que Henri *era* sua experiência do inconsciente. Henri vivia perto do limite dele e sua pintura e escultura eram puramente arquetípicas"[29].

No final da década de 1930, as duas irmãs voltaram aos Estados Unidos. Cary conhecera Mary e Paul Mellon na casa de campo de Olga Froebe-Kapteyn perto

---

28. Comunicação pessoal, 11 de janeiro de 1978.
29. Comunicação pessoal, 29 de janeiro de 1978.

de Ascona e, quando Mary Mellon organizou a primeira Fundação Bollingen em 1940, seu gabinete foi na casa de Cary em Washington, no Estado de Connecticut. Cary foi membro de seu conselho e Ximena de Angulo foi sua primeira diretora. As circunstâncias da guerra obrigaram a dissolver a Fundação em 1942, mas ela foi ressuscitada em 1945, e Cary acompanhou seu diretor associado, John D. Barrett, quando ele compareceu à primeira conferência Eranos em 1946. Após a morte repentina de Mary Mellon em setembro desse ano, Barrett, enquanto chefe da Fundação e editor da sua Bollingen Series, continuou a confiar em Cary como uma de suas mais prudentes conselheiras. A tradução que ela fez do *I Ching* apareceu como Bollingen Series XIX, em 1950; e mais tarde ela traduziu *Change: Eight Lectures on the I Ching*, de Hellmut Wilhelm, filho de Richard Wilhelm (Bollingen Series LXII, 1960).

Após a morte de sua irmã Henri, em 1970, Cary morou em Ascona. Esteve intelectualmente ativa até sua morte em 1977 – tendo sido a mais velha sobrevivente do restrito círculo de alunos e amigos que se formou ao redor de Jung na década de 1920. "Ela provavelmente fez mais por mim do que a maioria dos analistas", afirmou Jane Wheelwright, após a morte de Cary. "Não sei por que ela não poderia ter sido uma analista. Ela era a Rocha de Gibraltar"[30].

***

Na edição do original, nada foi omitido. Pequenas mudanças dizem respeito, sobretudo, a pontuação, ortografia, gramática e clareza. Alterações especulativas estão entre colchetes e, se necessário, são comentadas numa nota de rodapé. O material que segue a Preleção 16 é considerado parte dessa preleção; cf. nota 5 da Preleção 16. Os diagramas foram redesenhados. Passagens que foram adaptadas em *Memories, Dreams, Reflections* são anotadas.

Existe outra versão multicopiada do original deste seminário, redatilografada (com o mesmo número de páginas), não datada e não revisada, embora muitos erros tipográficos tenham sido corrigidos e os diagramas redesenhados. Para a presente edição foi consultado um exemplar por cortesia da Biblioteca Virginia Allen Detloff do Instituto C.G. Jung de San Francisco. Um índice compilado por Mary Briner, lançado pelo processo de multicópia, cobre as Anotações dos Seminários em inglês de 1925 até o inverno de 1934: a saber, *Psicologia analítica, Análise dos sonhos, Interpretação das visões* e *Ioga Kundalini*. O índice do presente volume utiliza o tratamento dos termos conceituais feito por Briner.

---

30. Comunicação pessoal, fevereiro de 1978.

Agradecimentos

Agradeço às seguintes pessoas que responderam às minhas perguntas surgidas do texto do seminário ou relativas aos membros, ou que foram prestativas de outras maneiras: Doris Albrecht e Peggy Brooks, da Biblioteca Kristine Mann; Joan Alpert, da Biblioteca Virginia Allen Detloff; Gerhard Adler, Helen H. Bacon, Paula D. Black, G.W. Bowersock, Clarence F. Brown, Mark R. Cohen, Sidney Cowell, Gordon A. Craig, Dorothy Salisbury Davis, Gui de Angulo, Violet de Laszlo, Edward F. Edinger, Michael Fordham, Joseph Frank, Marie-Louise von Franz, Felix Gilbert, Joseph Henderson, James R. Houghton, Aniela Jaffé, Lorenz Jung, James Kirsch, Frances Lange, Victor Lange, Phyllis W. Lehmann, Verena Maag, Ximena de Angulo Roelli, Jerome Ross, Mary Sacharoff-Fast Wolf, Sonu Shamdasani, John Shearman, Jane Lincoln Taylor, Jane Wheelwright e Joseph Wheelwright.

W.M.

Membros do seminário

A lista seguinte contém pessoas cujos nomes aparecem na versão multicopiada original; podem ter participado outros cujos nomes não foram registrados. Na versão original são dados apenas sobrenomes (precedidos de Sr., Sra. etc.). Aqui foram fornecidos, na medida do possível, nomes completos, país de residência etc. O asterisco indica uma pessoa que, de acordo com os conhecimentos atuais, era ou mais tarde tornou-se psicóloga analítica. A coluna à direita dá o número da primeira reunião do seminário (preleção) em que aparece o nome de um membro. Conferir também o índice deste volume.

Para a edição de 2012 foram acrescentados os nomes de outros participantes que apareceram com base na lista de Cary de Angulo.

Aldrich, Sr. Charles Roberts (EUA)
  Preleção 5

Bacon, Sr. Leonard (EUA)
  Preleção 7

Baynes, Srta. Charlotte (RU)
  Preleção 7

Baynes, Srta. Ruth

Beckwith, Sr. G.

*Bertine, Dra. Eleanor (EUA)   Apêndice à
  Preleção 16

Bond, Dr.
  Preleção 15

Cooper, Dr.

Corrie, Srta. Joan (RU)
  Preleção 9

de Angulo, Dra. Cary Fink (mais tarde Baynes) (EUA)
  Preleção 2

de Trey, Sra.

Dunham, Sra.
    Preleção 2

*Evans, Sra. Elida (EUA)
    Preleção 9

Gordon, Dra. Mary (RU)
    Preleção 2

*Harding, Dra. M. Esther (RU/EUA)
    Preleção 6

Henty, Srta. Dorothy (RU)
    Preleção 9

Hincks, Srta.
    Preleção 9

Houghton, Srta. Elisabeth (EUA)
    Preleção 13

*Jung, Sra. Ema (Suíça)   Apêndice à
    Preleção 16

*Keller, Sra. Tina (Suíça)
    Preleção 9

Kunz, Sr. Sidney

Littlejohn, H.W.

*Mann, Dra. Kristine (EUA)
    Preleção 2

Provot, F.A.

Radin, Dr. Paul (EUA)
    Preleção 13

Raevski, Olga von Srta.
    Preleção 15

Robertson, Sr. Kenneth (EUA)
    Preleção 9

Schmitz, Sr. Oskar A.H. (Alemanha)
    Preleção 15

Sergeant, Srta. Elizabeth Shepley (EUA)
    Preleção 15

*Shaw, Dra. Helen (RU/Austrália)
Preleção 2

Taylor, Srta. Ethel (RU)
Preleção 13

Ward, Dra. Harriet
Preleção 9

Zinno, Sra. Henri Fink (EUA)
Preleção 6

Lista de abreviações

B.S. = Bollingen Series, Nova York e Princeton.

CW = The Collected Works of C.G. Jung. Ed. por Gerhard Adler, Michael Fordham e Herbert Read; Editor executivo William McGuire; trad. por R.F.C. Hull. Nova York e Princeton (Bollingen Series XX) e Londres, 1953-1983, 21 vols.

OC = Obras Completas de C.G. Jung. Vozes, Petrópolis, 1971ss.

Freud/Jung = *The Freud/Jung Letters*. Ed. por William McGuire; trad. por Ralph Manheim e R.F.C. Hull. Princeton (Bollingen Series XCIV) e Londres, 1974. Nova edição, Cambridge, Massachusetts, 1988.

Jung: Cartas = *Cartas de C.G. Jung*. Ed. por Aniela Jaffé, em colaboração com Gerhard Adler; tradução de Edgar Orth. Vozes, Petrópolis, 2001-2003. 3 vols.

Jung: Word and Image = *C.G. Jung: Word and Image*. Ed. por Aniela Jaffé; trad. por Krishna Winston. Princeton (Bollingen Series XCVII: 2) e Londres, 1979.

Jung Speaking = *C.G. Jung Speaking: Interviews and Encounters*. Ed. por William McGuire e R.F.C. Hull. Princeton (Bollingen Series XCVII) e Londres (abreviado), 1977.

Liber Novus = *O Livro Vermelho. Liber Novus*. Ed. e introd. por Sonu Shamdasani, trad. por Edgar Orth. Vozes, Petrópolis, 2010.

MDR = *Memories, Dreams, Reflections by C.G. Jung*. Registrado e editado por Aniela Jaffé; trad. por Richard e Clara Winston. Nova York e Londres, 1963. (As edições trazem paginação diferente; são dadas duplas referências de paginação, primeiro para a edição de Nova York.)

SE = Standard Edition das Obras Psicológicas Completas de Sigmund Freud. Traduzidas sob a editoria geral de James Strachey, em colaboração com Anna Freud, e com a assistência de Alix Strachey e Alan Tyson. Londres e Nova York, 1953-1974. 24 vols.

Spring: An Annual of Archetypal Psychology and Jungian Thought. Nova York e Zurique; agora Dallas.

Tipos = Tipos psicológicos. OC. 6 (1991).

Zarathustra = Nietzsche's "Zarathustra". Notes of the Seminar Given in 1934-1939 by C.G. Jung. Ed. por James L. Jarrett. Princeton (Bollingen Series XCIX:2) e Londres, 1988. 2 vols.

Prefácio

Estas anotações foram multicopiadas a pedido de colegas, cujo desejo era ter algum registro permanente das preleções, mesmo que apenas de forma esquemática. Em contraste com a extensão e a vivacidade das preleções, as anotações são decepcionantemente "magras"; mas, como eu não podia encontrar nenhuma maneira de neutralizar este defeito, devo invocar a boa vontade dos colegas e pedir que as anotações sejam consideradas apenas um esboço útil para a memória.

A bem da conveniência da forma, apresentei as preleções, perguntas e discussões, na sua maioria, como se fossem palavras dos locutores; mas, na realidade, apenas as perguntas escritas têm literalmente essa exatidão. Quanto ao resto, não tentei mais do que resguardar da maneira mais completa possível o sentido daquilo que foi dito.

As cópias dos diagramas não são trabalho meu, mas são a valiosa contribuição de outro colega do grupo. Ainda outros me ajudaram muito a completar o material e fazer o trabalho de correção. O todo foi revisto e corrigido pelo Dr. Jung.

Cary F. de Angulo
Zurique, 29 de novembro de 1925.

Psicologia analítica

Preleção I

23 de março de 1925

Dr. Jung:

Nenhuma pessoa seriamente interessada na psicologia analítica pode não ter-se impressionado com a extraordinária amplidão do campo abarcado por ela e, por isso, pensei que seria útil para todos nós se, no decurso destas preleções, pudéssemos obter uma visão desse campo. Para começar, eu gostaria de apresentar a vocês um breve esboço do desenvolvimento de minhas próprias concepções oriundas do tempo em que pela primeira vez me interessei pelos problemas do inconsciente. Como em ocasiões anteriores, vocês podem ajudar-me muito se apresentarem perguntas por escrito, para que eu possa selecionar as que forem apropriadas para a discussão.

***

Em 1896 aconteceu-me algo que serviu como um estímulo para minha vida futura. Uma coisa dessas é sempre de esperar na vida de um homem – ou seja, sua história familiar sozinha nunca é a chave para seus empreendimentos criativos. A coisa que deu início ao meu interesse pela psicologia foi o caso da garota de quinze anos e meio, cujo caso descrevi nos *Collected Papers*[1], como primeira contribuição para essa série. A garota era uma sonâmbula e suas irmãs descobriram que podiam obter respostas extraordinárias a perguntas feitas a ela enquanto estava dormindo: em outras palavras, descobriu-se que ela era uma médium. Fiquei impressionado com o fato de que, apesar das aparências, deve haver uma vida oculta da mente manifestando-se somente no transe ou no sono. Uma pequena hipnose punha esta

---

1. "On the Psychology and Pathology of So-called Occult Phenomena". In: LONG, C.E. (ed.). *Collected Papers on Analytical Psychology*. Nova York/Londres, 1916 [2. ed., 1917], p. 1-93 ("Sobre a psicologia e patologia dos fenômenos chamados ocultos", *OC* 1, § 1ss.). [trad. M.D. Eder]. Cf. *MDR*, p. 106s. e 109s. • *2012*: Cf. tb. CHARET, F.X. *Spiritualism and the Foundations do Jung's Psychology*. Albânia: State University of New York, 1993.

garota num transe do qual mais tarde ela despertava como se fosse de um sono. Durante o transe diversas personalidades se manifestavam; e, pouco a pouco, descobri que eu podia invocar por sugestão uma personalidade ou outra. Em resumo, descobri que eu podia ter uma influência formativa sobre elas.

Fiquei, é claro, profundamente interessado em todas estas coisas e comecei a tentar explicá-las, algo que eu não conseguia fazer porque tinha apenas vinte e dois anos na época e era muito ignorante nesse sentido. Mas eu disse a mim mesmo que deve haver algum mundo por trás do mundo consciente e que era com este mundo que a garota estava em contato. Comecei a estudar a literatura do espiritismo, mas não pude encontrar ali nada que me satisfizesse. Voltei-me então para a filosofia, sempre buscando uma possível pista ou chave para estes estranhos fenômenos.

Nessa época eu era estudante de medicina e estava profundamente interessado nela, mas estava também profundamente interessado na filosofia. Por fim, cheguei, em minha busca, a Schopenhauer e Hartmann[2]. Em Schopenhauer encontrei um ponto de vista muito esclarecedor. Seu ponto de vista fundamental é que a vontade enquanto impulso cego para a existência é sem objetivo; simplesmente "acontecia à vontade criativa fazer o mundo". Esta é sua opinião em *O mundo como vontade e representação*. Contudo, em *Sobre a vontade na natureza*[3], ele se deixa levar por uma atitude teleológica, embora esta esteja em oposição direta à sua tese original, algo que, digamos, não é raro acontecer a um filósofo. Nesta última obra ele supõe que existe uma direção na vontade criadora e este ponto de vista eu assumi como meu. Minha primeira concepção da libido, portanto, não foi que ela era, por assim dizer, um fluxo informe, mas que ela era de natureza arquetípica. Ou seja, a libido nunca surge do inconsciente num estado informe, mas sempre em imagens. Usan-

---

2. Para a descoberta de Eduard von Hartmann (1842-1906) e Arthur Schopenhauer (1788-1860) por parte de Jung, enquanto estudava medicina na Universidade de Basileia, cf. *The Zofingia Lectures* (1898-1899; CW, vol. supl. A), índice, sob os respectivos verbetes. • *2012*: O exemplar que Jung tinha de *Die Welt als Wille und Vorstellung* (O mundo como vontade e representação), de Schopenhauer, traz seu ex-libris e traz a data de 1897. Traz muitas anotações. A 4 de maio de 1897, Jung examinou *Parerga und Paralipomena* de Schopenhauer da biblioteca da Universidade de Basileia. A cópia que ele tinha do livro é datada de 1897 e traz anotações (particularmente seções que tratam de especulações transcendentais e visões de espíritos). Jung examinou *Die Philosophie des Unbewussten* (Filosofia do inconsciente) de von Hartmann, da biblioteca da Universidade de Basileia, a 15 de janeiro de 1898, sua obra *Ding an Sich* (A coisa em si) a 13 de setembro de 1898 e sua *Die Selbstsersetzung des Christentums und die Religion der Zukunft* (A autodecadência do cristianismo e a religião do futuro) a 18 de outubro de 1898. Sobre Schopenhauer e von Hartmann, cf. NICHOLLS, A. & LIEBSCHER, M. (eds.). *Thinking the Unconscious*: Nineteenth-Century German Thought. Cambridge: Cambridge University Press, 2010. Sobre a leitura da obra deles por Jung, cf. SHAMDASANI. *Jung and the Making of Modern Psychology*: The Dream of a Science. Cambridge: Cambridge University Press, 2003, p. 197s.

3. *Die Welt als Wille und Vorstellung* (1818). • *Über den Willen in der Natur* (1836).

do uma figura de linguagem, o minério tirado da mina do inconsciente é sempre cristalizado.

Da leitura de Schopenhauer obtive uma explicação provisória da possível psicologia do caso que eu estava estudando: ou seja, pensei que as personificações poderiam ser o resultado desta tendência da libido a formar imagens. Se eu sugeria certa pessoa à garota durante seus estados inconscientes, ela interpretava essa pessoa e suas respostas às perguntas vinham de uma maneira característica da pessoa sugerida. A partir disto fiquei convencido de que o material inconsciente tende a fluir em moldes definidos. Isto forneceu, também, uma pista para a desintegração da personalidade. Na *dementia praecox* (esquizofrenia), por exemplo, existe um trabalho independente das diferentes partes da psique, mas geralmente não existe nada de vago acerca das diferentes partes; as vozes que são ouvidas são as vozes de indivíduos precisos, de pessoas determinadas, e é por isso que elas são tão reais. Da mesma maneira, uma vontade espiritista pretenderá sempre um alto grau de individualidade e um caráter pessoal para seus "espíritos". Nessa época eu pensava, afinal de contas, que podia haver espíritos.

Minhas ideias do inconsciente, portanto, ficaram esclarecidas primeiramente através de Schopenhauer e Hartmann. Hartmann, tendo a vantagem de viver num período posterior ao de Schopenhauer, formula as ideias deste último de uma maneira mais moderna. Ele supõe que aquilo que ele chama de *Weltgrund* é o espírito ou entidade inconsciente que tem eficácia criativa e a isto ele dá o nome de inconsciente, mas lhe acrescenta a mente[4]. Ele usa aqui o termo mente num sentido diferente do usado por Schopenhauer. Schopenhauer opõe a mente à cega vontade criadora. Por algum acidente imprevisto, o homem veio a possuir um espelho consciente do universo, a saber, a mente, e através dela conhece a maldade do mundo e deliberadamente se retrai dele, colocando-se assim em oposição à vontade criadora. Na concepção de Schopenhauer, a mente pertence apenas ao homem e não está ligada ao *Weltgrund* ou *unbewusster Geist*. Eu sustentei, seguindo Hartmann, que nosso inconsciente não é sem sentido, mas contém uma mente. Após assumir esta posição, descobri muita evidência contraditória e, assim, o pêndulo balançou para trás e para frente. Às vezes parecia como se devesse existir algum fio de intenção percorrendo o inconsciente, outras vezes eu me convencia de que não havia fio nenhum.

Neste ponto a médium "foi embora", ou seja, ela começou a trapacear e eu desisti de todo contato com ela[5]. Eu a observara por um período de dois anos e me

---

4. *Philosophie des Unbewussten* (1869); tr. *Philosophy of the Unconscious* (1931).

5. *2012*: Zumstein-Preiswerk dá a seguinte versão do término das sessões: ela afirma que em certa ocasião Jung com ele trouxe seus amigos estudantes. A presença destes confundiu Helene e sua força

dedicara a um estudo dos fenômenos detalhados que ela apresentava, esforçando-me por harmonizá-los com a ciência natural. Mas agora eu sei que descuidei do traço mais importante da situação, a saber, minha conexão com ela. A garota, é claro, se apaixonara profundamente por mim e eu desconhecia isto completamente e desconhecia o papel que isso desempenhava na psicologia dela.

Em seus transes ela formulava para si uma personalidade muito superior, a de uma mulher mais velha de grande beleza espiritual. Ela própria, na verdade uma garota muito tola e superficial, não podia encontrar outra maneira de expressar esta ânsia interior inconsciente de ser diferente, a não ser através do cenário espírita e da representação da personalidade que ela encontrou ali. A família dela, originalmente uma das famílias antigas de Basileia, entrara em decadência quase total, tanto do ponto de vista financeiro quanto cultural. A própria garota podia ser descrita como uma "bobinha" ("midinette"). Quando se encontrou comigo, ela descobriu que eu me interessava por todos os aspectos da vida que ela almejava, mas dos quais ela fora excluída pelo destino. Se eu soubesse então o que sei agora, eu poderia ter compreendido a luta que ela travava para expressar o que nela havia de melhor através desta pessoa do transe; mas, do jeito como as coisas estavam, eu só podia vê-la como uma menina tola que começou a fazer algo muito feio, a saber, trapacear para impressionar-me a mim e aos outros. Eu só a via como uma pessoa que arruinou sua reputação e prejudicou suas chances na vida; mas, na verdade, através deste ato de trapacear, ela forçava seu caminho de volta para a realidade. Ela abandonou as sessões mediúnicas e todo aquele seu lado fantástico foi desaparecendo gradualmente. Mais tarde ela foi para Paris e entrou no ateliê de uma famosa costureira. Num tempo relativamente curto ela tinha seu próprio estabelecimento e fez muito sucesso, fazendo roupas extraordinariamente belas e originais. Eu a vi em Paris durante esse tempo, mas praticamente todas as experiências mediúnicas haviam desaparecido de sua mente. Depois ela contraiu tuberculose, mas não admitia que tinha de fato a doença. Poucas semanas antes de sua morte era como se ela estivesse regredindo sempre mais em sua vida, até ter finalmente cerca de dois anos de idade e então ela morreu[6].

Ela é um exemplo da lei psicológica geral segundo a qual, a fim de avançar para um estágio superior de desenvolvimento, nós muitas vezes precisamos come-

---

a abandonou. Em atenção a Jung, ela tentou colocar-se em estado de hipnose com movimentos dos braços, o que não funcionou. Ela representou, o que eles perceberam. Começaram a rir, o que Jung não pôde suportar (*C.G. Jung's Medium*, p. 92).

6. A garota era Hélène Preiswerk, prima-irmã de Jung. Cf. ZUMSTEIN-Preiswerk, S. *C.G. Jung's Medium*: Die Geschichte der Helly Preiswerk. Munique, 1975. • Sumário em HILLMAN, J. "Some Early Background to Jung's Ideas: Notes on *C.G. Jung's Medium...*" *Spring* 1976, p. 123-136.

ter alguma falta que aparentemente é tão terrível que chega ao ponto de ameaçar arruinar a nossa vida. A desonestidade da garota teve o resultado final de pôr um fim às sessões mediúnicas e, depois, ela conseguiu viver na realidade a personalidade que ela desenvolveu para si no inconsciente. Primeiro ela elaborou no mundo do espírito o que ela queria na realidade, mas depois o mundo do espírito precisou decair antes de ela livrar-se dos elementos transcendentais. Sua vida é um exemplo do princípio da enantiodromia[7], porque, começando com a coisa que era pior nela, a saber, sua disposição a trapacear e sua fraqueza e estupidez geral, ela passou num constante progresso para o polo oposto onde ela estava expressando o melhor que havia nela.

Depois deste período, que contém a origem de todas as minhas ideias, encontrei Nietzsche[8]. Eu estava com vinte e quatro anos quando li o *Zaratustra*. Não pude entendê-lo, mas ele causou em mim uma profunda impressão e senti de certo modo peculiar uma analogia entre ele e a garota. Posteriormente, é claro, descobri que o *Zaratustra* foi escrito a partir do inconsciente e é um retrato daquilo que o homem deveria ser. Se Zaratustra [o protagonista] tivesse aparecido para Nietzsche como uma realidade, em vez de permanecer em seu "mundo do espírito", o Nietzsche intelectual teria precisado partir. Mas esta proeza de realização Nietzsche não pôde executar. Era mais do que seu cérebro podia dominar.

Durante todo este tempo eu continuei como estudante de medicina, mas mantive minhas leituras de filosofia nas horas vagas. Quando tinha vinte e cinco anos, fui aprovado no exame final de medicina. Era minha intenção especializar-me em medicina interna. Eu estava profundamente interessado na química psicológica e tinha a chance de tornar-me assistente de um homem famoso[9]. Nada estava mais distante de minha mente do que a psiquiatria. Um motivo para isto era o fato de que meu pai, como ministro, estava ligado ao manicômio cantonal e muito interessado em psiquiatria. Como todos os filhos, eu sabia que tudo aquilo em que meu pai estava interessado era errado e, por isso, eu o evitava com o maior cuidado possível. Eu nunca havia lido um livro sequer que tivesse a ver com psiquiatria;

---

7. Cf. *Tipos psicológicos* (*OC* 6), § 790ss.

8. *The Zofingia Lectures*, índice, s.v. Cf. o seminário posterior de Jung sobre *Also Sprach Zarathustra* (1934-1939), na presente série, com uma introdução de James L. Jarrett discutindo o interesse de Jung por Nietzsche. *2012*: Sobre a leitura que Jung faz de Nietzsche, cf. BISHOP, P. *The Dionysian Self*: C.G. Jung's Reception of Friedrich Nietzsche. Berlim: Walter de Gruyter, 1995. • LIEBSCHER, M. *Aneignung oder Überwindung* – Jung und Nietzsche im Vergleich. Basileia: Schwabe, 2011. • PARKES, G. "Nietzsche and Jung: Ambivalent Appreciations". In: GOLOMB, J.; SANTANIELLO, W. & LEHRER, R. (eds.). *Nietzsche and Depth Psychology*. Albânia: State University of New York, 1999, p. 205-227.

9. Friedrich von Müller. Cf. *MDR*, p. 107/110.

mas, quando chegou o tempo de fazer meu exame final, recebi um manual e comecei a investigar este tema idiota. O livro era de Krafft-Ebing[10]. Eu disse para mim mesmo: "Alguém tão tolo para escrever um manual sobre este tema é obrigado a explicar-se num prefácio", e por isso passei ao prefácio. Quando acabei a primeira página, eu estava começando a sentir interesse. Quando estava na metade da segunda página, senti o coração bater de tal maneira que eu mal podia continuar. "Meu Deus", eu disse, "é isso que quero ser: um psiquiatra". Primeiro passei nos exames e foi grande a surpresa de todos os meus amigos quando lhes anunciei que eu seria um psiquiatra. Nenhum deles sabia que naquele livro de Krafft-Ebing eu encontrara a chave para o enigma que eu estava procurando resolver. O comentário deles foi: "Bem, nós sempre pensávamos que você era louco e agora temos certeza!" Eu não disse a ninguém que pretendia solucionar os fenômenos inconscientes das psicoses, mas esta era a minha determinação. Eu queria compreender os intrusos na mente – os intrusos que fazem as pessoas rir quando não deveriam rir e chorar quando não deveriam chorar. Quando desenvolvi meus testes de associação[11], foram os defeitos que os testes traziam à tona que prenderam meu interesse. Anotei cuidadosamente os lugares onde as pessoas não podiam levar a cabo os experimentos e destas observações cheguei à minha teoria dos complexos autônomos como causa do bloqueio no fluxo da libido. Ao mesmo tempo Freud estava desenvolvendo sua concepção do complexo.

Em 1900 li o livro *Interpretação dos sonhos*, de Freud[12]. Coloquei-o de lado como algo cujo significado não captei plenamente. Depois voltei ao livro em 1903 e encontrei nele a conexão com minhas próprias teorias.

10. KRAFFT-EBING, R. *Lehrbuch von Psychiatrie auf klinische Grundlage*. 4. ed., 1890; tr. *Text-Book of Insanity Based on Clinical Observations* (1904). Cf. *MDR*, p. 108, 110. A biblioteca de Jung contém a 4ª ed. alemã.

11. "Estudos diagnósticos de associações" (1904-1909), em *OC* 2. A correspondência de Jung com Freud começou quando ele deu a Freud um exemplar do primeiro volume de *Diagnostische Assoziationsstudien*, dele e outros. Entre os conteúdos, "Psicanálise e o experimento de associações" foi a primeira publicação significativa de Jung sobre o tema da psicanálise. Cf. *Freud & Jung*, 1 F, 11 de abril de 1906.

12. *The Interpretation of Dreams* (1900; SE, vols. IV-V). Cf. *MDR*, p. 146s./144. Cf. tb. o relato de Jung, datado de 25 de janeiro de 1901, sobre *Über den Traum* de Freud (1901; uma síntese da obra de 1900), em *OC* 18/1, § 841ss. A primeira citação de *A interpretação dos sonhos* por parte de Jung ocorre na monografia "Sobre a psicologia e patologia dos fenômenos chamados ocultos", 1902; cf. *OC* 1, § 97 e 133.

Preleção 2

PERGUNTAS E DISCUSSÃO

Pergunta da Dra. Shaw: "Poderia um caso como o da garota de que você falou na última segunda-feira, se analisado adequadamente, ajudá-la a encontrar seu verdadeiro eu, algo a meio caminho entre sua personificação inconsciente superior e sua persona inferior, e, sendo assim, você acha que ela teria sido poupada da patética morte de tal regressão?

Nesse caso você poderia explicar como poderia ser criada a função mediadora? É correto chamá-la de criação, uma coisa nova formada a partir dos opostos?"[1]

Dr. Jung: Sem dúvida a garota teria sido bastante poupada pela análise e seu desenvolvimento poderia ter sido um desenvolvimento muito mais tranquilo. A finalidade da análise é fazer com que conteúdos inconscientes se tornem conscientes a fim de evitar tais enganos.

Quanto à função mediadora, o princípio pode ser explicado muito bem por este caso. A fim de explicá-la precisamos do princípio dos opostos. A garota em questão vivia num meio limitado demais para seus dons e não podia encontrar nele nenhum horizonte, pois era um ambiente notável por sua insuficiência de ideias; era tacanho e pobre em todos os sentidos. O inconsciente da garota, por outro lado, apresentava exatamente o quadro inverso. Ali ela era cercada pelos espíritos de pessoas muito importantes. Essa tensão provocada por estes dois extremos é a base da função mediadora. Ela tentou vivê-la através de seu círculo mediúnico e encontrar ali a oportunidade de sair do impasse em que vivia. E assim a tensão entre sua vida real e sua vida irreal aumentou. Na realidade ela era, como eu disse, uma pequena bobinha; em suas sessões ela era uma pessoa capaz de associar-se a mentes grandes. Quando ocorre uma oposição como esta, deve acontecer algo para juntar as coisas.

É uma situação sempre difícil de tratar. Se, por exemplo, eu lhe tivesse dito que ela era uma pessoa importante em seu inconsciente, eu podia ter iniciado nela um sistema errado de fantasia, pois a melhor maneira de ela enfrentar seu problema teria sido ingressar na vida e fazer alguma coisa. Assim, alguém pode me dizer

---

1. As perguntas entre aspas foram geralmente apresentadas a Jung por escrito.

que eu sou um grande homem, e milhares de pessoas podem dizer isso, mas eu só posso acreditar se puder submeter-me à prova e realizar alguma coisa. No caso dela isto era difícil de realizar, porque havia sempre o perigo de que, ao desvencilhar-se dos elementos falsos presentes nas fantasias inconscientes, ela poderia também perder a ligação com as coisas desejáveis e, assim, perder a confiança em si mesma. O analista nunca pode ter a certeza de que, ao fazer o paciente jogar fora uma *forma* errada, ele não irá jogar fora o valor nela contido.

Para esta garota, o processo da função mediadora parece ter seguido a seguinte ordem: Primeiramente ela começou falando de espíritos, depois começou a estar em contato com o "espírito" do avô, que tinha sido uma espécie de deus da família. O caminho do avô havia sido o caminho correto e tudo o que vinha dele era exaltado. Depois entraram nas suas fantasias Goethe e todo tipo de grandes personagens. E, por fim, desenvolveu-se a importante personagem com a qual ela se identificou. Foi como se cada uma das grandes personagens tivesse depositado nela alguma coisa e desse depósito brotou sua personagem maior. Como vocês sabem, Platão estabeleceu o princípio de que é impossível olhar para uma coisa feia sem introduzir algo dela na alma e é igualmente impossível estar em contato com o que é belo sem reagir a ele[2]. Algo parecido aconteceu à garota.

A imagem que ela desenvolveu é o símbolo mediador. É a forma viva para a qual ela lentamente evoluiu. Assim cria-se uma atitude que liberta dos pares de opostos. Ela se desvencilhou, por um lado, da vulgaridade de seu ambiente e, por outro, dos espíritos que não lhe pertenciam. Poder-se-ia dizer que a natureza trabalhando sozinha trabalha na linha da função mediadora ou transcendente[3], mas é preciso admitir que às vezes a natureza trabalha contra nós e, por assim dizer, torna realidade a natureza errada. Nossas prisões e hospitais estão cheios de pessoas com as quais a natureza esteve experimentando e chegou a resultados infelizes.

Sra. Dunham: Por que a garota voltou à condição de criança?

Dr. Jung: Foi devido ao desvanecimento gradual de sua libido, que se contraiu cada vez mais, seguindo prematuramente a curva normal da vida, que sempre tende a mostrar a manutenção de certa tensão. Na juventude a libido preenche uma estrutura de generosas proporções, ao passo que na velhice ela se contrai para uma amplitude muito menor.

Voltando à função transcendente, num lado encontram-se os fatos reais, no outro a imaginação. Isto provoca os dois polos. No caso da garota, os espíritos foram longe demais no lado da imaginação e o lado da realidade era pequeno demais. Quando passou à realidade, ela foi uma excelente costureira.

---

2. *2012*: Cf. PLATÃO. *A república*, 401d-b.

3. *2012*: Cf. Jung. "A função transcendente" (1916). *OC* 8/2.

A fantasia é a função criadora – a forma viva é um resultado da fantasia. A fantasia é um pré-estágio do símbolo, mas é uma característica essencial do símbolo não ser uma mera fantasia. Contamos com a fantasia para tirar-nos do impasse; porque, embora as pessoas nem sempre estejam ansiosas por reconhecer os conflitos que estão transtornando sua vida, os sonhos estão sempre tentando falar, por um lado, sobre o conflito e, por outro, sobre a fantasia criativa que irá indicar a solução. Depois, é preciso trazer o material à consciência. A pessoa admite que está num impasse e dá livre curso à fantasia; mas, ao mesmo tempo, o consciente precisa manter o controle a fim de ter domínio sobre a tendência que a natureza tem de experimentar. Ou seja, é preciso não esquecer que o inconsciente pode produzir algo desastroso para nós. Mas, por outro lado, é preciso ter cuidado para não prescrever receitas ao inconsciente – pode ser que se torne necessário um novo caminho e mesmo um caminho cercado de desgraça. Muitas vezes a vida exige a busca de novos caminhos que são totalmente inaceitáveis para a época em que vivemos, mas não podemos recusar-nos, por esse motivo, a empreender um novo caminho. Lutero, por exemplo, foi forçado a um novo estilo de vida que parecia quase criminoso, a julgar pelos padrões de sua época.

Perguntas da Dra. de Angulo: 1) "Quando você leu Schopenhauer pela primeira vez, você rejeitou o ponto de vista através do qual ele mais influenciou o mundo, a saber, sua negação da vida, e preferiu, ao invés, aquele no qual ele se inclina a um princípio intencional na vida. Na época em que você estava fazendo esta opção, a corrente principal do pensamento filosófico deve ter sido diretamente oposta a ela. Eu gostaria de saber mais sobre o motivo por que você fez aquela opção. Você estava inclinado naquele sentido antes de ler Schopenhauer, ou Schopenhauer formulou pela primeira vez essa concepção para você? As suas observações da garota ajudaram você a entender o argumento de Schopenhauer, ou ele esclareceu a garota para você, ou a coisa funcionou nos dois sentidos?"

2) "Não está claro para mim se você acreditava que o princípio intencional, que você achava que podia ser demarcado claramente nos funcionamentos do inconsciente, era algo que se aplicava à vida do indivíduo apenas, ou se fazia parte de um princípio intencional geral que dirige o universo a partir dos bastidores, por assim dizer?"

3) "Ouvi você dizer que uma lei psicológica geral é que a obtenção de um nível superior de desenvolvimento acontece sempre às custas de algum engano aparentemente terrível. Admito naturalmente que a experiência analítica possibilita a alguém evitar o engano, mas o substitui pelo princípio do sacrifício. Isto está correto?"

Dr. Jung: 1) Em Schopenhauer encontrei pela primeira vez a ideia do impulso universal da vontade e a noção de que isto pode ser intencional. Isto me ajudou muito a solucionar o problema que a garota apresentava, porque pensei que eu podia registrar claramente nela sinais de algo que funciona no inconsciente em direção a uma meta.

2) Interessei-me pela natureza do inconsciente e perguntei-me se ele era cego. A isto eu podia responder que não, que ele geralmente tem uma intenção. Mas, se alguém pergunta se o inconsciente é o mundo ou se ele é a psicologia, então a pergunta se torna delicada. Era impossível para mim imaginar o cérebro como o pano de fundo do universo e, por isso, não estendi o princípio intencional ao universo. Mas agora tive que modificar meu ponto de vista a respeito da relação entre o inconsciente e o universo. Se penso na pergunta do ponto de vista puramente intelectual, continuo dizendo o que eu disse antes. Mas existe outra maneira de considerar a pergunta – ou seja, podemos perguntar: "Existe em nós uma necessidade de satisfazer estes problemas metafísicos?" Como podemos chegar a uma resposta adequada a esta pergunta? O intelecto se abstém diante da tarefa. Mas existe outra maneira de tentar resolvê-la. Suponhamos, por exemplo, que estamos preocupados com determinado problema histórico. Se eu tivesse quinhentos anos à disposição, eu poderia resolvê-lo. Pois bem, tenho dentro de mim um "homem" que tem milhões de anos de idade e ele talvez possa lançar luz sobre estes problemas metafísicos. Se apresentarmos estas coisas ao inconsciente, quando obtivermos a visão que convém ao "homem velho" as coisas dão certo. Se sustento ideias que estão em desacordo com o inconsciente, elas certamente me tornarão indisposto e, por isso, é seguro para mim presumir que elas contradizem alguma corrente importante no universo.

Esta resposta a satisfaz, Dra. de Angulo?

Dra. de Angulo: Penso entender o que você quer dizer com esta resposta, mas não posso aceitá-la.

Dr. Jung: Será que precisamos discuti-la ainda mais?

Dra. de Angulo: Não.

Dr. Jung: Agora, quanto à sua terceira pergunta, eu não chegaria ao ponto de dizer que podemos evitar todos os erros através da análise, senão alguém poderia analisar a vida em vez de viver. Alguém estaria disposto a cometer erros de bom grado. A análise mais perfeita não é capaz de prevenir o erro. Às vezes você precisa cair no erro; além disso, as coisas morais que existem dentro de você não conseguem vir a público enquanto você não lhes der uma chance. O reconhecimento da verdade não consegue vir à luz enquanto você não der a si mesmo uma chance de errar. Acredito firmemente no papel que as trevas e o erro desempenham na vida. Quando a análise se baseia numa técnica sólida, com certeza ela não só tira alguém da noite e a traz para o dia, mas também inversamente. É perfeitamente verdade que não se consegue substituir um ou outro absurdo grotesco por um sacrifício.

Pergunta da Dra. Mann: "Se Nietzsche tivesse tido a capacidade ou a disposição de tornar real o ideal de Zaratustra em sua própria vida, será que o livro teria sido escrito?"

Dr. Jung: Acredito que o livro certamente teria sido escrito em qualquer caso, porque existe numa mente criativa um tremendo anseio de colocar o produto da fantasia em alguma forma relativamente permanente a fim de mantê-lo. Por isso, praticamente todos os povos fizeram ídolos a fim de dar permanência e concretização aos seus ideais. Poder-se-ia dizer que todo símbolo busca ser concretizado. Tendo isso em mente, quando lemos no Antigo Testamento que foi gravado na pedra: "Até aqui Deus nos socorreu"[4], sabemos que isto foi feito no esforço de agarrar-se firmemente à fé que conduziu o povo até ali. O Egito tinha pirâmides e embalsamamento a fim de concretizar o princípio da imortalidade. Da mesma forma, Nietzsche sentiu a necessidade de materializar seu símbolo.

Existe o curso regular dos acontecimentos. Primeiro a pessoa cria o símbolo e depois diz a si mesmo: "Como esta coisa acontece?" ou: "O que ela significa para mim?" Isto, é claro, exige uma mente fortemente reflexiva que a maioria dos artistas não adquiriu, mas que Nietzsche possuiu em alto grau. O artista em geral, quando não adquiriu a mente reflexiva, deseja fugir de seu trabalho assim que for possível. Ele deseja especialmente fugir da imagem e odeia falar sobre ela. Assim Spitteler[5], logo depois da publicação dos *Tipos*, deu uma preleção na qual amaldiçoou as pessoas que querem entender os símbolos; sua obra *Olympischer Frühling*, de acordo com ele, não tem nenhum sentido simbólico e, se alguém busca algum simbolismo nela, é exatamente como procurar extrair simbolismo do canto assobiado por um pássaro. Evidentemente, Spitteler está carregado de simbolismo; o que acontece é que ele não quer enxergá-lo e, de fato, o artista muitas vezes está realmente com medo de enxergá-lo e de saber o que sua obra significa. A análise é fatal para os artistas de segunda classe, mas ela deveria ser um motivo de orgulho. Na análise, ou numa pessoa analisada, só aflora algo grandioso, enquanto a tendência de nossa época é tornar fácil introduzir qualquer gatinho ou bicho no mundo da arte. Qualquer pessoa que usa um pincel é um artista, qualquer pessoa que usa uma caneta é um escritor. A análise põe tais "artistas" fora do páreo; ela é um veneno para eles.

---

4. 1Samuel 7,12: "Samuel tomou uma pedra [...] e deu-lhe o nome de Ebenezer (Pedra do Socorro), dizendo: Até aqui o Senhor nos socorreu".

5. Carl Spitteler (1845-1924), poeta suíço, cujos épicos *Prometheus und Epimetheus* (1881) e *Olympischer Frühling* (1900) são tratados por Jung em *Tipos psicológicos* (orig. 1921; *OC* 6).

Dra. Gordon:[6] O que é a pessoa que apresenta "gatos" e "bichos" para dar-lhes atenção?

Dr. Jung: Ela deve pensar que sua vida é uma vida dura quando, depois de um dia de trabalho, deve ainda trabalhar sobre estas coisas. É um fardo imposto sobre ela por seu inconsciente, mas ela não deve misturar os produtos assim criados com a arte.

PRELEÇÃO

O fato que me convenceu da verdade da teoria de Freud foi a evidência de repressões que eu podia encontrar em meus experimentos de associações. Os pacientes não podiam responder a certos testes quando entrava a dor e, quando eu perguntava por que não podiam responder à palavra de estímulo, eles sempre diziam que não sabiam por quê; mas, quando eles diziam isto, era sempre de uma maneira artificial peculiar. Eu disse para mim mesmo que isto deve ser aquilo que Freud descreveu como repressão. Praticamente todos os mecanismos de repressão ficaram claros em meus experimentos.

Quanto ao conteúdo da repressão, eu não podia concordar com Freud. Naquela época ele estava falando apenas de trauma sexual e estados de choque para explicar a repressão. Eu tinha então experiência considerável com casos de neurose, nos quais as coisas sexuais tinham importância muito secundária se comparadas com o papel desempenhado pela adaptação social. O caso da garota mediúnica, por exemplo, era um caso destes.

---

6. *2012*: A Dra. Mary Gordon (1861-1941) foi uma feminista e a primeira senhora inglesa inspetora de prisões. Em 1920 ela submeteu-se à análise junguiana em Londres, que ela considerou útil para compreender seu trabalho nas prisões, e dirigiu-se a Zurique em 1922. Escreveu a uma colega: "Estou aqui há nove meses estudando psicologia analítica e sendo eu própria analisada todo o tempo. Tem sido uma grande e maravilhosa experiência. Estou com Jung, cujas teorias imagino que você sabe que não são as de Freud, e são muito mais amplas e liberais. Um grupo de médicos, ingleses e americanos, esteve com ele todo o tempo e isto tem sido muito interessante. [...] Tive alguns graves sintomas de 'choque' quando cheguei aqui, mas o Dr. Jung me fez muito bem" (Cortesia de Lesley Hall).

Preleção 3[1]

Dr. Jung:

Não pensem que a tarefa de obter uma compreensão apropriada de Freud, ou, seria melhor eu dizer, a tarefa de conseguir colocá-lo adequadamente em minha vida, foi uma tarefa fácil para mim. Naquela época eu estava planejando seguir uma carreira acadêmica e estava prestes a completar um trabalho que me faria avançar na universidade[2]. Freud, definitivamente *persona non grata* no mundo médico da época, quase não era mencionado por pessoas de importância, a não ser em cochichos; nos congressos ele era discutido apenas nos *couloirs* [corredores], nunca no recinto da assembleia, e qualquer ligação com ele constituía uma ameaça para a reputação de alguém. Por isso, minha descoberta de que meus experimentos no campo da associação estavam diretamente ligados com as teorias de Freud foi muito malrecebida. Certa vez, quando eu estava em meu laboratório, cintilou em minha mente que Freud havia realmente elaborado uma teoria que explicaria meus experimentos[3]. Ao mesmo tempo, um demônio sussurrou em meus ouvidos que eu podia perfeitamente publicar meu trabalho sem mencionar Freud, que eu havia desenvolvido meus experimentos muito antes de conhecer Freud e, por isso, poderia afirmar completa independência de Freud no que dizia respeito a eles. Contudo, vi imediatamente que havia um elemento de mentira envolvido, do qual não me dispus a participar. Por isso saí abertamente em defesa de Freud e lutei por ele nos congressos subsequentes. Num destes congressos chegou certo conferencista e deu

---

1. Partes dos conteúdos desta preleção aparecem, consideravelmente revistos, nos capítulos IV e V de *MDR*.

2. Cf. *MDR*, p. 147ss./145ss. Jung tornou-se livre-docente na Universidade de Zurique em 1905 (ibid., 117/118).

3. *2012*: Em retrospectiva, Jung realçou as diferenças significativas entre o conceito de repressão de Freud e seu modelo dissociativo. Cf. EVANS, R. (1957). "Interview with C.G. Jung". In: McGUIRE, W. & HULL, R.F.C. *C.G. Jung Speaking*: Interviews and Encounters. Princeton, NJ: Princeton University Press, 1977, p. 283 [Bollingen Series]. Sobre esta questão, cf. HAULE, J. "From Somnambulism to Archetypes: The French Roots of Jung's Split from Freud". *Psychoanalytic Review*, 71, 1984, p. 95-107. Cf. tb. meu artigo "From Geneva to Zurich: Jung and French Switzerland". *Journal of Analytical Psychology*, 43, n. 1, 1998, p. 115-126.

uma explicação das neuroses ignorando completamente Freud. Protestei contra isto e travei minha primeira batalha em favor das ideias de Freud. Mais tarde, num outro congresso, houve uma conferência sobre as neuroses de compulsão e novamente foi omitida a menção ao trabalho de Freud[4]. Desta vez escrevi um artigo num conhecido jornal alemão, atacando o homem[5]. Imediatamente caiu sobre mim um dilúvio de reações contrárias e aquele homem escreveu-me uma carta e preveniu-me que meu futuro acadêmico estava em jogo se eu continuasse colaborando com Freud. Evidentemente senti que, se eu tivesse que obter um futuro acadêmico a esse preço, ele poderia ser mandado às favas, e continuei escrevendo sobre Freud.

Durante todo este tempo eu continuava meus experimentos, mas ainda não podia concordar com Freud que a origem de todas as neuroses era a repressão sexual. Freud havia publicado treze casos de histeria[6], todos eles descritos como resultado de violação sexual. Mais tarde, quando me encontrei com Freud, ele disse que a respeito de alguns desses casos pelo menos ele fora enganado. Um deles, por exemplo, era o caso de uma garota que disse que, quando tinha quatro anos de idade, fora violentada pelo próprio pai. Acontece que este homem era um amigo de Freud e este se convenceu de que a história da garota era uma mentira. Investigações subsequentes mostraram claramente que outras histórias da série eram também falsificações, mas Freud não se retratou, pois era sua política deixar sempre as coisas como ele as havia apresentado originalmente. Existe, portanto, certa falta de fidedignidade a respeito de todos estes casos anteriores. Assim, o famoso primeiro caso que ele teve com Breuer[7], do qual tanto se falou como um exemplo de um brilhante sucesso terapêutico, na verdade não foi nada disso. Freud me contou que foi chamado para consultar a mulher na mesma noite em que Breuer a havia visto pela última vez[8], e que ela

---

4. Cf. *Freud/Jung*, 2 J (5 de outubro de 1906), 6 J (26 de novembro de 1906) e 43-44 J (4 e 11 de setembro de 1907); e os dois primeiros ensaios de Jung em *OC* 4. *2012*: Sobre os congressos de Baden-Baden e Tübingen em 1906 e de Amsterdam em 1907, cf. BORCH-JACOBSEN, M. & SHAMDASANI, S. *The Freud Files*: An Inquiry into the History of Psychoanalysis. Cambridge: Cambridge University Press, 2011, cap. I.

5. *2012*: Referência ao ensaio de Jung, "A teoria de Freud sobre a histeria: Resposta à crítica de Aschaffenburg" (*OC* 4), que apareceu em *Münchener medizinische Wochenschrift*, LIII: 47, 20 de novembro de 1906, p. 2.301-2.302.

6. Em *Studien über Hysterie* (1893; *Studies on Hysteria*, SE II) há quatro histórias de casos relatadas por Freud; Apêndice B, uma lista dos escritos de Freud sobre histeria da conversão, cita outras onze publicações anteriores a 1906.

7. Para a história de caso de Anna O., relatada por Josef Breuer, cf. SE II, p. 21-47. Jung citou os *Studien über Hysterie* já em 1902; cf. *OC* 1, n. 115.

8. *2012*: Como Freud era um estudante de medicina na época, não é provável que tenha sido chamado. Sobre o caso de Anna O., cf. BORCH-JACOBSEN, M. *Remembering Anna O.*: A Century of Mystification. Nova York: Routledge, 1995 [trad. K. Olson em colaboração com X. Callahan e o autor].

estava num grave ataque histérico, devido à interrupção da transferência. Esta, portanto, não era nenhuma cura no sentido em que foi originalmente apresentada e, no entanto, era um caso muito interessante, tão interessante que não havia necessidade de pretender para ele algo que não aconteceu. Mas todas estas coisas me eram desconhecidas nessa época.

Além dos meus experimentos, eu estava trabalhando com muitos casos de loucura, particularmente com a *dementia praecox*[9]. Nesse tempo não havia nenhum ponto de vista psicológico a ser encontrado no campo da psiquiatria. Punha-se um rótulo em cada caso; dizia-se que havia uma degenerescência aqui, ou uma atrofia ali, e então tudo acabava – não havia nada mais a ser feito no caso. Só entre as enfermeiras é que se podia encontrar algum interesse psicológico pelos pacientes e entre elas haviam sido propostas algumas suposições muito perspicazes quanto às condições apresentadas; mas os médicos não conheciam nada disto.

Por exemplo, havia um antigo caso na ala das mulheres[10]: uma mulher de setenta e cinco anos de idade e que estivera de cama por quarenta anos. Estivera no asilo por cerca de cinquenta anos talvez – por tanto tempo, na verdade, que ninguém se lembrava de sua entrada, porque as pessoas que ali se encontravam na época haviam morrido todas. Havia apenas uma enfermeira-chefe, que estivera no asilo durante trinta e cinco anos, que sabia algo dos inícios da história desta mulher. Esta paciente idosa não conseguia falar e só podia ingerir alimento líquido, que ela pegava com os dedos num movimento peculiar de escavar com uma pá, de modo que às vezes ela demorava duas horas para engolir uma tigela de alimento. Quando não estava se alimentando, ela estava fazendo movimentos peculiares com as mãos e os braços. Ao olhar para ela eu pensava comigo: "Que coisa terrível é esta". Mas isto foi o máximo a que consegui chegar. Ela era apresentada regularmente na clínica como um caso antigo de *dementia praecox*, de tipo catatônico. Parecia-me um completo absurdo utilizar estes movimentos extraordinários daquela maneira.

Este caso e o efeito que ele causou em mim foram típicos de toda a minha reação à psiquiatria. Por seis meses estive lutando desesperadamente para situar-me no caso e durante todo o tempo eu ficava cada vez mais frustrado. Eu me sentia profundamente humilhado por ver que meu chefe[11] e meus colegas pareciam sentir-se seguros de si mesmos e que eu era o único a vaguear desamparadamente. Minha incapacidade de compreender provocou em mim tais sentimentos de inferioridade que eu não aguentava sair do hospital. Aqui estava eu, um homem

---

9. "A psicologia da *dementia praecox*: um ensaio" (1907), em *OC* 3, § 1ss.

10. "O conteúdo da psicose" (1908), em *OC* 3, § 358. Cf. *MDR*, p. 124ss./125ss.

11. Paul Eugen Bleuler (1857-1939), diretor do Hospital Burghölzli 1898-1927.

com uma profissão que eu não conseguia compreender corretamente. Por isso, eu ficava lá dentro todo o tempo e entreguei-me ao estudo de meus casos.

Certa noite, bastante tarde, ao passar pela enfermaria e enxergar a mulher idosa que descrevi, perguntei a mim mesmo: "Por que devia acontecer aquilo?" Dirigi-me à enfermeira-chefe e perguntei se sempre foi assim com aquela paciente. "Sim", disse ela, "mas há muito tempo ouvi o chefe da enfermaria dos homens dizer que ela costumava fazer sapatos!" Consultei os arquivos e encontrei a menção ao fato de que ela fazia movimentos como se estivesse fazendo sapatos. Antigamente os sapateiros seguravam o sapato entre os joelhos e enfiavam e puxavam a linha com movimentos exatamente iguais aos que a mulher idosa costumava fazer. Ainda se pode ver sapateiros fazendo isso em alguns lugares menos desenvolvidos.

Algum tempo depois esta paciente morreu. Então apareceu seu irmão três anos mais velho do que ela. Perguntei-lhe: "Por que sua irmã enlouqueceu?" Ele me disse que ela se apaixonara por um sapateiro, mas por algum motivo o homem não quis casar com ela, e então ela ficou louca. Ela mantivera viva a imagem dele com aqueles movimentos.

Esta foi a primeira suspeita que tive da psicogênese da *dementia praecox*. Em seguida fiquei observando atentamente os casos e anotei os fatores psicogenéticos. Tornou-se claro para mim que as concepções de Freud podiam lançar luz sobre estes problemas. Esta é a origem de *A psicologia da dementia praecox*. Não encontrei muita simpatia por minhas ideias. Na verdade, meus colegas riam de mim. Foi mais um exemplo da dificuldade sentida por certas pessoas quando lhes pedem que considerem uma nova ideia.

Em 1906 desenvolvi com muito cuidado um caso de *dementia praecox*[12]. Era novamente uma costureira, mas desta vez não uma jovem garota, e sim uma senhora de cinquenta e seis anos e tão feia que, quando Freud veio visitar o hospital e pediu para ver a paciente com quem eu me ocupara, ele ficou estupefato e maravilhado de que eu era capaz de trabalhar com um ser humano tão feio. Mas esta paciente causou uma grande impressão em mim.

Ela provinha de um bairro antigo de Zurique, onde as ruas são estreitas e sujas e onde ela não só nasceu na miséria, mas também cresceu nela. Sua irmã era uma prostituta, seu pai um beberrão. Ela enlouqueceu com a forma paranoide da *dementia praecox*, ou seja, ela tinha ideias de grandeza misturadas com ideias de repressão, ou inferioridade, como diríamos hoje. Eu anotava seu material muito detalhadamente, e muitas vezes, enquanto estávamos falando, as vozes que ela ou-

---

12. O caso de B. St., ou Babette S., caso principal em "Análise de um caso de demência paranoide enquanto paradigma", em *OC* 3, § 198ss. Também em "O conteúdo da psicose" (1908), em *OC* 3, § 363ss. Cf. *MDR*, p. 125-128 (ambas as edições).

via interrompiam, dizendo algo parecido com isto: "Diga ao doutor que tudo o que você está dizendo é besteira e que ele não precisa prestar atenção a isso". Ou às vezes, quando ela estava reclamando violentamente por ser mantida no asilo, as vozes diziam: "Você sabe perfeitamente que é louca e seu lugar é onde você está". Naturalmente ela tinha grandes resistências às vozes. Compreendi que o inconsciente estava inteiramente no comando e que sua consciência do eu entrara no inconsciente. Descobri mais tarde, para meu espanto e perplexidade, que as ideias de megalomania e as de depreciação provinham de uma mesma fonte. As ideias de depreciação eram as ideias de ser maltratada ou prejudicada ou de ser má. A estas eu chamei de autodepreciação, ao passo que as ideias de megalomania chamei de autoapreciação. No início eu achava que era impossível o inconsciente poder produzir os opostos juntos desta maneira, porque eu ainda estava na trilha de Schopenhauer-Hartmann-Freud. O inconsciente era apenas um impulso e não podia manifestar um conflito dentro de si. Então pensei que talvez os dois proviessem de níveis diferentes do inconsciente, mas isto não funcionaria; e finalmente tive que admitir que a mente da mulher estava usando ambos os princípios ao mesmo tempo.

Casos posteriores corroboraram minhas descobertas. Por exemplo, tive o caso de um advogado muito inteligente que estava sofrendo de paranoia. Nestes casos existe uma única ideia a respeito da qual eles são loucos, a saber, a perseguição; quanto ao resto eles estão adaptados à realidade. O caso evolui mais ou menos da seguinte maneira: Um homem pensa que ele observa as pessoas falando a respeito dele; então ele se pergunta a si mesmo por quê; e responde dizendo que ele deve ser alguém importante que as outras pessoas querem esmagar. Pouco a pouco ele acha que é um Messias que deve ser aniquilado. O homem de quem estou falando era perigoso porque havia tentado matar alguém e, quando libertado, tentou matar outro. Tivera uma posição política importante e se podia falar com ele. Ele odiava os médicos e gastava seu tempo falando mal deles. Certa vez ele desabafou comigo e disse: "Sei que os psiquiatras são as pessoas mais admiráveis". Então desmaiou. Este momento aconteceu depois de eu ter trabalhado com ele por três horas. Quando voltou novamente a si, ele estava em seu velho estado de depreciação. A depreciação é produzida como compensação da megalomania. Insisto tanto neste ponto porque ele está por trás da indecisão no inconsciente; em outras palavras, o inconsciente contém os pares de opostos.

Através deste livro sobre a *dementia praecox* cheguei a Freud[13]. Encontramo-nos em 1906. No primeiro dia em que me encontrei com ele foi à 1h da tar-

---

13. Cf. *MDR*, p. 149/146: "Através deste livro cheguei a Freud". Jung mandou a Freud um exemplar de *A psicologia da dementia praecox* (1907) em dezembro de 1906: *Freud/Jung*, 9. J. Jung e sua esposa visitaram pela primeira vez os Freuds, em Viena, a 3 de março de 1907: ibid., p. 24.

de e falamos ininterruptamente por treze horas. Ele foi o primeiro homem de real importância que eu havia visto; ninguém podia comparar-se a ele. Achei-o extremamente sagaz, inteligente e completamente extraordinário. Mas as primeiras impressões que tive dele foram um tanto confusas; não pude compreendê-lo inteiramente. Achei-o, porém, absolutamente sério a respeito de sua teoria sobre o sexo e em sua atitude não havia nada de trivial. Isto causou em mim uma profunda impressão, mas ainda tive sérias dúvidas. Eu lhe disse isto e, todas as vezes que eu o dizia, ele sempre afirmava que era porque eu não tivera experiência suficiente. Era verdade que naquela época eu não tivera experiência suficiente com base na qual pudesse formar uma crítica. Pude ver que esta teoria sexual era imensamente importante para Freud, tanto do ponto de vista pessoal quanto filosófico, mas não pude decifrar se ela provinha de um viés pessoal ou não, de modo que fui embora com uma dúvida em minha mente a respeito de toda a situação.

Outra impressão que tive em conexão com esta seriedade de Freud a respeito de sua teoria da sexualidade foi a seguinte: Ele invariavelmente zombava da espiritualidade, dizendo que esta não passava de sexualidade reprimida e, por isso, eu disse que, se alguém confiava plenamente na lógica dessa posição, ele deveria então dizer que toda a nossa civilização é ridícula, nada mais que uma criação mórbida devida a uma sexualidade reprimida. Ele disse: "Sim. É assim; e o fato de ser assim é simplesmente uma maldição do destino que não podemos evitar"[14]. Minha mente estava totalmente relutante em aceitar esta posição, mas eu ainda não era capaz de discutir isto com ele para chegar a uma conclusão.

Uma terceira impressão daquela época envolve coisas que só muito mais tarde ficaram claras para mim, coisas sobre as quais só refleti plenamente depois que nossa amizade terminou. Quando Freud falava de sexualidade era como se estivesse falando de Deus – como falaria um homem que experimentou uma conversão. Era como os índios falando do sol com lágrimas nos olhos. Lembro-me que um índio apareceu mansamente atrás de mim enquanto eu olhava a montanha do outro lado da aldeia e disse repentinamente: "Você não acha que toda a vida vem da montanha?"[15] Era exatamente dessa maneira que Freud falava da sexualidade. Uma emoção peculiar tomava conta de seu rosto e eu não conseguia entender a causa dela. Finalmente parece-me que a compreendi quando considerei outra coisa que então permanecia obscura para mim, a saber, a amargura de Freud. Poder-se-ia dizer que Freud é constituído por amargura, cada palavra é carregada de amargura.

---

14. Cf. *MDR*, p. 150/147.

15. Jung havia visitado o Taos Pueblo, no Novo México, três meses antes, por um dia ou dois durante o mês de janeiro de 1925. Cf. *MDR*, p. 252/237. • McGUIRE, W. "Jung in America, 1924-1925". *Spring*, 1978, p. 37-53.

Sua atitude era a amargura da pessoa totalmente malcompreendida, e seus modos sempre pareciam dizer: "Se eles não me compreendem, devem ser triturados no Inferno". Observei isto nele na primeira vez que o encontrei e sempre vi isto nele, mas eu não podia descobrir a ligação com sua atitude em relação à sexualidade.

A explicação parece-me ser a seguinte: Freud, apesar de todo o seu repúdio à espiritualidade, tem de fato uma atitude mística em relação à sexualidade. Quando alguém reclamou com ele que certo poema não podia ser entendido exclusivamente com base na sexualidade, ele disse: "Não, é claro que não, aquilo é psicossexualidade". Mas, analisando o poema, ele arrancava este fio e depois outro, e assim por diante, até nada restar a não ser a sexualidade. Agora penso que a sexualidade é para ele um conceito duplo, por um lado o elemento místico e por outro a mera sexualidade, mas esta é a única coisa que aparece em sua terminologia, porque ele não admite possuir o outro lado. Que possui o outro lado é óbvio, penso eu, pela maneira como ele mostrou suas emoções. E, por isso, ele está sempre frustrando seu próprio propósito. Ele quer ensinar que a sexualidade contém a espiritualidade vista a partir de dentro, mas usa apenas uma terminologia sexual concretística e transmite exatamente a ideia errada. Sua amargura vem deste fato de trabalhar constantemente contra si mesmo, porque não existe amargura pior do que a de um homem que é o pior inimigo de si mesmo.

Freud está cego para o dualismo do inconsciente. Ele não sabe que a coisa que brota tem um dentro e um fora e que, se você fala apenas do último, você fala só da casca. Mas não há nada a ser feito a respeito deste conflito nele; a única chance seria se ele pudesse ter uma experiência que o levasse a ver a espiritualidade operando no interior da casca. Contudo, seu intelecto iria então inevitavelmente desnudá-la reduzindo-a a "mera" sexualidade. Procurei apresentar-lhe casos que mostravam outros fatores além dos sexuais, mas ele sempre sustentava que ali não havia nada mais do que sexualidade reprimida.

Como eu disse, essas pessoas terrivelmente amargas são sempre as que trabalham contra si mesmas. Quando trabalho contra mim mesmo, eu projeto a incerteza e o terror que eu sinto. Se eu quiser evitar isto, a única coisa a pôr em ordem sou eu mesmo. Freud não sabe que o inconsciente produz um fator para neutralizar o princípio monístico ao qual ele se entregou. Eu o considero uma figura trágica, porque ele é um grande homem; mas é um fato que ele foge de si mesmo. Ele nunca se pergunta por que precisa falar de sexo o tempo todo e nesta fuga de si mesmo ele é como qualquer outro artista. Na verdade, as pessoas criativas geralmente são assim.

Estes pensamentos me vieram, como eu disse, principalmente depois de eu ter rompido com Freud. Eu os apresento a vocês porque, como vocês sabem, minha relação com Freud há muito tempo tornou-se um tema de discussão pública e, por isso, devo apresentar minha visão da mesma.

Voltei de minha primeira visita a Freud sentindo que o fator sexual precisa ser levado extremamente a sério. Um tanto confuso, comecei a examinar meus casos novamente e mantive-me bastante calado. Em 1909, Freud e eu fomos convidados para a Clark University e estivemos juntos diariamente por cerca de sete semanas[16]. Cada dia analisávamos sonhos e foi então que tive uma impressão, uma impressão fatal, das limitações dele. Tive dois sonhos que ele foi completamente incapaz de entender. Evidentemente não me importei com isso, pois a pessoa mais extraordinária irá ter essa experiência com sonhos em algum momento. Era apenas uma limitação humana e eu nunca iria considerá-la um motivo para não prosseguir; pelo contrário, eu queria muito prosseguir – eu me sentia como se fosse seu filho. Então aconteceu algo que pôs um fim a isto.

Freud teve um sonho sobre um assunto importante que não posso mencionar. Analisei o sonho e disse que havia mais coisas a dizer se ele me fornecesse alguns pormenores sobre sua vida privada. Ele olhou para mim com uma expressão peculiar de suspeita em seus olhos e disse: "Eu poderia contar-lhe mais coisas, mas não posso pôr em risco minha autoridade"[17]. Então me dei conta de que era impossível uma análise ulterior, porque ele pôs a autoridade acima da verdade. Eu disse que precisava parar por aí e nunca lhe pedi material novamente. Vocês devem entender que estou falando aqui de maneira totalmente objetiva, mas preciso incluir esta experiência com Freud, porque é o fator mais importante em minha relação com ele. Ele não podia suportar nenhuma crítica.

Como Freud só podia tratar parcialmente de meus sonhos, a quantidade de material simbólico neles aumentou como sempre acontece até este material ser entendido. Se alguém permanece com um ponto de vista tacanho acerca do material dos sonhos, surge uma sensação de dissociação e ele se sente cego e surdo. Quando isto acontece a um homem isolado, ele fica paralisado.

Na minha volta da América tive um sonho que foi a origem de meu livro sobre a *Psicologia do inconsciente*[18]. Naquela época eu não tinha nenhuma ideia do

---

16. Cf. *MDR*, p. 156, 158/152, 154.

17. *2012*: Em diversas entrevistas, Jung mencionou ter percebido que o sonho de Freud estava intimamente ligado à sua relação extramarital com sua cunhada, Minna Bernays (entrevista de 29 de agosto de 1953, com Kurt Eissler, Sigmund Freud Collection, Manuscript Division, Library of Congress, Washington, DC). • BILLINSKY, J. "Jung and Freud (the End of a Romance)". *Andover Newton Quarterly*, 10 (1969), p. 39-43. Sobre esta questão, cf. SWALES, P. "Freud, Minna Bernays, and the Conquest of Rome: New Light on the Origins of Psychoanalysis". *New American Review*, 1, n. 2-3 (1982), 1-23. • MACIEJEWSKI, F. "Freud, His Wife, and His 'Wife'". *American Imago*, 63, 2006, p. 497-506 (este último para a reportagem que fala que Freud, ao alugar um quarto do Hotel Schweizerhaus em Maloja, na Suíça, em agosto de 1898, com sua cunhada, assina como "Sr. e Sra. Freud").

18. Jung publicou *Wandlungen und Symbole der Libido: Beiträge zur Entwicklungsgeschichte des Denkens* originalmente em duas partes, no *Jahrbuch für psychoanalytische und psychopathologische*

inconsciente coletivo; eu imaginava o consciente como uma sala na parte superior, com o inconsciente como uma adega embaixo e depois a nascente da terra, ou seja, o corpo, fazendo subir os instintos. Estes instintos tendem a divergir de nossos ideais conscientes e, por isso, nós os reprimimos. Essa é a imagem que sempre usei para mim mesmo e então veio este sonho que espero poder contar sem ser demasiadamente pessoal.

Sonhei que estava numa casa medieval, uma casa grande e complicada, com muitos cômodos, corredores e escadas. Cheguei da rua e desci para um quarto gótico abobadado e dali para uma adega. Pensei comigo que agora eu estava na parte mais baixa ou alicerces, mas então descobri um buraco retangular. Com uma lanterna na mão dei uma espiada para dentro deste buraco e vi escadas levando mais para baixo e desci por elas. Eram escadas poeirentas, muito gastas pelo uso e o ar era abafado, toda a atmosfera muito sinistra. Cheguei à outra adega, esta de estrutura muito antiga, talvez romana, e novamente havia um buraco pelo qual pude olhar para baixo, para um túmulo cheio de cerâmica, ossos e crânios pré-históricos; como o pó estava inalterado, pensei ter feito uma grande descoberta. Então acordei.

Freud disse que este sonho significava que havia certas pessoas associadas a mim que eu queria ver mortas e enterradas em duas adegas[19], mas eu pensei que o sentido estava totalmente em outro lugar, embora não pudesse entender-lhe o significado. Continuei pensando da seguinte maneira: A adega é o inconsciente, mas o que é a casa medieval? Só vim a entender isto muito mais tarde. Mas havia algo ainda mais abaixo das duas adegas – ou seja, restos do homem pré-histórico. O que isso quer dizer? Eu tinha um sentimento fortemente impessoal a respeito do sonho. Involuntariamente comecei a fantasiar a respeito do sonho, embora na época eu não soubesse nada a respeito do princípio do fantasiar a fim de trazer à baila material inconsciente. Eu disse comigo: "Não seria bom fazer escavações? Onde terei uma chance de fazer isso?" E, de fato, quando cheguei em casa procurei um lugar onde estavam sendo feitas escavações e fui até lá.

Forschungen, em 1911 e 1912, e em forma de livro em 1912; tr. Beatrice M. Hinkle, com o título *Psychology of the Unconscious: A Study of the Transformations and Symbolism of the Libido: A Contribution to the History of the Evolution of Thought*, 1916. Completamente revisado e ampliado como *Symbole der Wandlung: Analyse des Vorspiels zu einer Schizophrenie*, 1952; tr. *Symbols of Transformation: An Analysis of the Prelude to a Case of Schizophrenia*, 1956 (*Símbolos da transformação*, OC 5). Em *MDR*, p. 158/154, Jung chamou o sonho de "uma espécie de prelúdio ao meu livro".

19. *2012*: E.A. Bennet relata que Jung lhe contou que respondeu à pergunta de Freud citando a esposa dele (*C.G. Jung* [1961; Wilmette: Chiron Books, 2006], p. 89). Para Aniela Jaffé, ele mencionou que citou sua esposa e sua cunhada (*MDR*, p. 159). Para outros comentários sobre este sonho, cf. Jung, "Símbolos e interpretação dos sonhos" (1961), *OC* 18/1, § 484s., e Protocolos Jung/Jaffé, Jung Collection, Manuscript Division, Library of Congress, p. 107.

Mas, evidentemente, isso não me satisfez. Meus pensamentos começaram então a voltar-se para o Oriente e comecei a ler sobre escavações que estavam sendo feitas na Babilônia[20]. Meu interesse voltou-se para os livros e encontrei acidentalmente um livro alemão chamado *Mitologia e simbolismo*. Examinei detidamente os três ou quatro volumes a toda velocidade, lendo realmente como um louco, até ficar desnorteado como nunca tinha ficado na clínica. Por falar nisso, eu havia deixado o hospital em 1909[21], depois de estar nele por oito anos, mas agora me parecia estar vivendo num manicômio construído por mim mesmo. Eu circulava com todas estas figuras fantásticas: centauros, ninfas, sátiros, deuses e deusas, como se fossem pacientes e eu os estivesse analisando. Eu lia um mito grego ou negro como se um maluco estivesse me contando sua anamnese – eu ficava perdido decifrando o que esse mito pudesse talvez significar.

Aos poucos surgiram de tudo isso as *Wandlungen und Symbole*, porque no meio disto topei com as fantasias de Miller[22] e elas agiram como um catalisador sobre o material que eu havia reunido em minha mente. Vi na Srta. Miller uma pessoa que, como eu, tivera fantasias mitológicas, fantasias e sonhos de cunho totalmente impessoal. Reconheci prontamente a impessoalidade desses sonhos e fantasias, como também o fato de que eles devem provir das "adegas" inferiores, embora eu não lhes tenha dado o nome de inconsciente coletivo. Foi esta, portanto, a maneira como o livro surgiu.

Enquanto trabalhava no livro, eu era assediado por sonhos ruins. Sinto que devo falar de meus sonhos, embora a gente seja inevitavelmente pessoal até certo ponto ao fazer isso. Mas os sonhos influenciaram todas as mudanças importantes em minha vida e em minhas teorias. Assim, por exemplo, cheguei a estudar medicina por causa de um sonho, quando minha firme intenção de início era tornar-me um arqueólogo. Tendo isto em mente, inscrevi meu nome na lista dos alunos de filosofia na universidade, mas então veio este sonho e mudei tudo[23]. Nessa época, ou seja, quando eu estava trabalhando nas *Wandlungen und Symbole*, todos os meus sonhos apontavam para uma ruptura com Freud. Eu pensava, é claro, que ele acei-

---

20. Ou seja, para a Mesopotâmia. A obra para a qual Jung se voltou foi CREUZER, F. *Symbolik und Mythologie der alten Völker*. Leipzig/Darmstadt, 1810-1823. Cf. *MDR*, p. 162/158.

21. *Freud/Jung*, 140 J, 12 de maio de 1909; *MDR*, p. 117/119.

22. *2012*: A Srta. Frank Miller era uma professora de moda americana que estudou por algum tempo com Théodore Flournoy na Universidade de Genebra. Ela escreveu um artigo, "Quelques faits d'imagination créatrice subconsciente", publicado em *Archives de psychologie* (vol. V, Genebra, 1906), com uma introdução de Théodore Flournoy. O exemplar de Jung deste artigo está cheio de anotações. Cf. adiante, Preleção 4, n. 1. Cf. Shamdasani, "A Woman Called Frank". *Spring*: A Journal of Archetype and Culture, 50, 1990, p. 26-56.

23. Sonho sobre um radiolário: *MDR*, p. 85/90s. Ilustrado em *Jung: Word and Image*, p. 90.

taria as adegas por baixo de sua adega, mas os sonhos estavam me preparando para o contrário. Freud não conseguia ver nada no livro a não ser resistência ao pai[24] e o ponto do livro que ele mais desaprovou foi minha alegação de que a libido está dividida e produz aquilo que se reprime a si mesmo. Para ele, enquanto monista, isto era uma rematada blasfêmia. A partir desta atitude de Freud fiquei convencido mais do que nunca de que sua ideia de Deus estava situada na sexualidade e que a libido é para ele apenas um impulso numa única direção. Na verdade, porém, penso que se pode mostrar que existe uma vontade de morrer como também uma vontade de viver. Nós nos preparamos para a morte quando alcançamos o ápice da vida; ou, em outras palavras, depois dos trinta e cinco anos de idade, digamos, começamos a sentir que ventos mais frescos estão soprando – de início não compreendemos, mas depois não podemos fugir ao seu significado.

Após esta minha ruptura com Freud, os alunos que eu tinha em todo o mundo me deixaram e voltaram-se para Freud[25]. Disseram-lhes que meu livro era um lixo e que eu era um místico e com isso o caso estava resolvido. De repente encontrei-me completamente isolado. Isto, por mais desvantajoso que possa ter sido, teve também uma vantagem para mim como um introvertido; ou seja, estimulou o movimento vertical da libido. Desligado do movimento horizontal que a atividade no mundo exterior traz, fui pressionado a investigar plenamente as coisas dentro de mim.

Quando terminei as *Wandlungen und Symbole*, tive um momento lúcido peculiar no qual examinei o caminho que eu percorrera até ali. Pensei: "Agora você tem a chave para a mitologia e a capacidade de abrir todas as portas". Mas então algo dentro de mim disse: "Por que abrir todas estas portas?"[26] E então descobri-me perguntando o que eu fizera afinal de contas. Eu escrevera um livro a respeito do herói, eu explicara os mitos de povos antigos, mas o que dizer de meu próprio mito? Tive de admitir que eu não tinha nenhum mito; eu conhecia o mito deles, mas nenhum mito meu, e ninguém mais tinha algum mito hoje. Além disso, não tínhamos uma compreensão do inconsciente. Em torno destas reflexões, como em torno de um núcleo central, surgiram todas as ideias que chegaram a uma expressão parcial no livro sobre os tipos.

---

24. Corre a lenda de que Freud devolveu o livro de Jung com a inscrição "Oposição ao pai!" Mas um exemplar da primeira edição encontra-se na biblioteca de Freud em Londres, com a inscrição de Jung "Colocado aos pés do professor e mestre por seu aluno desobediente, mas agradecido" (*Freud/Jung*, nova ed., 324F n. 2, adendo). Cf. tb *Jung: Cartas*, vol. I, p. 89, numa carta de 4 de março de 1930: "Freud havia aceitado o meu manuscrito, mas disse que toda a minha ideia nada mais era do que oposição ao pai".

25. *2012*: Em seu "Sobre a história do movimento psicanalítico", Freud admitiu que a maioria de seus alunos havia chegado até ele via Zurique. SE 14, p. 26.

26. Cf. *MDR*, p. 171/165.

Preleção 4

PERGUNTAS E DISCUSSÃO

Pergunta da Dra. Mann: "Não é pela intuição que se chega mais facilmente à função transcendente e, se uma pessoa não tem essa função – ou seja, a intuição –, as dificuldade não aumentam muito? Será que não se deve chegar à função transcendente sozinho, ou seja, sem ajuda?"

Dr. Jung: O papel desempenhado pela intuição para encontrar a função transcendente depende muito do tipo da pessoa. Se a função superior é a intuição, por exemplo, então as intuições atrapalham diretamente, já que a função transcendente é feita, ou acontece, entre a função superior e a função inferior. A função inferior só pode ocorrer às custas da superior, de modo que no tipo intuitivo as intuições precisam ser superadas, por assim dizer, para se poder encontrar a função transcendente. Por outro lado, se a pessoa é um tipo sensação, então as intuições são a função inferior e pode-se dizer que se chega à função transcendente através da intuição. É um fato que na análise muitas vezes parece que a intuição é a mais importante das funções, mas é só porque a análise é um experimento de laboratório e não uma realidade.

PRELEÇÃO

Em nosso último encontro contei a vocês tudo o que eu podia acerca da elaboração das *Wandlungen und Symbole der Libido* e seu efeito sobre mim. A obra foi publicada em 1912. O problema que o livro me trouxe à mente foi o do mito do herói em relação aos nossos tempos. Como eu disse, Freud estava em total desacordo com a tese fundamental do livro, a saber, a divisão da libido numa corrente positiva e outra negativa. A publicação do livro marca o fim de nossa amizade.

Hoje eu gostaria de falar sobre o aspecto subjetivo das *Wandlungen und Symbole*. Quando alguém escreve um livro desses, ele tem a ideia de estar escrevendo sobre certo material objetivo e, em meu caso, eu pensava estar tratando simplesmente das fantasias de Miller tendo em vista um certo ponto junto com o concomitante material mitológico. Levei muito tempo para ver que um pintor pode pintar um quadro e pensar que o assunto terminava ali e não tinha nada a ver com ele próprio E, da mesma forma, levei vários anos para ver que essa obra, as *Wandlungen und*

Symbole, pode ser considerada como sendo eu mesmo e que uma análise dela leva inevitavelmente a uma análise de meus próprios processos inconscientes. Embora seja difícil fazer isto numa preleção, é este aspecto que eu gostaria de esboçar, registrando especialmente a maneira como o livro pareceu prognosticar o futuro.

Como vocês se lembram, o livro começa com uma afirmação a respeito de dois tipos de pensamento que podem ser observados: pensamento intelectual ou dirigido e pensamento automático fantasioso ou passivo. No processo do pensamento dirigido, os pensamentos são manejados como instrumentos, são postos a serviço dos objetivos do pensador; ao passo que no pensamento passivo os pensamentos são como indivíduos que vagueiam por conta própria, por assim dizer. O pensamento fantasioso não conhece hierarquia; os pensamentos podem até ser antagônicos ao eu.

Considerei as fantasias da Srta. Miller em si como uma forma autônoma de pensamento, mas não me dei conta de que ela simbolizava essa forma de pensamento em mim mesmo. Ela tomou conta de minha fantasia e tornou-se sua diretora de palco, se interpretarmos o livro subjetivamente. Em outras palavras, ela se tornou uma imagem da anima, portadora de uma função inferior da qual eu tinha muito pouca consciência. Em minha consciência eu era um pensador ativo acostumado a sujeitar meus pensamentos ao tipo mais rigoroso de direção e, por isso, o fantasiar era um processo mental que me causava repugnância direta. Como forma de pensamento eu considerava a fantasia totalmente impura, uma espécie de relação sexual incestuosa completamente imoral de um ponto de vista intelectual. Permitir a fantasia em mim mesmo causava-me o mesmo efeito que seria produzido num homem se ele entrasse em sua oficina e encontrasse todos os instrumentos circulando para cá e para lá, fazendo coisas independentemente da vontade dele. Em outras palavras, chocou-me pensar na possibilidade de uma vida da fantasia em minha própria mente; isso ia contra todos os ideais intelectuais que eu desenvolvera para mim e tão grande foi minha resistência a isto que só pude admitir o fato em mim através do processo de projetar meu material no material da Srta. Miller. Ou, para falar em termos ainda mais fortes, o pensamento passivo me parecia uma coisa tão fraca e pervertida que eu só conseguia tratar dele através de uma mulher doente. Na verdade, a Srta. Miller ficou mais tarde totalmente louca. Durante a Primeira Guerra recebi uma carta do homem que foi o médico da Srta. Miller na América, dizendo-me que minha análise do material da fantasia dela tinha sido uma análise perfeitamente correta, que na loucura dela os mitos cosmogônicos mencionados tinham vindo à plena luz[1]. Também Flournoy, que a tivera

---

1. *2012*: A 17 de dezembro de 1955, Edwin Katzenellenbogen escreveu a Jung: "Muitos anos atrás, em relação ao 'Caminho da libido', contei a você que a autora do relato, Srta. Miller, era nessa época uma paciente minha no Danvers State Hospital. Meu diagnóstico, a partir do exame da pessoa

sob observação na época em que pela primeira vez li o material dela, disse-me que minha análise fora correta[2]. Havia uma atividade tão tremenda do inconsciente coletivo que não causa surpresa o fato de ela ter sido finalmente dominada.

Eu precisava então dar-me conta de que na Srta. Miller eu estava analisando a função de minha própria fantasia, a qual, por ser tão reprimida como a dela, era semimórbida. Quando uma função é reprimida dessa maneira, ela fica contaminada por material do inconsciente coletivo. Assim a Srta. Miller seria, de certa maneira, uma descrição de meu pensamento impuro; e, por isso, neste livro ocorre a questão da função inferior e da anima.

Na segunda parte do livro aparece o "Hino ao Criador"[3]. Este é a expressão positiva do desdobrar-se da energia: ou força geradora – é o caminho de subida. "O canto da mariposa"[4] é o caminho de descida; é a luz sendo criada e, depois, a criação encaminhando-se para o seu fim, uma espécie de enantiodromia. No primeiro caso é o período do crescimento, da juventude, da luz e do verão. Na mariposa mostra-se a libido queimando suas asas na luz que ela criou antes; ela vai se matar com a mesma ânsia que a trouxe à luz. Com esta dualidade no princípio cósmico o livro termina. Ele leva aos pares de opostos, ou seja, ao início dos *Tipos*[5].

O trecho seguinte do livro trata da energia criativa sob um aspecto diferente. A energia pode mostrar-se em múltiplas formas e num processo de transição de[6] uma forma para outra. A transformação básica é aquela que ocorre quando a ener-

---

concreta, confirmou plena e totalmente a análise intuitiva da autora com base unicamente em sua brochura. Falei a você sobre isso na época" (Arquivos de Jung, Instituto Federal Suíço de Tecnologia, Zurique). Frank Miller foi diagnosticada como "personalidade psicopata, com alguns traços hipomaníacos". Foi liberada após uma semana e depois voluntariamente admitida ao asilo McLean com um diagnóstico de "inferioridade psicopata" e dispensada alguns meses mais tarde por ter "melhorado muito". Em nenhum dos conjuntos de registros há qualquer traço de mitos cosmogônicos, um diagnóstico de *dementia praecox*, ou transtorno permanente. A psicopatia nessa época era uma categoria abrangente, referindo-se a antecedentes hereditários. Cf. meu "A Woman Called Frank". Op. cit.

2. *OC* 5, p. 19: Prefácio à segunda edição (alemã) [de *Wandlungen und Symbole der Libido*] (novembro de 1924). Este prefácio não foi incluído nas edições posteriores de *Psicologia do inconsciente*; apareceu pela primeira vez em inglês em *CW* 5 (1956).

3. *OC* 5, § 56ss.: cap. IV da parte I (não parte II do livro). Miller fantasiou um "poema de sonho" intitulado "Glória a Deus", que ao despertar ela escreveu num álbum. (Cf. S.T. Coleridge. "Kublai Khan".)

4. Ibid., § 115ss.: cap. V. Miller produziu igualmente um poema que ela intitulou "A mariposa ao sol".

5. *Tipos psicológicos* (1921); tr. H.G. Baynes, *Psychological Types* (1923), com o acréscimo do subtítulo "The Psychology of Individuation", que não foi mantido nas edições subsequentes, nem em inglês (CW 6) nem em alemão. As edições CW e GW incluem um apêndice que contém quatro ensaios relacionados (cf. adiante, n. 11). Cf. *MDR*, p. 207s./198s.

6. *Original*: "transifrom". Erro de datilografia, em vez de "transition from"?

gia passa das necessidades estritamente biológicas para as conquistas culturais. A partir deste ponto é uma questão de evolução. Como é possível então passar do sexual, por exemplo, para o espiritual, não só do ponto de vista científico, mas como um fenômeno no indivíduo? Sexualidade e espiritualidade são pares de opostos que precisam um do outro. Como se efetua o processo que leva da etapa sexual à etapa espiritual?

A primeira imagem que surge é o herói. É uma imagem extremamente ideal, cujas qualidades mudam de uma época para outra, mas ela sempre encarnou as coisas que as pessoas mais valorizam. O herói encarna a transição que estamos procurando registrar, porque é como se na etapa sexual o homem se sentisse demasiadamente sujeito ao poder da natureza, um poder que ele não consegue de maneira nenhuma administrar. O herói é um homem muito perfeito, ele se destaca como um protesto humano contra a natureza, que está procurando privar o homem dessa possibilidade de perfeição. O inconsciente produz o símbolo do herói e, por isso, o herói significa uma mudança de atitude. Mas este símbolo do herói provém também do inconsciente, que é também natureza, essa mesma natureza que não está nem um pouco interessada no ideal que o homem está se esforçando por formular. O homem entra, então, em conflito com o inconsciente e esta luta é a luta para conseguir livrar-se de seu inconsciente, sua mãe. O inconsciente do homem, como eu disse, forma imagens de pessoas perfeitas; mas, quando o homem procura realizar estes tipos de herói, desperta no inconsciente uma outra tendência, [uma tendência] a tentar destruir a imagem. Assim surge a mãe terrível, o dragão devorador, os perigos do renascimento etc. Ao mesmo tempo, a aparição do ideal do herói significa o fortalecimento das esperanças do homem. Este ideal dá ao homem a noção de que ele é capaz de reorganizar o curso de sua vida se a mãe o permitir. Isto não pode ser feito por um renascimento literal e, por isso, é realizado por um processo de transformação, ou renascimento psicológico. Mas isto não se faz sem uma séria batalha com a mãe. A pergunta suprema é: Será que a mãe permitirá que nasça o herói? E depois: O que se pode fazer para satisfazer a mãe a fim de que ela o permita?

Chegamos assim à ideia do sacrifício, personificada no sacrifício do touro de Mitras[7]. Esta não é uma ideia cristã, mas uma ideia mitraica. Não é sacrificado o próprio herói, mas seu lado animal, o touro.

Uma análise do papel da mãe ou do inconsciente, tanto como lugar de nascimento quanto como fonte de destruição, leva à ideia do papel dual da mãe, ou

---

7. *Original*: "Mithra". Esta grafia é comum em alemão; a grafia "Mithras" foi adotada em CW (inglês). O mitraísmo, que Jung usou como um paradigma, era uma religião difundida no império romano, por volta do século II d.C., baseada na oposição entre o bem e o mal.

à existência dos pares de opostos no inconsciente: o princípio de construção e o princípio de destruição. Deve-se fazer um sacrifício para livrar o herói do poder do inconsciente e dar-lhe sua autonomia individual. Ele precisa produzir bons resultados e planejar para preencher o vácuo deixado no inconsciente. O que deve ser sacrificado? De acordo com a mitologia, é a infância, o véu de Maya, os ideais passados.

Em ligação com isto, posso dizer que existe uma passagem nas *Wandlungen und Symbole* a respeito da qual fui muitas vezes atacado[8]. Eu disse ali que a maior ajuda para superar os perigos do renascimento e livrar-se da mãe devia ser procurada no trabalho regular. Às vezes, ao refletir sobre isso, pensei que essa era uma maneira barata e inadequada de enfrentar este tremendo problema e, por isso, inclinei-me a tomar o partido de meus críticos. Mas, quanto mais eu pensei sobre isso, tanto mais me convenci de que, afinal de contas, em primeiro lugar eu estava certo e nossos esforços regularmente repetidos de livrar-nos da inconsciência – ou seja, através do trabalho regular – formaram nossa humanidade. Podemos vencer a inconsciência pelo trabalho regular, mas nunca por um grande gesto. Se eu pergunto a um negro: "Como você lida com o seu inconsciente?", ele responde: "Pelo trabalho". "Mas", digo eu, "sua vida é toda divertimento". Isto ele nega veementemente e me explica que grande parte de sua vida se passa na execução das mais árduas danças para os espíritos. Dançar para nós é de fato divertimento, é suavidade e graça, mas para os primitivos ela é realmente um trabalho duro. Pode-se dizer que todas as cerimônias são trabalho e nosso senso de trabalho deriva delas.

Prosseguindo neste tema, posso apresentar o exemplo da ação do negro australiano quando está doente. Ele vai para um lugar onde seu *churinga*[9] está escondido nas rochas. Ele o esfrega. O *churinga* está cheio de magia sadia e, quando ele o esfrega, esta magia entra no seu sistema e sua doença entra no *churinga*, que então é colocado de volta em seu lugar nas rochas, onde ele pode digerir a doença e reabastecer-se com a magia sadia. Isso substitui a oração. Nós dizemos que alguém recebeu força de Deus através da oração, mas o primitivo recebe a força de Deus através do trabalho.

Se vocês seguiram realmente estas explicações, devem ter visto que o material – refiro-me ao material mitológico com o qual eu estava trabalhando – não

---

8. Na edição inglesa (*Psychology of the Unconscious*) de 1916, p. 455 (ed. de 1919, p. 252). Em *Símbolos da transformação*, a passagem foi suprimida; cf. § 644-645.

9. Uma "pedra da alma" ou fetiche. Cf. "A energia psíquica" (1928; *OC* 8/1), § 119. Jung havia começado este ensaio em 1912, logo depois de terminar *Wandlungen und Symbole*, mas deixou-o de lado para trabalhar sobre o problema dos tipos ("A energia psíquica", § 1, n. 1). Sua fonte para os aborígenes australianos foi W.R. Spencer e F.J. Gillen, *The Northern Tribes of Central Australia* (1904), citado em *Tipos psicológicos* (*OC* 6), especialmente § 38.

podia deixar de causar em mim uma grande impressão. Uma das influências mais importantes foi que elaborei a morbidez da Srta. Miller em mitos, de uma maneira satisfatória para mim, e assim assimilei o lado Miller de mim mesmo, o que me fez muito bem. Falando de maneira figurada, encontrei um bloco de argila, transformei-o em ouro e o pus em meu bolso. Introduzi Miller em mim mesmo e fortaleci meu poder de fantasia através do material mitológico. Depois continuei meu pensamento ativo, mas sem vacilação. Parecia como se minha fantasia estivesse desaparecendo gradualmente do material.

Nessa época escrevi pouco. Pelo fato de eu estar preocupado a respeito de minha dificuldade com Freud, cheguei a estudar atentamente Adler[10] a fim de descobrir o que ele tinha contra Freud. Fiquei impressionado imediatamente pela diferença de tipo[11]. Ambos estavam tratando da neurose e da histeria e, no entanto, para um elas pareciam uma coisa e para o outro eram algo bastante diferente. Não pude encontrar nenhuma solução. Então tornou-se claro para mim que eu estava possivelmente tratando com dois tipos diferentes, destinados a abordar o mesmo conjunto de fatos a partir de aspectos muito diferentes. Comecei a ver entre meus pacientes alguns que se encaixavam nas teorias de Adler e outros que se encaixavam nas de Freud e, assim, cheguei a formular a teoria da extroversão e da introversão. Seguiu-se muita discussão aqui e ali entre amigos e conhecidos, através da qual descobri que eu tinha a tendência de projetar meu lado extrovertido inferior em meus amigos extrovertidos e eles a tendência de projetar seu lado introvertido em mim. Discutindo com meus amigos pessoais descobri que, por causa desta contínua projeção neles de minha função inferior, eu corria sempre o risco de depreciá-los. Os meus pacientes eu podia considerar de maneira impessoal e objetiva, mas os meus amigos eu precisava encarar com base no sentimento e, como o sentimento é em mim uma função relativamente indiferenciada, e portanto está no inconsciente, ele naturalmente trazia uma pesada carga de projeções. Pouco a pouco fiz uma descoberta que foi chocante para mim, a saber, o fato desta personalidade extrovertida, que todo introvertido traz dentro de si no seu inconsciente, e que eu estivera projetando em meus amigos em detrimento deles. Era igualmente

---

10. Depois que Alfred Adler rompeu com Freud, na primavera de 1911, as referências de Jung a ele (em suas cartas a Freud) foram consequentemente negativas. No outono de 1912, porém, num prefácio à "Teoria psicanalítica" (*OC* 4, p. 99), Jung escreveu: "Constatei que Adler e eu chegamos a resultados semelhantes em diversos pontos". Cf. *Freud/Jung*, 333 n. 1. *2012*: Em 1912, Jung escreveu uma recensão positiva inédita sobre o livro de Adler Über den nervösen Charakter, intitulada "Sobre a teoria da psicanálise: Recensão de algumas novas obras". Sobre isto, cf. minha obra *Jung and the Making of Modern Psychology*: The Dream of a Science. Cambridge: Cambridge University Press, 2003, p. 55s.

11. Cf. *OC* 6, § 84-88.

incômodo para meus amigos extrovertidos ter que admitir um introvertido inferior dentro de si mesmos. A partir destas experiências, que eram em parte pessoais, escrevi um pequeno folheto sobre os tipos psicológicos e, mais tarde, o li como um ensaio num congresso[12]. Ele continha diversos erros que mais tarde pude corrigir. Assim, por exemplo, eu pensava que um extrovertido precisa sempre ser um tipo sentimento, o que era claramente uma projeção resultante do fato de minha própria extroversão estar associada ao meu sentimento inconsciente.

Tudo isto é o quadro externo do desenvolvimento do meu livro sobre os tipos. Eu poderia perfeitamente dizer que esta é a maneira como o livro aconteceu e parar por aqui. Mas existe um outro lado, em entrelaçamento de erros, pensamento impuro etc. etc., que é sempre muito difícil para um homem tornar público. Ele gosta de dar às pessoas o produto final de seu pensamento dirigido e levá-las a compreender que este pensamento nasceu assim em sua mente, livre de fraquezas. A atitude de um homem pensante a respeito de sua vida intelectual é bastante comparável com a de uma mulher a respeito de sua vida erótica. Se eu pergunto a uma mulher a respeito do homem com quem ela se casou: "Como isto aconteceu?", ela dirá: "Encontrei-me com ele e o amei, e é isso". Ela irá ocultar cuidadosamente todas as pequenas ruelas da estrada erótica que ela percorreu, todas as pequenas baixezas e as situações obscuras em que pode ter-se envolvido e irá apresentar-me um primor incomparável de tranquilidade. Ela irá ocultar, sobretudo, os equívocos eróticos que cometeu. Ela não admitirá que foi fraca nesta que é sua função mais forte.

A mesma coisa acontece com um homem a respeito de seus livros. Ele não quer falar das alianças secretas, dos *faux pas* de sua mente. É isto que torna mentiras a maioria das autobiografias. Assim como na mulher a sexualidade é em grande parte inconsciente, assim num homem este seu lado inferior do pensamento é em grande parte inconsciente. E assim como uma mulher constrói sua fortaleza de poder sobre sua sexualidade e não entrega nenhum dos segredos de seu lado fraco, assim um homem centra seu poder em seu pensamento e se propõe a mantê-lo como uma frente sólida contra o público, particularmente contra os outros homens. Ele pensa que contar a verdade neste campo equivale a entregar as chaves de sua cidadela ao inimigo.

Mas este outro lado de seu pensamento não é repulsivo para uma mulher e, por isso, um homem pode em geral falar livremente sobre ele para uma mulher, particularmente para certo tipo de mulher. Como vocês sabem, imagino as mulhe-

---

12. "A questão dos tipos psicológicos" (*OC* 6, anexo 1, § 931ss.), uma conferência feita no Congresso Psicanalítico de Munique em 1913 (última vez que Jung e Freud se encontraram). Nos § 949-950, Jung contrasta as teorias de Freud e Adler em termos de tipo.

res como pertencentes geralmente a dois tipos: a mãe e a hetaira (cortesã ou prostituta de luxo)[13]. O tipo hetaira age como a mãe para o outro lado do pensamento do homem. O próprio fato de este ser um tipo fraco e indefeso de pensamento atrai este tipo de mulher; ela o imagina como algo embrionário que ela ajuda a desenvolver. Por mais paradoxal que possa parecer, até uma *cocotte* (meretriz elegante) pode às vezes saber mais sobre o crescimento espiritual de um homem do que sua própria esposa.

Nessa época, visto que eu estava pensando ativamente, eu precisava encontrar alguma maneira de reservar-me, por assim dizer, e recuperar o outro lado, o lado passivo de minha vida mental. Isto, como eu disse, o homem não gosta de fazer porque ele se sente tão desamparado. Ele quase não consegue administrá-lo e se sente inferior – é como se ele fosse um tronco sendo jogado de um lado para outro numa correnteza e, assim, ele sai dela logo que puder. Ele o repudia porque não é puro intelecto – pior até do que isso, poderia ser sentimento. Ele se sente vítima de tudo isso e, no entanto, precisa entregar-se a ele a fim de chegar ao seu poder criativo. Já que minha anima fora despertada definitivamente por todo aquele material mitológico com que eu estivera trabalhando, fui forçado agora a prestar atenção a esse outro lado, em outras palavras, ao meu lado inconsciente inferior. Sei que isto soa muito fácil, mas é uma afirmação que um homem odeia fazer.

O que fiz então para chegar a este meu lado inconsciente inferior foi fazer à noite uma exata inversão dos mecanismos mentais que eu havia usado de dia. Ou seja, voltei toda a minha libido para dentro a fim de observar os sonhos que estavam ocorrendo. Léon Daudet[14] disse que os sonhos não só aparecem no período do sono, mas, tendo uma vida própria, eles continuam também durante o dia sob o nível da consciência. Esta, evidentemente, não é uma ideia nova, mas uma ideia que deve ser enfatizada sempre de novo. A pessoa é capaz de captar melhor os sonhos de noite, porque nesse momento ela está passiva. Contudo, com um paciente que tem *dementia praecox* pode-se observar como os sonhos vêm à tona durante o dia, porque estas pessoas são passivas o tempo todo, por assim dizer, e simplesmente se entregam à vida de sonho. A mente de um homem pensante está ativa durante o dia (e lembrem-se de que estou falando agora exclusivamente dos homens; nas

---

13. Jung analisou brevemente estes tipos femininos num ensaio de 1927; cf. "Alma e terra", *OC* 10/3, § 75s. Numa conferência de 1934, dada no Clube Psicológico de Zurique, Toni Wolff postulou um esquema quaternário que abrange estes tipos e dois outros, a amazona e a mulher medieval: "Struktur der weiblichen Psyche", tr. Paul Watzlawik: "Structural Forms of the Feminine Psyche" (Associação dos Estudantes. Zurique: Instituto C.G. Jung, 1956). Cf. WOLFF. *Studien zu C.G. Jung Psychologie*. Zurique, 1959, p. 269-283.

14. Cf. *L'Hérédo*: Essai sur le drame intérieur (1916), de Daudet, citado em "O eu e o inconsciente" (1928), *OC* 7/2, § 233, 270.

mulheres o processo é diferente), mas nenhum sonho pode ser captado neste estado. Assumindo uma atitude passiva de noite, despejando ao mesmo tempo no
inconsciente a mesma corrente de libido que a pessoa colocou no trabalho durante
o dia, os sonhos podem ser captados e as atuações do inconsciente observadas. Mas
isso não pode ser feito deitando-se simplesmente num divã e relaxando, deve ser
feito por uma explícita entrega total da libido ao inconsciente. Treinei para fazer
isto; entreguei toda a minha libido ao inconsciente a fim de fazê-lo funcionar e,
desta maneira, dei ao inconsciente uma chance, o material veio à luz e consegui
captá-lo *in flagrante*.

Descobri que o inconsciente está elaborando imensas fantasias coletivas. Assim
como, antes, eu estava apaixonadamente interessado em elaborar os mitos, agora
fiquei apaixonadamente interessado pelo material do inconsciente. Esta é, de fato,
a única maneira de chegar à formação dos mitos. E, por isso, o primeiro capítulo das
Wandlungen und Symbole tornou-se corretamente verdadeiro. Observei a criação
dos mitos acontecendo e adquiri uma visão da estrutura do inconsciente, formando
assim o conceito que desempenha esse papel nos *Tipos*. Tomei todo o meu material
empírico de meus pacientes, mas a solução do problema eu a deduzi a partir do interior, a partir de minhas observações dos processos inconscientes. Procurei fundir
estas duas correntes da experiência exterior e da experiência interior no livro dos
Tipos e dei ao processo da fusão das duas correntes o nome de função transcendente[15]. Descobri que a corrente consciente ia numa direção e o inconsciente em outra
e não pude ver onde poderiam juntar-se. O indivíduo tende a uma divisão abissal,
porque o intelecto só pode dissecar e discriminar, e o elemento criativo está fora
do alcance do intelecto no inconsciente. A possibilidade de uma mediação entre
o consciente e o inconsciente, que formulei na função transcendente, veio como
uma grande luz.

Agora o tempo acabou e eu contei a vocês muita coisa, mas não pensem que
lhes contei tudo!

---

15. Cf. *OC* 6, § 174, 917.

Preleção 5

PERGUNTAS E DISCUSSÃO

Não foi entregue nenhuma pergunta por escrito. Foram feitas as seguintes perguntas verbais: "Quando você estava no processo de investigar o inconsciente, como você descreveu na última vez, você teve sempre a sensação de estar no controle de seus instrumentos?"

Dr. Jung: Era como se meus instrumentos fossem ativados por minha libido. Mas deve haver ali instrumentos para serem ativados, ou seja, imagens animadas, imagens que contenham libido; então a libido adicional que alguém fornece as traz à superfície. Se eu não tivesse fornecido esta libido adicional para trazê-las à superfície, a atividade teria prosseguido da mesma forma, mas teria sugado minha energia para o inconsciente. Pondo libido nele, pode-se aumentar a força expressiva do inconsciente.

Sr. Aldrich: É isso o *tapas*?

Dr. Jung: Sim, esse é o termo indiano para esse tipo de concentração. Uma elaboração ulterior do método poderia ser formulada da seguinte maneira: Suponhamos que alguém tem uma fantasia de um homem e uma mulher andando de um lado para outro numa sala. Ele chega até ali e não vai além; em outras palavras, ele deixa esta fantasia e passa para uma outra – digamos que ele topa com um veado numa floresta ou vê pássaros esvoaçando de um lado para outro. Mas a regra técnica a respeito da fantasia é aferrar-se à imagem que aparece até exaurir todas as suas possibilidades. Assim, se eu evoquei aquele homem e aquela mulher, não os deixarei ir embora enquanto não descobrir o que eles iam fazer naquela sala. Assim se faz a fantasia andar. Geralmente, porém, a pessoa resiste a fazer isto, ou seja, a seguir a fantasia. Algo não deixa de sussurrar ao ouvido que tudo isso é absurdo; com efeito, o consciente é forçado a tomar uma atitude altamente depreciativa em relação ao material inconsciente a fim de tornar-se realmente consciente. Assim, por exemplo, alguém que se esforça para libertar-se de uma fé superada pode geralmente acabar ridicularizando-a; ele desliga as engrenagens para não recair em sua aceitação inconsciente. Esta é a razão por que é tão difícil chegar ao material inconsciente. O consciente está dizendo continuamente: "Fique longe de tudo isso" e tende sempre a aumentar em vez de reduzir a resistência ao inconsciente. De maneira semelhante, o inconsciente coloca-se contra o consciente e a tragédia especial do homem é que, para adquirir consciência, ele é forçado a dissociar-se da natureza. Ou ele está sob o completo domínio da enantiodromia ou jogo das forças naturais, ou está longe demais da natureza.

Voltando à questão do fantasiar, se alguma vez a resistência ao livre contato com o inconsciente puder ser superada, e a pessoa conseguir desenvolver o poder de agarrar-se à fantasia, então se pode observar o jogo das imagens. Qualquer artista faz isto muito naturalmente, mas ele tira daí apenas os valores estéticos, ao passo que o analista procura chegar a todos os valores, ideacionais, estéticos, sentimentais e intuitivos.

Quando alguém observa uma cena destas, ele tenta descobrir seu sentido especial para ele. Quando as imagens animadas estão muito longe da tendência consciente, pode acontecer que elas irrompam arbitrariamente, como nos casos de *dementia praecox*. A erupção então racha o consciente e o faz em pedaços, deixando cada conteúdo com um eu independente, daí a reação emocional absolutamente inadequada destes casos. Se resta certa quantia de eu, pode haver alguma reação – assim, uma voz no inconsciente pode denunciar que alguém é louco, mas pode surgir outra para opor-se a ela.

Mas, excetuando os casos de *dementia praecox*, as pessoas ditas normais são muito fragmentárias – ou seja, não produzem reações plenas na maioria dos casos. Ou seja, elas não são eus completos. Existe um eu no consciente e outro composto de elementos ancestrais inconscientes, em virtude dos quais um homem que foi plenamente ele mesmo durante um período de anos repentinamente cai sob o domínio de um ancestral. Penso que a reações fragmentárias e as emoções inadequadas que as pessoas tantas vezes apresentam se explicam melhor neste sentido. Assim pode haver uma pessoa que vê sempre e unicamente o lado sombrio da vida; talvez ela seja forçada a esta unilateralidade pelo fato de estar possuída por um ancestral, e de repente outra porção do inconsciente pode assumir o comando e transformá-la num otimista igualmente unilateral. Muitos casos descritos na literatura mostram estas repentinas mudanças de personalidade, mas estas evidentemente não são explicadas como possessão por um ancestral, porque esta última ideia continua sendo uma hipótese para a qual ainda não existe nenhuma prova científica.

Prosseguindo um pouco mais nestas ideias, é um fato interessante que entre os primitivos não existe nenhuma doença que não possa ser causada por espíritos, que evidentemente são figuras ancestrais.

Para esta teoria da possessão por um ancestral existe uma analogia fisiológica que pode tornar a ideia um pouco mais clara. Pensa-se que o câncer pode ser devido ao desenvolvimento posterior e anárquico de células embrionárias contidas nos tecidos maduros e diferenciados. Um forte indício para isto está no fato de encontrar-se, por exemplo, um feto parcialmente desenvolvido no fêmur de um homem adulto, digamos, naqueles tumores conhecidos como teratomas. Talvez ocorra uma coisa semelhante na mente, cuja composição psicológica pode ser chamada de conglomerado. Talvez certos traços pertencentes aos ancestrais tenham sido escondidos na mente como complexos com vida própria que nunca foram assimilados na vida do indivíduo e, depois, por alguma razão desconhecida, estes complexos são ativados, saem de sua obscuridade nas dobras do inconsciente e começam a dominar a mente inteira.

Estou inclinado a descrever desta maneira o caráter histórico das imagens vindas do inconsciente. Muitas vezes ocorrem nestas imagens detalhes que por nenhum esforço da imaginação podem ser explicados em termos da experiência pessoal do indivíduo. É possível que tenha nascido conosco certa atmosfera histórica por meio da qual podemos repetir detalhes estranhos quase como se fossem fatos históricos. Daudet desenvolveu uma ideia semelhante (*L'Hérédo* e *Le monde des images*), que ele chama de "autofecundação"[1]. Seja qual for a verdade destas especulações, elas se encaixam com certeza no quadro da noção do inconsciente coletivo.

Outra maneira de expressar estas ideias da possessão por um ancestral seria dizer que estes complexos autônomos existem na mente como unidades mendelianas, que são transmitidas de uma geração a outra e não são afetadas pela vida do indivíduo. O problema então vem a ser o seguinte: Podem estas unidades mendelianas psicológicas ser fragmentadas e assimiladas de maneira a salvaguardar o indivíduo de ser vitimado por elas? Sem dúvida a análise faz uma clara tentativa de realizar isto. Pode não conseguir a assimilação completa do complexo, ou unidade, no resto da mente, mas pelo menos aponta um caminho para lidar com ele. Desta maneira a análise se torna um método ortopédico análogo ao usado numa doença como a tabes, por exemplo. A doença permanece a mesma, mas pode-se desenvolver certos ajustamentos para compensar o distúrbio cinestésico – o tabético pode aprender a controlar seus movimentos corporais ao andar, através dos movimentos dos olhos, e assim conseguir um substitutivo para seu sentido táctil perdido.

PRELEÇÃO

Hoje eu gostaria de falar mais a respeito do pano de fundo do livro sobre os tipos. Logo que um indivíduo começa a prestar atenção à sua mente, ele começa a observar os fenômenos autônomos nos quais ele vive como um espectador, ou

---

1. Cf. acima, Preleção 4, n. 14.

até como uma vítima. É em grande parte como se ele saísse da proteção de sua casa e entrasse numa floresta antediluviana e se confrontasse com todos os monstros que a habitam. Naturalmente ele reluta um pouco em inverter o mecanismo e entrar nesta situação. É como se ele renunciasse à sua liberdade de vontade e se oferecesse como vítima, porque com esta inversão do mecanismo surge uma atitude completamente diferente daquela do pensamento dirigido. O indivíduo é introduzido no desconhecido deste mundo, não simplesmente numa função psicológica. De certa maneira o inconsciente coletivo é apenas uma miragem por ser inconsciente, mas pode ser também tão real como o mundo tangível. Posso dizer que é assim, esta coisa que estou experimentando, mas ela não faz bem. É preciso estar disposto a aceitar a realidade por enquanto, em outras palavras, a arriscar-se a andar um longo caminho com o inconsciente. Uma vez li algumas histórias do autor alemão Hoffmann[2], que escreveu no início do século XIX. Ele escrevia ao estilo de Poe e, enquanto escrevia estas histórias, ficava tão influenciado pela realidade das fantasias que gritava por socorro e as pessoas vinham em seu auxílio. Em casos completamente normais não existe nenhum perigo, mas não se pode negar que o inconsciente causa uma impressão irresistível.

A primeira observação que fiz começou antes de eu ter realmente começado qualquer tentativa sistemática de examinar o meu inconsciente – antes de estar totalmente consciente do pleno alcance do problema.

Vocês se lembram do que eu lhes contei sobre minha relação com Freud. Quando eu ainda estava escrevendo as *Wandlungen und Symbole*, tive um sonho que não entendi – talvez só o tenha entendido completamente no ano passado, se é que o entendi. O sonho era o seguinte: eu estava caminhando por uma estrada no campo e cheguei a uma encruzilhada. Eu estava caminhando com alguém, mas não sabia quem era – hoje eu diria que era minha sombra. De repente topei com um homem, um homem de idade, trajando o uniforme de funcionário de alfândega austríaco. Era Freud. No sonho me veio à mente a ideia da censura. Freud não me viu, mas afastou-se em silêncio. Minha sombra me disse: "Você o observou? Ele está morto há trinta anos, mas não consegue morrer corretamente". Tive um sentimento muito peculiar com isto. Então a cena mudou e eu estava numa cidade do sul nas encostas das montanhas. As ruas consistiam em degraus que subiam e desciam as ladeiras íngremes. Era uma cidade medieval e o sol estava reluzindo em pleno meio-dia, que como vocês sabem é a hora em que os espíritos estão soltos nas regiões do sul. Cheguei caminhando pelas ruas junto com meu homem e muitas pessoas passaram por nós de um lado para outro. De repente vi entre eles um homem muito alto, um cruzado vestindo uma capa de malha com a cruz maltesa

---

2. HOFFMANN, E.T.A. *Die Elixiere des Teufels* (1815/1816) e *Der goldne Topf* (1814).

em vermelho no peito e nas costas. Ele parecia bastante desligado e indiferente, de maneira nenhuma preocupado com as pessoas ao seu redor e também estas não prestavam nenhuma atenção a ele. Olhei para ele com espanto e não pude entender o que ele fazia perambulando por ali. "Você o observou?", perguntou-me minha sombra. "Ele está morto desde o século XII, mas ainda não está morto corretamente. Ele sempre anda aqui entre as pessoas, mas elas não o veem". Fiquei totalmente perplexo que as pessoas não prestassem nenhuma atenção e então acordei[3].

Este sonho incomodou-me por muito tempo. Fiquei chocado primeiramente porque não antevi então o problema com Freud. "O que significa o fato de ele estar morto e ser tão desprezado?" é a pergunta que me fiz a mim mesmo e por que pensei no princípio do censor nestes termos quando, na realidade, este princípio me parecia então a melhor teoria disponível? Percebi o antagonismo entre a figura do cruzado e a de Freud e, no entanto, percebi que havia também um forte paralelismo. Eles eram diferentes e, no entanto, ambos estavam mortos e não conseguiam morrer corretamente.

O significado do sonho está no princípio da figura ancestral; não o funcionário austríaco – obviamente ele representava a teoria freudiana – mas o outro, o cruzado, é uma figura arquetípica, um símbolo cristão vivo do século XII, um símbolo que não vive realmente hoje, mas, por outro lado, também não está totalmente morto. Ele vem da época de Mestre Eckhart[4], o tempo da cultura dos cavaleiros, quando muitas ideias floresceram, apenas para serem mortas depois, mas elas estão novamente voltando à vida agora. No entanto, quando tive este sonho, eu não conhecia esta interpretação. Eu estava oprimido e completamente desorientado. Também Freud estava desorientado e não podia encontrar nenhum significado satisfatório para o sonho.

---

3. Cf. *MDR*, p. 163-165/158-160. *2012*: Em 1913, Jung anotou este sonho em seu *Livro Negro* da seguinte maneira: "Eu estava numa cidade sulina, numa rua ascendente cheia de estreitas plataformas de desembarque. Eram doze horas – sol a pino. Um velho guarda de alfândega ou alguém parecido com isto passa por mim, perdido em seus pensamentos. Alguém diz: 'esse é um que não pode morrer. Ele já morreu há uns 30-40 anos, mas ainda não tratou de decompor-se'. Fiquei muito surpreso. Então surgiu uma figura impressionante, um cavaleiro de grande porte, vestido com uma armadura meio amarela. Ele parece corpulento e inescrutável e nada o impressiona. Em suas costas, ele carrega uma cruz vermelha maltesa. Ele vinha existindo desde o século XII e diariamente, entre 12 e 13 horas, tomava a mesma rota. Ninguém se admira com essas duas aparições. Mas eu fiquei muito surpreso. / Contive minhas habilidades interpretativas. Com relação ao velho austríaco, ocorreu-me Freud; com relação ao cavaleiro, eu mesmo. / Dentro de mim, uma voz diz: 'Está tudo vazio e aversivo'. Devo suportá-lo" (*Livro Negro* 2, citado em *Liber Novus*, p. 198).

4. Místico e teólogo alemão, dos séculos XIII-XIV, que Jung leu em sua juventude; cf. *MDR*, p. 68/76: "Somente em Mestre Eckhart eu senti o sopro da vida". Analisado extensamente nos *Tipos* (*OC* 6), § 452-479.

Isto foi em 1912. Depois tive outro sonho que me mostrou novamente, de maneira muito clara, as limitações das concepções a respeito dos sonhos que Freud considerava definitivas. Eu havia considerado o inconsciente como nada mais que o receptáculo de material morto, mas aos poucos começou a delinear-se em minha mente a ideia dos arquétipos e, pelo final de 1912, veio este sonho, que foi o início de uma convicção de que o inconsciente não consistia apenas de material inerte, mas havia nele algo vivo. Fiquei muito emocionado com a ideia de haver em mim algo vivo sobre o qual eu não sabia nada.

Sonhei que estava sentado numa arcada (*loggia*) italiana muito bonita, algo como o Palazzo Vecchio em Florença[5]. Era muito suntuosa, com colunas, pavimento e balaustrada de mármore. Eu estava sentado numa cadeira dourada, uma cadeira renascentista, diante de uma mesa de pedra verde como esmeralda. Era de uma beleza extraordinária. Eu estava sentado contemplando o espaço, porque a arcada estava no topo de uma torre pertencente a um castelo. Eu sabia que também meus filhos estavam ali. De repente um pássaro branco veio voando e pousou graciosamente sobre a mesa. Parecia uma pequena gaivota ou uma pomba. Fiz um sinal para as crianças para ficarem quietas e de repente a pomba transformou-se numa menina de cabelos dourados e fugiu com as crianças. Enquanto eu estava sentado refletindo sobre isto, a menina voltou e muito afetuosamente pôs o braço ao redor de meu pescoço. Então, de repente, ela desapareceu e estava ali a pomba e falava lentamente com voz humana. Ela disse: "Eu só posso transformar-me numa figura humana nas primeiras horas da noite, enquanto o pombo está ocupado com os doze mortos". Então ela voou embora para o céu azul e eu acordei[6].

A pomba usara uma palavra peculiar ao falar do pombo. É *Tauber* em alemão, uma palavra pouco usada, mas lembrei-me de ter ouvido um tio meu usá-la. Mas o que um pombo estaria fazendo com doze mortos? Fiquei alarmado. Então cintilou em minha mente a história da *Tabula smaragdina*, ou mesa de esmeralda, que faz

---

5. Cf. *MDR*, p. 171s./166s. O capítulo VI utiliza esta preleção e a seguinte, embora o material ali esteja mais plenamente desenvolvido. / A comparação com o Palazzo Vecchio é omitida em *MDR*. Um edifício adjacente, a Loggia dei Lanzi, serviria melhor para comparação.

6. *2012*: Em 1913, Jung anotou este sonho da seguinte maneira: "Sonhei naquela época (logo depois do Natal de 1912), que estava com meus filhos em um maravilhoso apartamento de um castelo, ricamente mobiliado – num *hall* aberto cheio de colunas –, estávamos sentados numa mesa redonda, cujo tampo era uma pedra verde-escuro maravilhosa. De repente, uma gaivota ou uma pomba adentrou voando e espalhou-se suavemente na mesa. Alertei as crianças para ficarem quietas, de forma a não assustarem o belo pássaro branco. Repentinamente esse pássaro transformou-se numa criança de oito anos de idade, uma garotinha loira, que correu brincando com meus filhos pela colunata. Então, de repente, a criança transformou-se na gaivota ou pomba. Ela me disse assim: 'Apenas na primeira hora da noite eu posso tornar-me humana, enquanto a pomba macho está ocupada com os doze mortos'. Com estas palavras o pássaro voou e eu acordei" (cit. em *Liber Novus*, 198).

parte da legenda de Hermes Três Vezes Máximo (Trismegisto). Presume-se que ele deixou uma mesa na qual estava gravada toda a sabedoria dos tempos, formulada nas palavras gregas: "Céu em cima / Céu embaixo / Estrelas em cima / Estrelas embaixo / Tudo o que está em cima / Também está embaixo. / Aceita-o e alegra-te"[7]. Tudo isto, como eu disse, foi alarmante para mim. Comecei a pensar nos doze Apóstolos, nos doze meses do ano, nos signos do Zodíaco etc. Eu tinha acabado de escrever sobre os doze signos do Zodíaco nas *Wandlungen und Symbole*. Por fim, tive que desistir, eu não conseguia entender nada do sonho exceto que havia uma tremenda animação do inconsciente. Eu não conhecia nenhuma técnica de chegar até ao fundo desta atividade; tudo o que eu podia fazer era apenas esperar, continuar vivo e observar as fantasias.

Isto aconteceu na época do Natal de 1912. Em 1913 senti a atividade do inconsciente de uma maneira sumamente desagradável. Eu estava perturbado, mas sabia que não havia nada melhor a fazer do que procurar analisar minhas memórias da infância. Por isso, comecei a analisá-las da maneira mais cuidadosa possível, mas não encontrei nada. Pensei: "Bem, preciso tentar passar por estas experiências novamente"; por isso, fiz então o esforço de recuperar o espírito emocional da infância. Eu disse para mim mesmo que, se eu brincasse como uma criança, iria recuperá-lo. Lembrei-me que, quando eu era rapaz, costumava deleitar-me construindo casas de pedra, todo tipo de castelos fantásticos, igrejas e cidades[8]. "Pelo amor de Deus!", eu disse para mim mesmo, "é possível que eu tenha de meter-me nesta tolice para ativar o inconsciente?" Nesse ano fiz todo tipo de coisas idiotas como estas, e me diverti com elas como um doido. Isto despertou em mim uma porção de sentimentos inferiores, mas eu não conhecia nenhum método melhor. Por volta do outono senti que a pressão que parecia existir dentro de mim não estava mais ali, mas no ar. De fato, o ar parecia mais sombrio do que antes. Era exatamente como se não houvesse mais uma situação psicológica na qual eu estava envolvido, mas uma situação real; e esse sentimento foi adquirindo um peso cada vez maior.

Em outubro de 1913 eu estava viajando de trem e tinha nas mãos um livro que eu estava lendo. Comecei a dar curso à fantasia e, antes de dar-me conta, eu estava na cidade para onde me dirigia. A fantasia era esta: Eu estava olhando o mapa da Europa em relevo. Eu via toda a parte setentrional e a Inglaterra afundando, de modo que o mar a cobriu. Cheguei à Suíça e então vi as montanhas ficando cada vez mais altas para proteger a Suíça. Dei-me conta de que estava em curso uma

---

7. Jung cita este dito em *Wandlungen und Symbole der Libido* (cf. *Psicologia do inconsciente*, ed. 1916, p. 63), atribuindo-o apenas a "o velho místico". Repetindo-o em *OC* 5, § 77, ele cita inteiramente a *Tabula* e Hermes.

8. *MDR*, p. 173s./168s.

catástrofe medonha, cidades e pessoas foram destruídas e os destroços e cadáveres estavam boiando de um lado para outro na água. Então todo o mar transformou-se em sangue. No começo fiquei apenas observando calmamente, e depois o sentimento da catástrofe apossou-se de mim com força tremenda. Procurei reprimir a fantasia, mas ela veio de novo e me manteve preso por duas horas. Três ou quatro semanas depois ela veio novamente, de novo quando eu estava num trem. Era o mesmo quadro repetido, só que o sangue tinha mais destaque[9].

Evidentemente, perguntei-me se eu era tão desgraçado a ponto de estar espalhando meus complexos pessoais sobre toda a Europa. Pensei bastante sobre as chances de uma grande revolução social, mas curiosamente nunca pensei numa guerra. Parecia-me que todas estas coisas estavam se tornando terrivelmente estranhas e então ocorreu-me que havia alguma coisa que eu podia fazer: eu podia pôr tudo isto por escrito seguindo a ordem. Enquanto eu estava escrevendo, eu disse certa vez para mim mesmo: "O que é isto que estou fazendo? Certamente não é ciência, mas o que é?" Então uma voz me disse: "Isto é arte". Isto me causou o mais estranho tipo de impressão, porque de maneira nenhuma eu estava convencido de que aquilo que eu estava escrevendo era arte. Então cheguei ao seguinte: "Talvez meu inconsciente esteja formando uma personalidade que não sou eu, mas que insiste em se expressar". Não sei exatamente por que, mas eu tinha toda a certeza de que a voz que dissera que meus escritos eram arte viera de uma mulher[10]. Uma mulher viva podia muito bem ter entrado na sala e dito justamente isso para mim, porque ela não se teria importado nada com as discriminações que ela estava es-

---

9. Ibid., p. 175s. e 169s. *2012:* No *Liber Novus,* Jung escreveu: "Aconteceu em outubro de 1913, quando estava sozinho numa viagem, que fui de repente surpreendido em pleno dia por uma visão: vi um dilúvio gigantesco que encobriu todos os países nórdicos e baixos entre o Mar do Norte e os Alpes. Estendia-se da Inglaterra até a Rússia, das costas do Mar do Norte até quase os Alpes. Eu via as ondas amarelas, os destroços flutuando e a morte de incontáveis milhares. / Esta visão durou duas horas, ela me desconcertou e me fez mal. Não fui capaz de interpretá-la. Passaram-se duas semanas e então a visão voltou mais impetuosa do que antes, e uma voz interior falou: 'Observa bem, é totalmente real e assim será. Não podes desesperar por isso'. Eu lutei novamente por duas horas com esta visão, mas ela me manteve preso. Isto me deixou esgotado e perturbado. E pensei que meu espírito havia ficado doente" (p. 231). Jung estava a caminho de Schaffhausen, onde morava sua sogra, cujo quinquagésimo sétimo aniversário era a 17 de outubro. A viagem de trem demora cerca de uma hora.

10. *MDR,* p. 185ss./178ss., seguindo-se diversas páginas em que Jung descreve outros sonhos e visões. Neste ponto ele escreveu: "Eu tinha certeza de que a voz viera de uma mulher. Eu a reconheci como a voz de uma paciente, uma psicopata talentosa que teve uma forte transferência para mim". *2012:* A mulher em questão era realmente Maria Moltzer e não, como alguns supuseram, Sabina Spielrein (cf. minha introdução, *Liber Novus,* p. 199. • *Cultic Fictions:* C.G. Jung and the Founding of Analytical Psychology. Londres: Routledge, 1998). As discussões a que Jung se refere aqui não estão anotadas nos *Livros Negros* – um estudo da cronologia sugere que ele está se referindo aos verbetes entre novembro e dezembro de 1913 no *Livro Negro* 2, que estão parcialmente reproduzidas no *Liber Primus* do *Liber Novus.*

pezinhando. Obviamente isto não era ciência; o que poderia ser então senão arte, como se essas fossem as duas únicas alternativas no mundo. Essa é a maneira como funciona a mente de uma mulher.

Ora, eu disse com toda a ênfase a esta voz que aquilo que eu estava fazendo não era arte, e senti uma grande resistência crescendo dentre de mim. Mas não surgiu nenhuma voz e eu continuei escrevendo. Então recebi outro tiro disparado como o primeiro: "Isto é arte". Desta vez agarrei-a e disse: "Não, não é" e senti como se fosse seguir-se um debate. Pensei então que ela não tem os centros de linguagem que eu tenho; por isso lhe disse para usar os meus, e ela o fez e veio com uma longa afirmação.

É esta a origem da técnica que desenvolvi para tratar diretamente com os conteúdos inconscientes.

Preleção 6

PERGUNTAS E DISCUSSÃO

A Dra. Harding pediu mais discussão sobre os aspetos pessoais da fantasia dados pelo Dr. Jung na última preleção.

Dr. Jung: Eu poderia ser considerado como a Suíça cercada de montanhas e a submersão do mundo poderia ser as ruínas de minhas relações anteriores. Vocês se lembram que, quando procurei descrever a condição que cercava a fantasia, falei do sentimento peculiar que eu tivera de que a coisa era atmosférica. Mas aqui é preciso proceder com a maior cautela. Se eu fosse um caso de *dementia praecox*, eu iria facilmente espalhar meus sonhos por todo o mundo e considerar que a destruição do mundo era indicada, ao passo que na realidade tudo aquilo que poderia ser indicado seria a destruição de minha relação com o mundo. Uma pessoa com *dementia praecox* acorda certo dia e descobre que o mundo está morto e que o médico não passa de um espírito – só ela está viva e é normal. Mas nestes casos existe sempre uma abundância de outros sintomas presentes para demonstrar a absoluta anormalidade da pessoa. Quanto mais normal o indivíduo, tanto mais se pode presumir, a partir de tais fantasias, que está de fato em curso algum distúrbio social profundo e nessas ocasiões existe sempre muito mais do que uma pessoa cujos inconscientes registram as condições transtornadas.

Quando o inconsciente produz uma tal fantasia os conteúdos pessoais são dados numa perspectiva impessoal, existindo no inconsciente uma tendência a produzir imagens coletivas que fazem a conexão com a humanidade em geral. Vê-se de maneira perfeitamente clara este processo ocorrendo na *dementia praecox* e na paranoia. Justamente porque estes indivíduos muitas vezes têm fantasias e sonhos que são coletivamente válidos é que eles têm seguidores. Primeiramente eles fazem uma ruptura com o mundo através de sua morbidez, depois vem a revelação de uma missão especial e por fim começam a pregar. As pessoas os têm na conta de personalidades sensacionais e as mulheres consideram uma tremenda honra ter filhos com eles. Os primitivos imaginam que eles estão cheios de deuses e espíritos.

Por isso, se eu estivesse louco, podia ter pregado o iminente desastre como o homem junto aos muros de Jerusalém.

Sra. Zinno: Estas fantasias eram cheias de afeto?

Dr. Jung: Sim! Havia nelas um alto grau de afeto. Como eu não podia ver nenhuma aplicação possível para elas, pensei comigo: "Se isto significa alguma coisa, significa que estou irremediavelmente perdido". Eu tinha o sentimento de que eu era uma psicose supercompensada e deste sentimento não me livrei até o dia 1º de agosto de 1914[1].

PRELEÇÃO[2]

Contei a vocês como comecei a exercitar-me para comunicar-me com porções fragmentadas do inconsciente. Como eu disse, eu estava seguro de que esta voz que me deu a absurda sentença de que aquilo que eu escrevia era arte era sem dúvida uma mulher, embora eu não soubesse por quê. Eu estava muito interessado no fato de que uma mulher podia interferir comigo a partir do interior. Minha conclusão foi que deve ser a alma no sentido primitivo e comecei a especular sobre as razões por que a alma recebeu o nome de "anima". Por que ela foi imaginada como feminina? Descobri que aquilo que ela me disse era cheio de profunda sagacidade. Ali estava eu, escrevendo material autobiográfico, mas não como uma autobiografia – não havia ali nenhum estilo, eu simplesmente queria pôr o material por escrito. Então veio esta observação como se eu estivesse escrevendo um romance. Considerei isto tão errado que fiquei com raiva dela. Visto que, evidentemente, o meu escrito não era científico, eu podia tê-lo considerado arte, mas eu sabia perfeitamente que esta era uma atitude errada. Com uma secreta convicção de que isso era arte, eu poderia facilmente ter observado o curso do inconsciente como eu assistiria a um filme. Se leio determinado livro, posso ficar profundamente comovido por ele, mas afinal ele está todo fora de mim; e da mesma maneira, se eu tivesse considerado arte estes sonhos e fantasias, eu teria tido deles apenas uma convicção perceptiva e não teria sentido nenhuma obrigação moral para com eles. Tomemos, por exemplo, a seguinte maneira que encontrei para chegar a conhecer a anima; eu poderia ter olhado com desprezo para este fenômeno como que a partir de um pedestal e, dessa maneira, eu me teria identificado com o inconsciente e me teria tornado seu joguete. Do trabalho a que me entreguei para suportar a interferência que tive por parte desta figura da anima eu pude medir a força do inconsciente, e ela foi realmente grande.

---

1. *2012*: No *Liber Novus* Jung escreveu: "E então estourou a guerra. Abriram-se então meus olhos sobre muita coisa que eu havia vivido antes, e isto me deu também a coragem de dizer tudo o que escrevi nas partes anteriores deste livro" (p. 336).

2. Cf. *MDR*, cap. VI: "Confronto com o inconsciente".

Da mesma forma que a anima me pregou esta peça de sagaz insinuação, dando uma visão falsa da situação e procurando afastar-me de uma compreensão real dela, assim o animus pode operar na mente de uma mulher. Ele chega como uma convicção antes de haver qualquer justificação para ter uma convicção e tira as coisas do prumo, embora muitas vezes de maneira tão delicada que é preciso a maior sutileza para chegar ao seu covil. Minha anima podia facilmente ter-me levado a acreditar que eu era um artista malcompreendido, com direito a pôr de lado a realidade a fim de ir ao encalço destes alegados dotes artísticos. Se eu tivesse seguido meu inconsciente desta maneira, um belo dia minha anima teria vindo e me teria dito: "Você imagina que este absurdo que você está fazendo é arte? Não é nada disso". Assim alguém pode ser moído em pedaços num fenômeno de enantiodromia. Seguir acriticamente o inconsciente transforma a pessoa, como eu disse, num joguete dos opostos inconscientes. Estas forças inconscientes contêm uma intensidade extraordinária. Existe nelas energia e certa soma de adaptação aos fatos reais; mas, quando examinadas criticamente, pode-se descobrir sempre que são irrelevantes e fora de propósito.

A experiência que descrevi não é a única deste tipo que eu tive. Muitas vezes [ao] escrever eu tinha reações peculiares que me desorientavam. Aos poucos aprendi a distinguir entre mim e a interrupção. Quando chega algo vulgar ou banal, preciso dizer a mim mesmo: é perfeitamente verdade que pensei desta maneira estúpida uma vez ou outra, mas não preciso pensar dessa maneira agora; não preciso aceitar esta estupidez como minha para sempre – pois essa é uma humilhação desnecessária. Se eu simplesmente disser para a anima que ela está descarregando em mim alguma noção coletiva que não tenho nenhuma intenção de aceitar como parte de minha individualidade, isso não causa bem nenhum – quando estou sob o domínio de uma emoção, não me ajuda nada dizer que é uma reação coletiva. Mas se você puder isolar estes fenômenos inconscientes personificando-os, essa é uma técnica que funciona para tirar-lhes a força. Não precisa um esforço muito grande da imaginação para personificá-los, porque eles têm sempre certo grau de isolamento. É uma coisa sumamente desconfortável reconciliar-se com este isolamento e, no entanto, o próprio fato de o inconsciente apresentar-se dessa maneira nos dá os meios de administrá-lo. Demorou um longo tempo para adaptar-me a algo em mim que não era eu mesmo – ou seja, adaptar-me ao fato de que havia em minha mente individual partes que não me pertenciam.

Depois disto comecei a trabalhar sobre o problema já antigo no mundo: "A mulher tem alma?" Concluí que ela possivelmente não podia ter uma anima, porque então não haveria nenhum controle sobre a mulher a partir do interior. Cheguei então à ideia de que a mulher deve ter um animus, mas só muito mais tarde consegui desenvolver isto mais extensamente, porque é muito mais difícil captar o animus em funcionamento.

Estas ideias sobre o animus e a anima levaram-me ainda mais longe para o campo dos problemas metafísicos e mais coisas apareceram para serem reexaminadas. Ao mesmo tempo, eu achava, baseando-me em Kant, que havia coisas que nunca podiam ser resolvidas e que, portanto, não se deveria especular sobre elas; mas me pareceu que, se eu pudesse encontrar tais ideias definidas sobre a anima, valia bem a pena tentar formular um conceito de Deus. Mas não consegui chegar a nada de satisfatório e por algum tempo pensei que a figura da anima talvez fosse a divindade[3]. Eu disse para mim mesmo que os homens tiveram talvez originalmente um Deus feminino; mas, cansados de serem governados por mulheres, destronaram este Deus. Joguei praticamente todo o problema metafísico para a anima e a imaginei como o espírito dominante da psique. Desta maneira entrei num debate psicológico comigo mesmo acerca do problema de Deus.

De início, o que mais me impressionou foi o aspecto negativo da anima. Senti-me um pouco amedrontado por ela. Era como sentir uma presença invisível na sala onde se entra. Então me veio uma nova ideia: Pondo por escrito todo este material para análise, eu estava na verdade escrevendo cartas à minha anima, ou seja, a uma parte de mim mesmo que tinha um ponto de vista diferente do meu. Recebi observações de um novo personagem – eu estava em análise com um espírito e uma mulher. Cada noite eu escrevia escrupulosamente, porque pensava que, se não escrevesse esse material, não havia meio de a anima chegar até ele. Existe uma tremenda diferença entre a suposição de contar alguma coisa e o ato de contá-la realmente, um fato que antes eu conseguia testar experimentalmente. A um homem que eu estava analisando eu disse que pensasse em algo desagradável, mas que não me contasse o que era. Testei sua resistência elétrica ao chamado experimento psicogalvânico[4] e houve muito pouca mudança. De certa maneira eu sabia que ele estava pensando sobre alguma coisa muito desagradável que acontecera naquela manhã, mas uma coisa que eu descobrira apenas por acaso e sobre a qual ele estava seguro de que eu não sabia nada. Eu lhe disse: "Agora vou lhe dizer o que foi essa coisa desagradável" e, logo que lhe contei, recebi uma tremenda reação na corrente.

Então, a fim de chegar ao máximo de honestidade comigo mesmo, pus tudo por escrito com todo o cuidado[5], seguindo a antiga máxima grega: "Entrega tudo o

---

3. *2012*: Cf. *O Livro Vermelho, Liber Primus*, capítulo II: "Alma e Deus", p. 233s.

4. Cf. as pesquisas psicofísicas (1907-1908) em *OC* 2, § 1015ss.

5. Cf. *MDR*, p. 188/180: "Registrei estas fantasias por escrito primeiramente no Livro Negro; mais tarde, as transferi para o *Livro Vermelho*, que também está adornado com desenhos". *2012*: Cf. *Liber Novus*.

que possuis e então receberás"[6]. O escrever este material ocupou-me até o mês de novembro de 1913 e então cheguei ao fim. Não sabendo o que viria depois, pensei que talvez precisasse de mais introspecção. Quando praticamos a introspecção, olhamos para dentro e vemos se existe alguma coisa a ser observada e, se não existe nada, podemos abandonar o processo introspectivo ou encontrar um meio de "perfurar" até penetrar no material que escapa ao primeiro exame. Projetei um tal método de perfuração, fantasiando que eu estava cavando um buraco, e aceitando esta fantasia como perfeitamente real[7]. É claro que isto é um tanto difícil de fazer – acreditar tão plenamente numa fantasia a ponto de ela levar você a outras fantasias, exatamente como se você estivesse cavando um buraco real e passando de uma descoberta a outra. Mas, quando comecei a cavar este buraco, trabalhei e trabalhei tão intensamente que eu sabia que alguma coisa deveria sair dele – essa fantasia precisava produzir, e atrair, outras fantasias.

Evidentemente, ao usar um buraco eu estava usando um arquétipo de força considerável para estimular o inconsciente, porque o mistério ligado a cavernas vem de tempos imemoriais; pensa-se imediatamente no culto mitraico, nas catacumbas etc. Por que temos um sentimento peculiar ao entrar numa catedral? Exatamente porque ela é uma situação arquetípica que sempre despertou o inconsciente do homem. Tive exatamente um tal sentimento de temor reverencial quando vi o Grand Canyon do Colorado[8]; ele precisava ser assim e meu inconsciente foi tocado de uma maneira peculiar. Assim, quanto mais eu trabalhava nesse buraco da fantasia, tanto mais me parecia descer. Por fim, senti que precisava chegar a um lugar a partir do qual não me fosse possível descer mais. Eu disse a mim mesmo que, neste caso, eu deveria nesse momento andar horizontalmente, e então me pareceu como se eu estivesse num corredor e como se estivesse pisando uma lama negra. Entrei, pensando comigo que era o resto de uma antiga mina.

Bem mais à frente, pude ver uma fosca luz vermelha e, seguindo-a, cheguei a uma caverna, cheia de insetos parecidos com morcegos e que faziam um estranho ruído. Vi numa extremidade da caverna uma rocha e sobre a rocha havia uma luz, um cristal luminoso. "Ah!", disse eu, "é isso". Peguei-o na mão e achei que se parecia com um rubi. Onde estava o cristal havia um buraco que ele cobria. Esquecendo agora totalmente que esta era uma fantasia minha, eu disse para

---

6. *2012*: Uma citação da Liturgia Mitraica. Jung citou estes versos numa carta a Freud a 31 de agosto de 1910, propondo-os como um "lema da psicanálise". *Freud/Jung*, p. 350.

7. Cf. *MDR*, p. 179s./172s., onde a fantasia é descrita detalhadamente.

8. Jung havia visitado o Grand Canyon no dia de ano novo de 1925, com um grupo de amigos. Cf. McGUIRE. "Jung in America", p. 39ss. • HANNAH, B. *Jung, His Life and Work*: A Biographical Memoir. Nova York, 1976, p. 158ss.

mim mesmo: "Como é curioso colocar um cristal sobre um buraco". Olhei para dentro do buraco e então pude ouvir o barulho de água corrente. Fiquei chocado e, quando olhei mais para o fundo, pude ver na luz fosca algo flutuando, o corpo de um homem louro. Pensei imediatamente: "É o herói!" Depois passou boiando uma coisa preta enorme quase tão grande como o corpo do homem e vindo depois dele movimentando as pernas. Era um escaravelho, e depois dele vinha uma bola que parecia um sol luminoso, brilhando com uma cor vermelho-escura nas águas como um nascer do sol antes de uma tempestade. Quando o sol estava no meio do campo de visão, centenas de milhares de serpentes lançaram-se sobre ele e o ocultaram.

Retirei-me do buraco e então começou a esguichar sangue dele, como se jorrasse de uma artéria cortada. Tive um sentimento sumamente desagradável. O sangue continuou jorrando e não parava. Tive a sensação de ser absolutamente impotente e fiquei totalmente exausto[9].

Ao sair da fantasia, percebi que meu mecanismo funcionara admiravelmente bem, mas eu me encontrava muito confuso quanto ao significado de todas as coisas que havia visto. A luz que vinha do cristal na caverna era, pensei eu, como a pedra da sabedoria. O assassinato secreto do herói não consegui entendê-lo de modo algum. O besouro, evidentemente, eu sabia que era um antigo símbolo do sol e o sol poente, o disco vermelho luminoso, era arquetípico. Pensei que as serpentes deviam estar ligadas a material egípcio. Não pude perceber então que tudo era tão arquetípico, eu não precisava procurar conexões. Consegui ligar o quadro com o mar de sangue sobre o qual eu havia fantasiado antes.

---

9. *2012*: Esta fantasia ocorreu a 12 de dezembro de 1913. No *Liber Novus* Jung escreveu: "Vejo paredes de pedra sombrias, ao longo das quais desço a uma grande profundidade. Estou enterrado até os tornozelos numa sujeira preta diante de uma gruta escura. Sombras pairam em torno de mim. Assalta-me o medo, mas sei que devo entrar. Eu rastejo através de fendas rochosas e chego a uma gruta interior, cujo chão está coberto de água preta. Mas lá adiante enxergo uma pedra com brilho vermelho, que devo alcançar. Eu passo pela água lamacenta. A caverna está cheia de um barulho horrendo de vozes aos gritos. Eu pego a pedra; ela cobre uma abertura escura na rocha. Seguro a pedra na mão, olhando interrogativamente ao meu redor. Não quero prestar atenção nas vozes, elas me repugnam. Mas eu quero saber. Aqui alguma coisa deve tomar a palavra. Coloco meu ouvido na abertura. Ouço o ruído forte de torrentes subterrâneas. Vejo a cabeça sangrenta de uma pessoa na torrente escura. Está boiando ali um ferido, um assassinado. Contemplo longamente esta imagem com horror. Vejo um escaravelho grande e negro andando na torrente escura. / No mais profundo da torrente brilha um sol avermelhado, iluminando a água escura. Vi então – e o horror tomou conta de mim – um emaranhado de cobras descendo pelas paredes escuras das pedras para a profundeza onde o sol brilhava com maior intensidade. Milhares de cobras rodearam e encobriram o sol. Fez-se noite completa. Um raio vermelho de sangue, sangue vermelho-escuro, veio à tona, jorrou longamente e depois secou. Eu estava paralisado de pavor" (*Liber Primus*, cap. V: "Descida ao inferno no futuro", p. 237).

Embora eu não pudesse compreender então o significado do herói assassinado, logo depois tive um sonho no qual Siegfried foi morto por mim[10]. Tratava-se de destruir o ideal do herói de minha eficiência. Esta precisava ser sacrificada a fim de poder ser feita uma nova adaptação; em resumo, isto está ligado ao sacrifício da função superior a fim de chegar à libido necessária para ativar as funções inferiores. Se um homem tem um bom cérebro, o pensamento se torna seu herói e se torna seu ideal, em lugar de Cristo, Kant, ou Bergson. Se você abandona este pensamento, este ideal do herói, você comete um assassinato secreto – ou seja, você abandona sua função superior.

Com tudo isto entrego a vocês os pensamentos impuros que estão por trás dos *Tipos*, onde transpus para termos abstratos a luta entre a função superior e a função inferior, vistas por mim pela primeira vez na forma simbólica do assassinato do herói. Coisas como estas que descrevi nestas fantasias falam, de forma simbólica, a respeito de coisas que mais tarde irão tornar-se conscientes e assumir forma como pensamentos abstratos, quando parecerão totalmente diferentes de suas origens plásticas. Um caso semelhante ao meu é o do famoso químico que descobriu o chamado "anel" de benzeno. Primeiro ele visualizou sua teoria de um anel como pares dançando de uma maneira peculiar[11].

---

10. Cf. *MDR*, p. 180/173.

11. O químico alemão F.A. Kekulé von Stradonitz propôs (1865) a estrutura da molécula de benzeno ou benzol em forma de anel, supostamente depois de ver essa forma num sonho ou visão. A primeira referência publicada de Jung encontra-se em "As visões de Zósimo" (1937). *OC* 13, § 143. Cf. tb. "A psicologia da transferência" (1946). *OC* 16/2, § 353.

Preleção 7

Pergunta da Sra. Zinno: "Se a técnica da introversão que você descreveu for usada antes de os pares de opostos terem sido esticados ao máximo no conflito, será que se constelará o inconsciente coletivo em vez do símbolo libertador?"

Dr. Jung: Não se deve supor de maneira alguma que a técnica descrita se presta a uso geral ou imitação. Isto seria realmente desastroso. Trata-se de algo aplicável a um caso determinado em circunstâncias determinadas e só é aplicável quando o inconsciente é animado e quando o conteúdo inconsciente é necessário para um progresso ulterior. Existem muitíssimos casos em que o material consciente precisa ser digerido e nesses casos seria completamente inútil evocar o conteúdo inconsciente. Lembro-me agora de um caso no qual o analista liberou o inconsciente em condições incorretas e com resultados sumamente desastrosos. Em meu próprio caso exigia-se a liberação do inconsciente. O consciente tornara-se praticamente uma *tabula rasa* e os conteúdos subjacentes precisavam ser libertados.

Dra. Mann: Quando se fala do animus, isto sempre é feito de maneira pejorativa. Eu gostaria de ouvir uma análise de seu valor positivo, mas sem dúvida você irá falar mais sobre o animus posteriormente.

Dr. Jung: Sim. De maneira geral eu gostaria de deixar isto para mais tarde; mas, como resposta parcial à sua pergunta, posso dizer aqui que o animus, por ser descoberto, como geralmente o é, nas circunstâncias mais desagradáveis, sofre com este fato. Em sua maioria as coisas psicológicas são descobertas dessa maneira porque, enquanto as coisas estão correndo tranquilamente, ninguém pensa em procurar entendê-las. Só quando surgem problemas é que somos forçados a uma atitude consciente em relação aos nossos processos psíquicos. Por ser descoberto sobretudo em circunstâncias desagradáveis, o animus adquire uma má reputação, embora ele tenha sem dúvida uma função positiva extraordinariamente importante por representar a relação com o inconsciente.

De maneira semelhante, a "persona" adquiriu má fama. Ninguém consegue imaginar-se bem-sucedido sem uma persona – ou seja, uma relação com o mundo exterior – mas, quando o indivíduo se identifica com a persona, o lado valioso dela desaparece em seu abuso. Assim, quando alguém é todo animus, ele perde de vista o serviço que o animus realiza ao ser mantido em seus limites próprios de funcionamento.

Sra. Zinno: Em minha pergunta, eu tinha em mente especialmente o fenômeno que, como se pode ver, ocorre hoje na arte moderna – ou seja, o artista aciona seu inconsciente por causa das imagens que pode encontrar nele e não por uma necessidade psicológica e, assim, traz à tona uma porção de matéria embrionária em vez do símbolo libertador.

Dr. Jung: Isto nos leva ao problema do significado da arte moderna. Não estou absolutamente certo de que todos os presentes concordam que a arte moderna trouxe à tona material embrionário do inconsciente. O que você diz sobre isto, Sr. Aldrich?

Sr. Aldrich: Penso que o termo arte moderna é vasto demais para uma discussão satisfatória.

Dr. Jung: Limite-o então à pintura.

Sr. Aldrich: Certa arte moderna tem para mim um encanto realmente mágico. Por exemplo, há pouco tempo vi em Lugano[1] um quadro de um touro e um homem lutando com ele. O fundo era azul claro, com seis pontos de luz nele – seis estrelas ou planetas, de modo que o homem e o touro pareciam sugerir que eram a sétima. O touro não se parecia com nenhum touro existente hoje sobre a terra; era antigo; não era simplesmente um touro, era O Touro. O mesmo se pode dizer também da figura humana: não havia nenhum esforço de apresentar um retrato ou uma fotografia de um homem – ele era mais do que qualquer homem, era O Homem. Havia uma impressão de tremenda força e espaço. O Touro deslizava pelas estrelas arrastando consigo o Homem que procurava dominá-lo. O artista – perguntei a ele – nunca havia ouvido falar de Mitras e o touro: o quadro era pura fantasia que surgira do inconsciente. Outro exemplo é um quadro que se encontrava aqui na Kunsthaus[2]: um grande cavalo negro empinado, impetuoso com energia demoníaca. Em seu dorso estava sentada uma figura heroica de um homem armado com uma lança, trazendo apenas um capacete, que parecia olhar atentamente para longe à sua frente. Não estava perturbado pela ferocidade de seu cavalo. Este cavalo, como O Touro, não era um animal particular – era, antes, O Cavalo. Ambos os quadros me causaram profunda emoção.

---

1. Não identificado. A famosa coleção Thyssen-Bornemisza foi instalada na Villa Favorita, em Lugano, somente em 1932.

2. Presumivelmente FÜSSLI, J.H. (Henry Fuseli). *Huon's Encounter with Sherasmin in the Cave of Lebanon* (1804-1805), coleção particular, Winterthur (Suíça); às vezes exibida na Kunsthaus, em Zurique.

Dr. Jung: Por que eles o emocionaram? Se você puder responder, isso explicaria o atrativo da arte moderna.

Sr. Aldrich: Penso que eles eram símbolos da libido e que a luta com o touro, por exemplo, retratava o conflito na alma do homem.

Dr. Jung: Havia alguma diferença entre esses quadros e um quadro pintado há 150 ou 200 anos?

Sr. Aldrich: Sim. Uma diferença muito grande. Eu poderia ver um quadro do cavalo de um camponês pintado no velho estilo e, embora sabendo que seria um excelente quadro, ele não despertaria emoção em mim.

Dr. Jung: É justamente isto. O critério da arte é que ela nos emociona. Constable já não nos emociona, mas certamente emocionou as pessoas de seu tempo. Com toda probabilidade a arte produzida agora seria anátema para nossos antepassados. Não teria nenhum valor para eles. É preciso supor, penso eu, que o artista se adapta à mudança de atitude.

Pois bem! Estou muito interessado em ouvir as opiniões do grupo a respeito deste tema da arte.

Alguém pode considerar a arte uma forma de sonho. Assim como o sonho procura manter um equilíbrio psicológico preenchendo a atitude consciente do dia com os elementos inconscientes, assim a arte equilibra a tendência pública geral de uma determinada época. O que vocês pensam da arte considerada a partir desse ponto de vista?

Sra. Zinno: A característica da arte moderna não é o fato de ela ser subjetiva?

Dr. Jung: Mas, se você diz isso, precisa ter todo o cuidado de definir o que você entende por subjetivo. Muitas vezes se supõe que uma experiência é subjetiva porque acontece na mente de um sujeito, mas nesse caso ela não está necessariamente em oposição a "objetivo", porque as imagens do inconsciente coletivo, a partir de sua natureza coletiva, são objetos de maneira tão real como as coisas que estão fora da psique. Ora, penso que a arte moderna tende a ser subjetiva no sentido de que o artista está preocupado com sua ligação individual com o objeto, e não com o objeto *per se*.

É perfeitamente verdade que a arte moderna tende também a um maior interesse pelo objeto interior; mas, como acabei de dizer, isto em si não constitui uma subjetividade. Na arte moderna sente-se decididamente a predominância dos processos internos. Tomando os exemplos dados pelo Sr. Aldrich, poderíamos dizer que estes artistas estavam mais interessados na imagem do cavalo ou do touro do que em qualquer animal real e mais interessados ainda na relação deles com essas imagens. Mas qual é, então, o objetivo da arte? Um artista ofender-se-ia imediatamente com essa pergunta e diria que a arte é realmente arte quando não tem nenhum objetivo.

Srta. Baynes: O objetivo da arte não é contrapor-se aos efeitos do mecanismo sobre a vida moderna?

Sr. Bacon: Ela não faz alguma coisa pelo artista?

Dr. Jung: Sem dúvida ambos estes pontos de vista são verdadeiros, mas então deve haver algo para além e acima disso.

Dra. de Angulo: Penso que a arte moderna é um esforço inadequado de equilibrar o extremo a que o pensamento científico forçou o homem moderno. Digo inadequado porque o artista é sempre inserido à força num extremo mórbido e o "apresenta" ao seu público para fazer a ligação entre seu produto e o ponto de vista consciente.

Dr. Jung: Muitos certamente contestarão a sugestão de que a arte moderna é mórbida.

Sr. Aldrich: Parece-me que um ponto característico da arte moderna é que ela já não se preocupa com ser apenas bela. Ela superou e ultrapassou a mera beleza convencional e nisto ela reflete as mudanças em nossa visão da vida. Antes da guerra vivíamos num mundo belo – ou talvez, melhor dizendo, num mundo que era apenas doce e encantador, um mundo de sentimentalidade viscosa, na qual não se dava lugar a nada de brutal ou feio. A arte moderna sem dúvida não se importa nem um pouco com a beleza; de fato, ela prefere o feio ao belo; e às vezes, em minha opinião, ela busca uma nova percepção da beleza fora dos limites do que antes era considerado possível – e, até mesmo, na própria fealdade.

(Seguiu-se neste momento alguma discussão no grupo sobre se a arte moderna nos livrou realmente do sentimentalismo, ou se apenas deslocou um pouco o tipo de sentimentalismo.)

Dr. Jung: Não há dúvida de que o sentimentalismo prende o público e o cega para sua própria volúpia e brutalidade. Assim, no tempo de Luís XVI, havia na França todas aquelas belas pastoras e idílios de um tipo ou de outro, e então veio a Revolução. Ou, novamente, podemos ver o brutal inferno da guerra chegando após a pureza e exagerada delicadeza de sentimento da era vitoriana, quando uma dama e um cavalheiro não falavam nem pensavam nada de mal. Durante toda a história pode-se ver períodos de pronunciada brutalidade diretamente predita pela sentimentalidade da arte que os precede. E a mesma coisa, evidentemente, acontece no caso do artista individual – ou seja, ele usa a sentimentalidade para ocultar a brutalidade. Estas duas parecem ser opostos entre os quais funciona uma enantiodromia.

Sra. Zinno: Será que a melhor expressão da arte moderna não se encontra na escultura?

Dr. Jung: Não. Porque a escultura exige forma e a forma [exige] uma ideia, ao passo que a pintura pode dispensar a forma. A escultura cubista parece dizer tudo do[3] nada. Mas na pintura pode-se encontrar o fio do desenvolvimento. Por exemplo, uma vez eu segui com muito cuidado o trajeto da pintura de Picasso[4]. De repente ele ficou impressionado com a sombra triangular lançada pelo nariz sobre a bochecha. Depois a própria bochecha tornou-se uma sombra de quatro lados e assim por diante. Estes triângulos e quadrados tornavam-se núcleos com seus próprios valores independentes e a figura humana gradualmente desaparecia ou ficava dissolvida no espaço.

Certa vez foi exibida em Nova York uma pintura chamada *Nu descendo a escada*[5]. Pode-se dizer que ela apresentava uma dupla dissolução do objeto, isto é, no tempo e no espaço, porque não só a figura e os degraus haviam passado para os triângulos e quadrados, mas a figura sobe e desce os degraus ao mesmo tempo; e só movendo o quadro pode-se fazer a figura aparecer como ela apareceria numa pintura normal, onde o artista manteve a integridade da figura no espaço e no tempo. A essência deste processo é a depreciação do objeto. É uma representação um tanto semelhante àquela por que passamos quando deixamos de lado a realidade de um homem vivo e o reduzimos às suas maldades infantis. O artista subtrai o objeto aos nossos olhos e põe em seu lugar um derivado parcial. Já não é um nariz que nos é mostrado, mas sua sombra. Ou, expressando-nos de outra maneira, ele muda a ênfase do essencial para o não essencial. É um pouco como se a gente explicasse uma coisa com um *bon mot*, uma exalação fugidia da coisa.

Este processo desvia inevitavelmente o interesse do objeto para o sujeito e, em vez do objeto real, o objeto interno se torna o portador dos valores. É o conceito platônico do *eidolon* retornando ao primeiro plano. Assim, quando o artista pinta um touro como aquele descrito pelo Sr. Aldrich, *é o* touro que ele pintou, o touro de você ou o meu – o touro de Deus, poderíamos dizer. O domador-do-touro é uma ideia coletiva de tremenda força reunida numa imagem. Ela fala de disciplina – só um homem de atributos heroicos vence o touro. Assim a arte moderna nos afasta da excessiva dispersão da libido no objeto externo e nos traz de volta à fonte criativa que existe dentro de nós, de volta aos valores internos. Em outras palavras, ela nos conduz pelo mesmo caminho pelo qual a análise procura nos conduzir, só que não é uma condução consciente por parte do artista.

---

3. *Sic* [all *of* nothing]. Talvez um lapso de transcrição em vez de "or" [tudo *ou* nada]?

4. Cf. o ensaio "Picasso" (1932). *OC* 15, § 204ss.

5. O *Nu descendant un escalier*, do pintor francês Marcel Duchamp, provocou furor quando foi exibido no Armory Show em Nova York, de 17 de fevereiro a 15 de março de 1913. Jung estava em Nova York em meados de março. Cf. *Freud/Jung*, 350 J, n. 1. Também no Armory Show, ele pôde ver quadros de Picasso, presumivelmente pela primeira vez.

Temos a análise exatamente com a finalidade de levar-nos de volta àqueles valores internos tão pouco compreendidos pelo homem moderno. A análise teria sido impensável na Idade Média, porque os homens daquele tempo expressavam livremente aqueles valores dos quais nos afastamos hoje. Os católicos hoje não têm necessidade de análise, porque o inconsciente neles não é constelado – é mantido perpetuamente drenado através de seu ritual. O inconsciente de um católico está vazio.

Certa vez fiz uma coleção de quadros que remontavam à Idade Média, a fim de seguir a mudança na atitude psicológica entre o homem medieval e nós. Mais ou menos até meados do século XVI, estes quadros são meus parentes. Compreendo estes homens e mulheres no mesmo sentido em que compreendo meus contemporâneos. Mas em meados do século XVI começa uma mudança e entra em cena o homem gótico, o homem pré-Reforma, e ele é um estranho para nós. Existe um olhar muito peculiar nele, seus olhos parecem pétreos e inexpressivos; nada da vivacidade que se pode ver em nossos olhos está presente neles. Às vezes vemos este rosto reproduzido hoje entre camponeses e pessoas das classes incultas que não despertaram para a vida moderna. Assim o cozinheiro de minha sogra tem um rosto perfeitamente gótico, as sobrancelhas arqueadas e o sorriso penetrante da Madonna.

Se vocês observarem o rosto de Lutero, poderão descobrir que ele não é muito moderno, mas pertencia também ao tempo anterior à Reforma. Ele tem ainda, de certa forma, o olhar gótico e a boca gótica.

Combinam-se neste sorriso a ideia de perseguição, de martírio, própria de um paranoide, e o sorriso sardônico da catatonia. É também o sorriso da *Mona Lisa*. Está ligado também ao sorriso antigo que se vê nos mármores de Egina[6], aqueles homens que estão suportando a morte com um sorriso. O sorriso gótico parece quase o início de um beijo – cheio de ternura, como uma mãe. Ou é o sorriso de um homem que encontra na rua a mulher com quem tem uma ligação secreta. Existe um acordo no sorriso – parece dizer: "Nós sabemos".

Penso que estas peculiaridades da atitude gótica se explicam pelo fato de que antigamente havia uma única língua, uma única crença, do Norte até o Sul. O sorriso anunciava a convicção perfeita que excluía toda dúvida, daí a afinidade com o paranoide. Tudo isto desapareceu com o advento do ponto de vista moderno. O mundo dividiu-se em crenças diversificadas e a unidade e quietude interior deu lugar ao anseio materialista de conquistar o mundo exterior. Através da ciência os valores ficaram exteriorizados.

A arte moderna, portanto, começou primeiro depreciando estes valores externos, dissolvendo o objeto, e depois buscou a coisa fundamental, a imagem in-

---

6. As esculturas (séc. V a.C.), na Glyptothek, em Munique, que retratam cenas da guerra de Troia.

terna atrás do objeto – o *eidolon*. Dificilmente podemos predizer hoje o que o artista irá produzir, mas sempre uma grande religião andou de mãos dadas com uma grande arte.

Na última preleção contei a vocês minha descida à caverna. Depois veio um sonho no qual eu precisava matar Siegfried. Siegfried não me era uma figura especialmente simpática e não sei por que meu inconsciente ficou profundamente interessado nele. O Siegfried de Wagner, de maneira especial, é exageradamente extrovertido e às vezes realmente ridículo. Nunca gostei dele. No entanto, meu sonho mostrou que ele era meu herói. Não pude entender a forte emoção que tive com o sonho. Posso contá-lo aqui adequadamente, porque ele se liga com o tema que estivemos analisando em relação à arte, ou seja, com a mudança de valores.

O sonho foi o seguinte[7]: Eu estava nos Alpes, não sozinho, mas com outro homem, um homem estranho, um tanto baixinho e de pele bronzeada. Nós dois carregávamos rifles. Era pouco antes do amanhecer, quando as estrelas estavam desaparecendo do céu, e nós estávamos subindo a montanha juntos. De repente ouvi o som da corneta de Siegfried vindo do alto, e eu sabia que era nele que devíamos atirar. Num instante ele apareceu bem acima de nós, iluminado por uma seta de luz do sol nascente. Ele veio descendo pela encosta da montanha numa carruagem feita de ossos. Pensei comigo: "Só Siegfried podia fazer isso". Pouco depois, numa curva da trilha, ele nos atacou e nós disparamos contra seu peito. Então fiquei horrorizado e enojado comigo mesmo pela covardia do que havíamos praticado. O homenzinho que ia comigo avançou e eu sabia que ele ia cravar a faca no coração de Siegfried, mas isto era um pouco demais para mim, e eu virei as costas e fugi. Eu tinha a intenção de fugir o mais rápido possível para um lugar onde "eles" não pudessem encontrar-me. Eu tinha a opção de descer para o vale ou subir mais para as montanhas por uma trilhazinha. Optei pela segunda alternativa e, enquanto eu corria, caiu sobre mim uma chuva que parecia um dilúvio. Então acordei com uma sensação de grande alívio.

---

7. Cf. *MDR*, p. 179ss./173. *2012*: No *Liber Novus*, Jung escreveu: "Eu estava numa montanha alta com um adolescente. Era antes da aurora, o céu no lado leste já estava claro. Soou então sobre as montanhas a trompa de Siegfried em tom festivo. Sabíamos que nosso inimigo mortal estava chegando. Estávamos armados e emboscados num estreito caminho de pedras, com a finalidade de matá-lo. De repente, apareceu ao longe, vindo do cume da montanha num carro feito de ossos de pessoas falecidas. Desceu com muita destreza e glorioso pelo flanco rochoso e chegou ao caminho estreito onde o esperávamos escondidos. Ao surgir numa curva do caminho, atiramos contra ele, e ele caiu mortalmente ferido. Em seguida preparei-me para fugir, e uma chuva violenta desabou. Depois passei por um tormento mortal e eu senti como certo que eu mesmo deveria me matar, se não conseguisse resolver o enigma do assassinato do herói" (*Liber Primus*, cap. 7: "Assassinato do herói", p. 241-242).

O herói, como eu lhes disse, é o símbolo do maior valor reconhecido por nós. Cristo tem sido nosso herói quando aceitamos os princípios de sua vida como nossos próprios princípios. Ou Hércules ou Mitras se tornam meu herói quando estou determinado a ser tão disciplinado como eles foram. Assim parecia como se Siegfried fosse meu herói. Eu sentia uma enorme pena dele, como se eu mesmo tivesse sido alvejado. Devo, portanto, ter tido um herói que eu não valorizei e foi meu ideal de força e eficiência que eu havia matado[8]. Eu havia matado meu intelecto, ajudado para isso por uma personificação do inconsciente coletivo, o homenzinho bronzeado que estava comigo. Em outras palavras, destituí minha função superior.

A mesma coisa está acontecendo na arte, ou seja, mata-se uma função a fim de liberar outra.

A chuva que caiu é um símbolo da liberação da tensão; ou seja, as forças do inconsciente são soltas. Quando isto acontece, produz-se a sensação de alívio. O crime é expiado porque, logo que a função principal é destituída, existe uma chance para outros lados da personalidade adquirirem vida[9].

---

8. *2012*: No *Liber Novus*, Jung escreveu que Siegfried "tinha tudo em si que eu considerava o maior, o mais belo; ele era minha força, minha valentia, meu orgulho" (p. 242).

9. *2012*: No *Liber Novus*, Jung escreveu: "A chuva é a grande torrente de lágrimas que virá sobre os povos, a torrente de lágrimas da distensão, depois que a limitação da morte sobrecarregou os povos com um peso terrível. É o choro do morto em mim que precede o sepultamento e o renascimento. A chuva é a fecundação da terra, ela produz o novo trigo, o Deus que brota jovem" (p. 242).

Preleção 8

PERGUNTAS E DISCUSSÃO

Pergunta da Dra. Harding: "Na última vez, ao falar sobre arte, você usou o termo 'subjetivo'. Houve discussões entre vários de nós no grupo quanto ao significado desse termo e parece que existem tantas visões quantos disputantes. Em particular, parece haver uma ideia muito difundida de que 'subjetivo' é um termo que só pode ser aplicado ao introvertido e que, por outro lado, um introvertido não pode ter uma personalidade concreta. Você poderia elucidar isso para nós?"

Dr. Jung: "Subjetivo" denota, em primeiro lugar, apenas o que você sabe que o termo denota, ou seja, a visão de um determinado indivíduo, visão que é especial dele e diferente da de qualquer outro indivíduo. Neste sentido o termo é muitas vezes usado como uma crítica de uma atitude, ou seja, como um termo que exprime que uma pessoa não está considerando determinada coisa objetivamente, ou, como dizemos, "assim como essa coisa realmente é". Mas, é claro, não precisa ser uma censura dizer que uma opinião é subjetiva. Pode ser que aquilo que se quer é a opinião pessoal de um determinado indivíduo.

Além disso, o termo "subjetivo" significa também um argumento que vem do sujeito, mas mesmo assim um objeto. Em todas as pessoas existem certas ideias coletivas – como, por exemplo, a teoria darwiniana – que são inteiramente objetivas. De forma alguma estas ideias pertencem ao sujeito pelo simples fato de elas se encontrarem em sua mente. Além disso, existem certos produtos inconscientes que as pessoas gostam de considerar constitutivos para sempre da singularidade de sua individualidade, mas que na realidade são compartilhados por todos e, em virtude desta qualidade coletiva, são objetos em comparação com a mente do sujeito.

É preciso lembrar, é claro, que não existe nenhuma afirmação objetiva que não seja até certo ponto subjetiva. Ou seja, ela passou por certo grau de refração em virtude de sua passagem pela mente do sujeito. Isto nunca foi tão claro para mim como quando estava escrevendo os *Tipos*. Achei quase impossível reduzir a refração ao mínimo desejado. Logo que uma coisa entra na linguagem, ela é *ipso facto* condicionada em sua objetividade. Tomemos, por exemplo, um alemão escrevendo sobre o sentimento. É uma peculiaridade da língua alemã não distinguir entre "sensação" e "sentimento" [*Empfindung*] como fazem o inglês e o francês. Por isso, um alemão, ao escrever sobre o sentimento, dirá muito provavelmente sensação em vez de sentimento e, portanto, dará à sua ideia um viés que lhe é absolutamente peculiar. Mas, novamente, tomemos a palavra alemã *Wirklichkeit*, "realidade". A palavra latina da qual se deriva "realidade" é *res*, literalmente "coisa". Mas o alemão traduz "coisa-realidade" como *Dinglichkeit*, e *Wirklichkeit* significa para ele um tipo especial de realidade, a saber, a realidade do trabalho, da força e valor na vida. Seríamos levados a um terrível emaranhado de sutilezas se descrevêssemos as ulteriores conotações incluídas nestas palavras, mas vocês podem ver como a linguagem é um sério obstáculo quando se trata de chegar à objetividade completa. Assim as imagens em nossa mente tendem a formar preconceitos, de maior ou menor rigidez evidentemente, mas mesmo assim preconceitos, dos quais nunca conseguimos nos livrar totalmente. A estas imagens mentais preexistentes, com as quais a corrente de nossa experiência pessoal entra em contato, eu dou o nome de fator subjetivo. Nossos processos mentais não podem escapar de entremesclar-se com estas imagens preexistentes e, por isso, é fácil ver por que uma nova ideia sempre precisa lutar por sua vida contra estas predisposições ancestrais. Vocês podem contar a um homem uma nova ideia e ele diz "Sim, é claro", e você fica contente com a compreensão dele; mas as chances são de que ele tomou a ideia e arrancou dela todo lampejo de vida para fazê-la ajustar-se melhor ao arquivo que sua própria mente é; você acaba desejando nunca ter tentado lançar a ideia.

Consideramos, portanto, que o fator subjetivo, neste segundo sentido, é composto de material objetivo, a saber, concepções ancestrais. O artista retorna a estas concepções ancestrais. Ele deixa de lado o objeto exterior e retorna ao objeto como é visto por sua mente, e não como é visto por seus sentidos. Isto responde à sua pergunta, Dra. Harding?

Dra. Harding: Sim. Mas eu gostaria que você fizesse uma conexão mais estreita entre "subjetivo" e introversão e extroversão.

Dr. Jung: O extrovertido se baseia no valor do objeto exterior, o introvertido no valor do objeto interior. O extrovertido é controlado por sua relação com a coisa que está fora, o introvertido por sua relação com a coisa que está dentro. Ambas estas atitudes resultam de atitudes que se encontram entre os povos primitivos, porque para o primitivo o interior e o exterior tendem a formar uma única experiência. O primitivo está totalmente seguro de que ele tem valor tanto interior quanto exterior, porque não lhe ocorre distinguir entre os dois. Os deuses antigos eram emoções exteriorizadas personificadas. Só através da consciência é que se realiza a discriminação entre experiência interior e exterior e só pela consciência é que um homem pode saber que está ligado com o objeto exterior em detrimento do interior e vice-versa.

O extrovertido consciente valoriza sua ligação com o objeto exterior e teme seu próprio eu interior. O introvertido não tem nenhum temor de si mesmo, mas grande temor do objeto, que ele chega a dotar de terrores extraordinários. Lembremos a história de Alcibíades e Sócrates[1]. Alcibíades precisava fazer um discurso público e procurou Sócrates e lhe disse que não conseguira fazê-lo por medo do público. Sócrates levou-o por Atenas e, aproximando-se primeiro de um ferreiro, disse: "Você conhece este homem?" "Sim". "Você tem medo dele?" "Não". Depois levou-o até um sapateiro e fez as mesmas perguntas e novamente Alcibíades não tinha nenhum medo. Sócrates disse: "Estes são exatamente os homens diante dos quais você tinha medo de falar". Mas geralmente as coisas ocorrem assim para o introvertido: a multidão cresce e se transforma num monstro diante dele. Às vezes ele consegue compensar e desenvolver uma maneira muito eficaz de subjugar o monstro. O medo que o introvertido sente baseia-se no pressuposto inconsciente de que o objeto é animado demais e isto faz parte da antiga crença na magia.

O extrovertido, por outro lado, comporta-se como se o mundo fosse uma família encantadora. Ele não projeta terrores no objeto, mas está muito confortável nele. Mas, para mostrar a vocês a maneira como ele se sente, posso falar-lhes de um paciente meu que estava se esgotando com a extroversão extravagante. Eu lhe disse que ele precisava reservar uma hora cada dia na qual ele pudesse estar inteiramente consigo mesmo. Ele disse que seria ótimo ouvir alguma música com sua mulher à noite. "Não", disse eu, "não é isso. Você precisa estar consigo mesmo". "Por nada no mundo", disse ele. "Isso leva a uma completa melancolia".

Dra. de Angulo: Se alguém lhe dissesse que certa pessoa teve uma atitude extrovertida em relação ao material do inconsciente coletivo, o que você acharia que isso significa?

Dr. Jung: É difícil de dizer. O que você acha que significa?

Dra. de Angulo: Eu não sei o que significa.

Dr. Jung: No caso do introvertido, sua atitude em relação às suas imagens coletivas é a do extrovertido em relação ao mundo exterior. Ele as experimenta como num romance ou numa aventura. O extrovertido, por outro lado, considera seu material inconsciente de maneira introvertida, ou seja, com extrema cautela e com muitos sortilégios para exorcizar a força interior que o objeto exerce sobre ele. O extrovertido, ao ver uma área verde, pula nela, afunda até o pescoço num pântano, mas sai, sacode-se e prossegue alegremente o seu caminho. Se o introvertido faz isso, ele fica quase incapacitado de fazer um passeio novamente e culpa tudo no céu e na terra por seu erro. Mas se o pântano está nele mesmo, ele pode pular

---

1. Esta historieta, aqui relatada, não se encontra na literatura.

dentro e sair são e salvo, ao passo que para o extrovertido o pântano dentro dele mesmo deve ser evitado a todo custo.

Vocês se lembram do sonho que lhes contei na última vez, no qual Siegfried foi assassinado. Neste sonho executou-se algo que havia sido sugerido na caverna. O herói assassinado estava lá e aqui o assassinato é executado, de modo que podemos dizer que o sonho é uma elaboração da visão ocorrida na caverna. Evidentemente, após um acontecimento como o assassinato do herói, é de esperar que aconteçam coisas. Siegfried representa o ideal e a morte do ideal é a morte da função superior, porque ela é a função vitoriosa. Um homem inteligente usa seu intelecto como seu instrumento principal, e isso é verdadeiramente um ideal; e ele não se adaptaria se este ideal não estivesse em harmonia com os ideais do intelecto das outras pessoas. Quando o intelecto ou qualquer função superior são levados até esse ponto, eles se tornam inanimados e assumem um caráter etéreo, gasoso. Por ser um ideal geralmente válido, a pessoa pensa que conseguiu algo muito maravilhoso ao diferenciar uma função até este ponto, mas na realidade trata-se de um negócio muito mecânico. Tomemos um homem intelectual e confrontemo-lo com uma mulher, que é um tipo sentimento altamente diferenciado, e ocorre uma decepção mútua, cada um achando o outro vazio e insípido.

O sentimento impessoal e o pensamento impessoal são muito relativistas. Quando olhamos para eles parecem algo extraordinário, ao passo que na realidade são sem vida, porque o inconsciente pessoal está buscando retornar a uma vida mais completa longe da diferenciação extrema de uma única função. Assim as funções primitivas começam a aumentar. Não podemos chegar a lugar nenhum na análise com o pensamento enquanto ele não chegar à sua antinomia – ou seja, algo é e não é verdadeiro ao mesmo tempo. O mesmo vale para o sentimento, e um tipo sentimento diferenciado precisa chegar ao ponto em que a coisa mais amada é a coisa mais odiada, antes de buscar refúgio numa outra função.

Na visão anterior ocorrida na caverna, o escaravelho negro veio depois do herói louro. Este último pode ser considerado o sol do dia, ou seja, a função superior. Depois de ele partir vem a noite negra, que depois dá à luz um novo sol. A coisa que aparece deveria ser em nossa expectativa um novo herói, mas na realidade é um sol da meia-noite.

Esta ideia do sol do dia que tem seu oposto na noite é uma ideia arquetípica. Pitágoras, por exemplo, pensava que a terra tinha uma irmã gêmea. A ideia aparece também num livro anônimo publicado durante a guerra. Este livro chamava-se

Peter Blobbs – Real Dreams[2]; e o primeiro sonho, aquele em que aparece a analogia do sol da meia-noite, chama-se "A noite do turíbulo balouçante". O sonhador está numa antiga catedral que aos poucos se enche de pessoas. É hora do pôr do sol ou mais tarde. No meio da catedral está pendurado um turíbulo que balança de um lado para outro. Quanto mais a noite avança, mais fortes ficam as oscilações e, ao mesmo tempo, a igreja se enche de centenas de pessoas vestidas com os trajes de todos os tempos e de todos os séculos. Finalmente, entram até os primitivos. À medida que a igreja se enche, o turíbulo balança cada vez mais e brilha mais intensamente. À meia-noite ele chega-se ao máximo e, com a aproximação da aurora, vai diminuindo; com o nascer do sol ele fica imóvel.

Esta é uma demonstração extremamente primorosa do movimento do inconsciente. À medida que o dia definha o inconsciente é ativado e, por volta da meia-noite, o turíbulo chega ao brilho mais intenso, mas iluminando o passado. À medida que aumenta a força do princípio dinâmico, e quanto mais para trás remontamos, tanto mais somos superados pelo inconsciente. Os doidos retornam ao mais longínquo passado, a um estranho estado psicológico em que não conseguem compreender suas ideias, nem são capazes de fazer com que outros as compreendam. Às vezes, como se fosse possível de qualquer maneira um homem supostamente louco tornar suas ideias compreendidas, ele consegue recuperar-se das mais estranhas aberrações. Certa vez um jovem suíço tentou pular na carruagem da imperatriz da Alemanha com um buquê de flores. Ao fazê-lo gritou: "Les couleurs Suisses pour l'Impératrice!" Sua história era a seguinte: Ele esteve completamente louco por algum tempo e, identificando-se com Rousseau, foi para a Isle Rousseau[3] e escreveu um livro de cinco mil páginas. Enquanto ele estava ali na Isle Rousseau, um casal alemão veio morar ali. A esposa julgou-se malcompreendida e ela e o jovem suíço se apaixonaram um pelo outro. Depois ela não conseguiu suportá-lo e fugiu para Berlim, e pouco depois ele foi em seu encalço. Ele precisava procurá-la entre a família imperial, porque evidentemente ela não podia encontrar-se em nenhum lugar inferior; e, quando ele entregou o buquê à Imperatriz, era para sua futura sogra.

Dediquei-me profundamente à análise deste jovem e descobri que todas as suas ideias estavam numa sequência perfeitamente lógica. Ele não sabia por que devia ser considerado louco e tinha certeza de que, se os professores entendessem,

---

2. Não é anônimo: Arthur John Hubbard, MD, *Authentic Dreams of Peter Blobbs and of Certain of His Relatives*. Londres, 1916. O livro foi o tema de um seminário (aparentemente não registrado) que Jung deu durante o verão de 1920 na Cornualha, na Inglaterra. Cf. McGUIRE, W. (ed.). *Dream Analysis*. Introdução, p. ix.

3. Provavelmente a Île St. Pierre, no Lago de Bienne, onde J.J. Rousseau se refugiou por dois meses em 1765.

não iriam trancá-lo num manicômio. Ele conseguiu fazer com que eu o compreendesse e por fim consegui sua soltura. Há uns dois anos recebi uma carta dele da América, expressando sua gratidão por mim. Ele se casara e estava criando uma família com sucesso e não tivera nenhuma recaída em seu distúrbio. Já que eu conseguira segui-lo em suas ideias, foi-lhe possível passar daquilo que para todos os efeitos parecia loucura para a realidade. Mais tarde vi a mesma coisa acontecer em outros casos.

Quanto mais o princípio dinâmico consegue entrar em plena atividade, tanto maior a força que o inconsciente obtém até poder resultar a condição da *dementia praecox*. O sonho do turíbulo mostrou com muita beleza o lento avanço da força à medida que a noite avançava. O turíbulo flamejante é análogo ao sol da meia-noite, que se torna incandescente quando o sol do dia, ou função superior, se apaga.

Por que a função inferior não surge imediatamente? A função inferior está ligada ao inconsciente coletivo e precisa surgir primeiro nas fantasias coletivas, as quais, evidentemente, em seu primeiro aspecto, não parecem ser coletivas. São consideradas bastante singulares e as pessoas que as têm são tímidas e reservadas e muitas vezes desconfiadas, como pessoas que escondem um grande segredo. Deste estado ao estado de onipotência divina é apenas um passo. A pessoa fica cada vez mais idêntica com o inconsciente coletivo.

A coisa seguinte que me aconteceu foi outra visão fantástica. Eu usei a mesma técnica da descida, mas desta vez fui muito mais fundo[4]. Na primeira vez eu poderia dizer que cheguei a uma profundidade de cerca de mil pés, mas desta vez foi uma profundidade cósmica. Foi como ir até à lua, ou como o sentimento de uma descida num espaço vazio. Primeiro a imagem era de uma cratera, ou de uma cadeia de montanhas, e minha associação de sentimentos era a de um morto, como se eu fosse uma vítima. Era o humor da terra do futuro[5].

Pude ver duas pessoas, um velho de barba branca e uma jovem muito bonita. Supus que elas eram reais e ouvi o que estavam dizendo. O velho disse que era Elias[6] e eu fiquei muito chocado, mas ela era ainda mais perturbadora porque era Salomé. Eu disse para mim mesmo que havia uma estranha mistura: Salomé e Elias, mas Elias assegurou-me que ele e Salomé estiveram juntos desde a eternidade. Também isto me deixou perturbado[7]. Com eles estava uma serpente negra

---

4. Cf. *MDR*, p. 181s./174.

5. *2012*: A fantasia ocorreu a 21 de dezembro de 1913. Cf. *Liber Novus*, p. 245s.

6. *Original*: "Elias" (a forma alemã, como também grega e latina, em vez da forma inglesa "Elijah"). / Para a figura de Salomé, cf. adiante, Preleções 11 e 12.

7. *2012*: "Eu: 'Que milagre vos uniu?' / E: 'Nenhum milagre. Foi assim desde o começo. Minha sabedoria e minha filha são uma coisa só'. / Fiquei estupefato, não consegui entender. / E: 'Pensa bem: sua cegueira e minha visão fizeram de nós companheiros desde a eternidade'" (*Liber Novus*, p. 246).

que tinha uma atração por mim. Agarrei-me a Elias como sendo o mais razoável do grupo, porque parecia ter uma mente. Eu tinha as maiores dúvidas a respeito de Salomé. Tivemos uma longa conversa então, mas eu não a entendi. Naturalmente pensei que o fato de meu pai ser um ministro era a explicação para eu ver figuras como esta. O que dizer então deste velho? Salomé não devia ser tocada. Só muito mais tarde é que considerei a associação dela com Elias inteiramente natural. Sempre que empreendemos jornadas como esta encontramos uma jovem com um velho e podemos encontrar muitos exemplos destas duas figuras em livros que nos são familiares, como os de Melville e Rider Haggard[8]. Na tradição gnóstica se diz que Simão Mago sempre circulava junto com uma jovem que ele havia encontrado num bordel. Chamava-se Helena e era considerada uma reencarnação de Helena de Troia[9]. Depois existem Kundry e Klingsor[10]. Existe um livro escrito por um monge do século XV, F. Colonna, de 1450, chamado *Hypnerotomachia* (conflito entre amor e sonho), no qual volta a mesma história[11]. Além dos exemplos de Haggard e Melville, que acabo de dar, existem os livros de Meyrink[12].

---

8. Cf. o tema do sacerdote e a donzela no romance *Mardi* (1849), de Herman Melville; para o romance *She*, de Rider Haggard, cf. adiante, Preleção 15, n. 1, e o final da Preleção 16.

9. Cf. "Sobre os arquétipos do inconsciente coletivo" (1934), *OC* 9/1, § 64, e obras posteriores. Jung havia começado a estudar os autores gnósticos já em 1910 (*MDR*, p. 162/158) e, como ele próprio disse, "seriamente" a partir de 1918 até a época deste seminário (ibid., p. 200s./192s.). *2012*: Simão Mago (século I) foi um mago. Nos Atos dos Apóstolos (8,9-24), depois de tornar-se cristão, quis comprar de Pedro e Paulo o poder de transmitir o Espírito Santo (Jung considerou este relato uma caricatura). Relatos ulteriores a respeito dele encontram-se nos atos apócrifos de Pedro e em escritos dos Padres da Igreja. Foi considerado um dos fundadores do gnosticismo e no século II surgiu uma seita simoniana. Diz-se que ele sempre viajava com uma mulher que era a encarnação de Helena de Troia, que ele encontrou num bordel em Tiro. Jung citou isto como um exemplo da figura da anima ("Alma e terra", 1927. *OC* 10/3, § 75). Sobre Simão Mago, cf. QUISPEL, G. *Gnosis als Weltreligion*. Zurique: Origo Verlag, 1951, p. 51-70. • MEAD, G.R.S. *Simon Magus*: An Essay on the Founder of Simonianism Based on the Ancient Sources with a Reevaluation of His Philosophy and Teachings. Londres: Theosophical Publishing House, 1892. No *Liber Novus*, Cristo se dirige a Filêmon como Simão Mago (p. 359).

10. No *Parsifal* (1882), de Wagner. *2012*: Kundry e Klingsor aparecem também no *Liber Novus* (p. 302).

11. COLONNA, F. *Hypnerotomachia Poliphili*. Veneza, 1499. Cf. o estudo interpretativo de uma aluna de Jung: FIERZ-DAVID, L. *The Dream of Poliphilo*, 1950 [trad. Mary Hottinger, B.S., orig., Zurique, 1947].

12. MEYRINK, G. *Der Golem* (1915) e *Das grüne Gesicht* (1916), citados em *Tipos* (*OC* 6), § 189, e em obras posteriores.

Preleção 9

PERGUNTAS E DISCUSSÃO

(Numa discussão anterior[1], o Dr. Jung propôs que o artista moderno passa do objeto exterior ao objeto interior, ou seja, às imagens do inconsciente coletivo. Para dar exemplos do que dissera, o Dr. Jung trouxe algumas fotografias da obra de um escultor que por algum tempo fora seu paciente. Embora seja difícil apresentar uma análise da discussão destes quadros independentemente dos próprios quadros, foi dita tanta coisa de aplicação geral que vale a pena fazer a tentativa.)

Dr. Jung: Estas esculturas são um esforço, por parte do artista, de expressar uma experiência do inconsciente coletivo. Quando se obtém uma intuição do inconsciente coletivo, se existe alguma força criativa no indivíduo forma-se uma figura definida, em vez de o material aflorar em forma fragmentária. É verdade que ele pode aparecer desta última maneira e geralmente o faz na *dementia praecox*; mas, se está presente a faculdade criativa, o indivíduo tende a moldar o material de tal maneira que se pode dizer que a forma normal de contato com o inconsciente coletivo é sua aparição numa única forma e que, quando se é assaltado por uma invasão de quadros fragmentários, como na *dementia praecox*, ali existe doença.

Quando um artista tem uma imagem do inconsciente coletivo, ele começa imediatamente a brincar com ela esteticamente e em geral faz alguma concretização dela, como um monumento etc. Este artista, como vocês veem, teve um amor pela figura humana e permitiu que sua imaginação brincasse com ela. Ele entrou em sua neurose através da pintura de um afresco, uma ordem que lhe veio de uma igreja protestante. Ele tinha a liberdade de escolher seu próprio tema e o que ele escolheu foi a descida do Espírito Santo em Pentecostes. Começou a fazer uma composição e conseguiu muito bem agrupar os apóstolos em cada lado, deixando o espaço do meio livre para o Espírito Santo. Depois não conseguiu pôr em ordem sua mente quanto à maneira como ele queria representar o Espírito Santo. Recusou o símbolo convencional do fogo e começou a especular sobre como afinal era o Espírito Santo. Enquanto estava pesquisando o Espírito Santo em sua mente, ele atiçou

---

1. Preleção 7. As fotografias analisadas nesta preleção não foram encontradas.

o inconsciente coletivo e então começou a ter pesadelos fantásticos e várias outras formas de pavores, de modo que, quando me procurou para tratamento, ele havia esquecido tudo a respeito de sua busca original do Espírito Santo. Enquanto esteve comigo sua tarefa foi dar às figuras do inconsciente coletivo uma forma plástica.

Como vocês notaram, as primeiras figuras são de deuses com bocas abertas e olhos mortiços. A libido está sendo sugada para o inconsciente. Depois ele achou que estas coisas relativamente simples eram inadequadas e, por isso, começou as figuras que mostram as complicações terríveis. Finalmente reduziu estas a uma figura extraordinariamente demoníaca muito semelhante a uma figura dos deuses de Java. Este foi então para ele o Espírito Santo. Mais tarde não tive mais informação sobre ele.

Dra. Ward: Alguma vez ele chamou algo de experiência religiosa?

Dr. Jung: Sim. Estes contatos com o inconsciente coletivo eram sua experiência religiosa e ele os entendia neste sentido. Em conexão com isto é interessante lembrar que Lutero chegou à concepção do aspecto dual de Deus. Ele imaginou o Deus manifesto e o Deus escondido, sendo este último um símbolo das forças malignas da vida. Em outras palavras, Lutero ficou tão impressionado com o poder das forças negativas que precisou preservá-las para a divindade; então o demônio desempenhava apenas um papel secundário entre as duas forças.

Sr. Aldrich: Se esta foi a concepção negativa que o artista tinha da divindade, qual foi sua concepção positiva? O que eram as figuras que ele completou no afresco?

Dr. Jung: Estas eram representações mais ou menos convencionais dos apóstolos. Como todos os introvertidos, em seu consciente ele tendia a permanecer convencional.

(Foram apresentadas diversas perguntas escritas e o resto da aula foi destinado a elas.)

Perguntas da Sra. Evans: "Não existe um empenho ou impulso proveniente de cada um dos nossos pares de nossos opostos, e não é isto necessário para preservar nosso equilíbrio? Por exemplo: uma pessoa é ao mesmo tempo boa e má, generosa e avarenta, obstinada e submissa. Será que o impulso de um só desses opostos a destrói moral e fisicamente?"

"Será que tanto o bem quanto o mal são necessários para o desenvolvimento da personalidade individual?" (*Psychology of the Unconscious* [ed. de 1919] p. 121.)

"No meio, entre os opostos, não existe inação, uma condição estacionária sem crescimento? Seria isto o Nirvana tão desejado pelo místico oriental em sua contemplação?"

Dr. Jung: Esta pergunta, para ser respondida adequadamente, envolve uma análise dos pares de opostos de maneira abrangente. O grupo deseja que façamos uma pausa para fazer isso agora ou que adiemos a pergunta para uma preleção posterior?

(O grupo votou no sentido de adiar a análise dos pares de opostos para um encontro posterior.)

Srta. Corrie: Numa preleção anterior você falou em inverter o mecanismo mental para ele ser um observador passivo dos sonhos. Numa preleção posterior[2] você diz que observar o inconsciente é apenas uma conexão perceptiva e a pior atitude possível. Não entendo a distinção. Significa isto que você esteve adotando a atitude da noite durante o dia?

Dr. Jung: As duas vidas não andam juntas. Quando eu disse que inverti o mecanismo a fim de observar, eu não quis dizer que era apenas com a finalidade de observar. A finalidade era a incorporação de meu material inconsciente e a única maneira de conseguir isto é dando ao material uma oportunidade de aflorar. Quando alguém adota uma atitude perceptiva para com seu inconsciente, uma atitude que muitas vezes pode ser observada em certos intuitivos, ele não faz nenhum esforço para incorporar o material em sua personalidade. Não existe, portanto, nenhuma relação moral entre o material observado e a personalidade. Mas, se observamos a fim de incorporar, essa é uma atitude que requer a participação de todas as nossas funções. Nietzsche considerava a atitude estética a atitude principal do homem[3] e a atitude intelectual também pode sê-lo, ou seja, pode-se simplesmente pensar sobre a vida sem nunca viver. Não se está no processo, nem mesmo em seu próprio processo. Por causa da consciência tivemos que afastar-nos da vida e observar; em outras palavras, tivemos que dissociar, mas, por mais necessário que seja este processo na evolução da consciência, ele não deve ser usado, como o é hoje, como um meio para nos mantermos fora da vida. Nosso esforço hoje deveria ser o duplo esforço da consciência somado a uma plena participação na vida. O ideal comum de hoje é trabalhar a todo custo, mas muitas pessoas simplesmente trabalham e não vivem. Não podemos depreciar o ideal do trabalho, mas podemos entender que ele não tem valor quando divorcia a pessoa da vida.

Pergunta da Srta. Henty: "As funções inferiores não podem ser desenvolvidas sem essa subversão das funções superiores que você descreveu na última vez?"

Dr. Jung: Você é capaz de puxar um balde de água do fundo de um poço sem perda de energia? Você precisa ter energia para ativar a função inferior e, se você não tira essa energia da função superior, donde ela deve vir? Se você tem toda a sua energia e vontade na função superior, você vai lentamente para o inferno – ela exaure você. Pessoas normais são aquelas que podem viver em quaisquer circuns-

---

2. Preleções 4 e 6.

3. Cf. *Tipos*, § 206-207.

tâncias sem reclamações, mas existem certas pessoas nas quais várias condições da vida provocam uma reclamação. Tomemos, por exemplo, o esforço de viver uma vida harmoniosa e equilibrada; isso é muito dispendioso. Hoje educar a função inferior é viver, mas pagamos caro por isso tanto em erros como em energia.

Algumas vezes não é nossa escolha – a função inferior nos pega de surpresa. Uma situação destas ocorreu na época da difusão do cristianismo há dois mil anos. Naquele tempo os valores espirituais haviam afundado no inconsciente e, a fim de percebê-los novamente, as pessoas precisavam fazer esforços tremendos para repudiar os valores materiais. Riquezas, mulheres, arte – tudo precisava ser abandonado. Muitos precisaram até retirar-se para o deserto a fim de libertar-se do mundo. Por fim chegaram ao ponto de entregar a própria vida e foram obrigados a enfrentar o circo e ser queimados vivos. Tudo isso lhes aconteceu através do cultivo de uma atitude psicológica. Eles eram sacrificados porque solapavam os ideais mais sagrados da época. Ameaçavam causar uma ruptura na família romana através de suas disputas teológicas. Recusavam-se a considerar divino o imperador. O efeito que causavam no pensamento coletivo era semelhante ao causado hoje quando se diz qualquer coisa contra o deus da Europa ocidental – a Respeitabilidade. Também nós hoje estamos procurando alguns outros valores. Buscamos vida, não eficiência, e esta busca nossa vai diretamente contra os ideais coletivos de nosso tempo. Somente quem tem energia suficiente, ou se deixou agarrar contra sua própria vontade, pode passar por este processo; mas, uma vez no processo, deve-se dar o sangue por ele. É um processo que está ocorrendo em todo o mundo hoje.

Sr. Robertson: O que forçava as pessoas a esta atitude dois mil anos atrás?

Dr. Jung: As pessoas não conseguiam ver nenhuma outra forma de chegar ao extremo a que o paganismo levara. A inversão de atitude que o cristianismo provocou aproveitou ao máximo a literatura e a arte do tempo. De acordo com os filólogos, tudo o que era de valor desapareceu então; só uma pálida chama continuou queimando em Apuleio. Mas, na verdade, aconteceu simplesmente que a corrente principal do poder criativo deixou o canal aberto pela antiguidade e procurou um novo leito. Cresceu uma nova literatura e uma nova arte, de que Tertuliano é um exemplo[4]. A libido passou para valores espirituais e ocorreu uma grande mudança na mentalidade humana em trezentos anos. É sempre difícil o indivíduo manter estes movimentos coletivos. Eles arrancam as pessoas do inconsciente sem elas conseguirem saber o que lhes aconteceu. Assim, a literatura daquele tempo estava cheia de sentimentalismo doentio – a centelha abandonara o ponto de vista consciente e fora sepultada no inconsciente. Estas pessoas da era cristã primitiva não

---

4. *2012*: Tertuliano (ca. 160-220 d.C.) foi um dos Padres da Igreja e responsável por grande parte da terminologia da Igreja primitiva. Em 1921, Jung analisou a obra dele em *Tipos psicológicos* (*OC* 6, § 8ss.).

tinham consciência do movimento geral contemporâneo delas. Não conseguiam perceber que elas eram cristãs, mas estavam buscando iniciação em todo tipo de mistérios à procura daquilo que o cristianismo estava oferecendo. Não podiam aceitá-lo por ser originário de povos desprezados.

A maioria das dificuldades de nosso tempo provém desta falta de percepção de que fazemos parte de um rebanho que se desviou das correntes principais. Quando você está num rebanho, você perde o sentido de perigo e é isso que nos torna incapazes de ver onde nos desviamos das correntes profundas da coletividade.

Srta. Hincks: Quando você falava de educar sua função inferior, você se referia à função que está no inconsciente?

Dr. Jung: Sim.

Srta. Hincks: Conforme entendi, você quer dizer que desenvolveu sua intuição em contraposição ao seu pensamento.

Dr. Jung: Não. Eu quis colocar o sentimento em oposição ao pensamento. Enquanto cientista natural, o pensamento e a sensação ocupavam o lugar predominante em mim, e a intuição e o sentimento encontravam-se no inconsciente e estavam contaminados pelo inconsciente coletivo. Não se pode passar diretamente para a função inferior a partir da superior, isso deve ser feito sempre através da função auxiliar. É como se o inconsciente estivesse em tal antagonismo com a função superior a ponto de não permitir nenhum ataque direto. O processo de lidar com as funções auxiliares ocorre mais ou menos da seguinte maneira: Suponhamos que você tem a sensação fortemente desenvolvida, mas não é fanático a respeito dela. Então você pode admitir, a respeito de toda situação, certo leque de possibilidades; ou seja, você permite que entre um elemento intuitivo. A sensação, enquanto função auxiliar, permitiria a existência da intuição. Mas, visto que a sensação (no exemplo) é partidária do intelecto, a intuição toma o partido do sentimento, aqui a função inferior. Por isso o intelecto não concorda com a intuição, neste caso, e votará por sua exclusão. O intelecto não manterá a sensação e a intuição unidas; pelo contrário, irá separá-las. Esta tentativa destrutiva será controlada pelo sentimento, que apoia a intuição.

Olhando as coisas em sentido inverso, se você é um tipo intuitivo, você pode chegar às suas sensações diretamente. Elas estão cheias de monstros e, por isso, você precisa ir pelo caminho do seu intelecto ou sentimento, seja qual for o auxiliar no consciente. Esse homem precisa ter um raciocínio muito frio para manter-se na realidade. Resumindo, portanto: o caminho vai da função superior à função auxiliar, desta última à função oposta à auxiliar. Geralmente este primeiro conflito provocado entre a função auxiliar no consciente e sua função oposta no inconsciente é a luta que ocorre na análise. Pode ser considerado o conflito preliminar. A batalha decisiva entre a função superior e a função inferior só ocorre na vida. No exemplo do tipo sensação intelectual, sugeri que o conflito preliminar ocorreria entre sensação e intuição e a luta final seria entre intelecto e sentimento.

Dra. de Angulo: Por que a batalha principal não pode acontecer na análise?

Dr. Jung: Isso só pode acontecer quando o analista perde a objetividade e fica pessoalmente envolvido com o paciente. Em conexão com isto pode-se dizer que o analista corre sempre o perigo de intoxicações através do seu inconsciente. Suponhamos que uma mulher chega e me diz que eu sou seu salvador. Embora conscientemente eu possa saber muito bem que ela fez uma terrível projeção sobre mim, inconscientemente eu absorvo essa projeção e possivelmente sinto um orgulho de proporções tremendas.

Pergunta da Sra. Keller: (Esta pergunta, como foi apresentada originalmente, perdeu-se. O problema a que se referia estava ligado à vontade.)

Dr. Jung: Não se pode dizer que a vontade do homem é como uma pedra rolando ladeira abaixo. A verdade é que, através da vontade, podemos liberar um processo, digamos uma fantasia, que então segue seu próprio curso. Existem duas maneiras de considerar a vontade. A de Schopenhauer, por exemplo, que fala da vontade de viver e da vontade de morrer, no sentido de um anseio de vida e um anseio de morte. Eu prefiro reservar o conceito de vontade para aquela pequena quantidade de energia que está à nossa disposição na consciência. Mas se você põe esta pequena quantidade a ativar o processo instintivo, este último prossegue então com uma força muito maior que a de você.

A libido do homem contém os dois anseios ou instintos opostos: o instinto de viver e o instinto de morrer. Na mocidade o instinto de viver é mais forte e é por isso que as pessoas jovens não se apegam à vida – elas a têm. A libido enquanto fenômeno energético contém os pares de opostos, do contrário não haveria nenhum movimento da libido. É uma metáfora usar os termos vida e morte; quaisquer outros poderiam ser usados, contanto que mostrem a oposição. Nos animais e nos povos primitivos, os pares de opostos estão mais estreitamente ligados do que nos chamados povos civilizados, por isso tanto os animais quanto os primitivos se desfazem da vida mais facilmente do que nós. Um primitivo é capaz de matar-se simplesmente pelo luxo de caçar um inimigo. Em outras palavras, por causa de nossa dissociação, os pares de opostos estão muito mais separados. Isto nos dá nossa energia psíquica ampliada e o preço que pagamos é a unilateralidade.

Quando os pares de opostos estão estreitamente ligados, o indivíduo muda facilmente. Ele passa rapidamente de uma disposição de expansão para uma disposição de morte.

Chegamos agora à discussão dos pares de opostos. É desejo do grupo discutir este problema no próximo encontro?

(O grupo votou neste sentido.)

Preleção 10

Dr. Jung:

Vocês têm preferência por alguma maneira particular de abordar o problema dos pares de opostos?

Dra. de Angulo: Eu gostaria de começar com estes pares como eles aparecem na natureza e avançar gradualmente para a maneira como eles aparecem no homem.

Dr. Jung: Isso seria começar pelo telhado, visto que, em certo sentido, a noção dos pares de opostos é uma projeção sobre a natureza. Por esse motivo é melhor começarmos com nossa experiência psicológica dos pares de opostos, já que não estamos totalmente certos da objetividade do mundo. Assim, por exemplo, existe a amplamente difundida teoria do monismo, que é uma negação do aspecto dualístico do mundo – ou seja, esta teoria insiste em nossa unicidade e na unicidade do mundo. Se você sustenta a teoria dos pares de opostos, você pode sustentar tanto o monismo quanto o dualismo, que se tornarão então um par de opostos, mas aqui você se encontrará mais uma vez no círculo mágico de sua própria personalidade. Você não pode sair de sua pele enquanto não se tornar um espírito eterno.

Existe uma pergunta apresentada por escrito pela Srta. Hincks que nos introduz no aspecto filosófico do problema, a partir do qual penso que encontraremos a melhor abordagem.

Pergunta da Srta. Hincks: "A tratar dos opostos na análise, você os considera fenômenos psicológicos ou fenômenos biológicos dos quais podem ser removidos os elementos de oposição, em contraposição ao ponto de vista filosófico onde eles são qualidades logicamente opostas e, portanto, irreconciliáveis?"

Dr. Jung: A ideia dos pares de opostos é tão antiga quanto o mundo e, para tratá-la adequadamente, precisaríamos remontar às primeiras fontes da filosofia chinesa, ou seja, ao oráculo do *I Ching*[1]. Bastante curiosamente, os pares de opostos

---

1. *Original:* "*Yi King*". Grafado assim na tradução de James Legge (Sacred Books of the East, XVI, 2. ed. Oxford, 1899), a única versão disponível em inglês em 1925. (A biblioteca de Jung continha todos os 50 vols. dos Sacred Books of the East, menos quatro.) As referências aqui são a *The I Ching or Book of Changes*, a tradução de Richard Wilhelm vertida para o inglês por Cary F. Baynes, com prefácio de Jung (Nova York/Princeton/Londres, 1950 [3. ed., 1967]. O prefácio encontra-se também

não aparecem como tais no pensamento egípcio, mas são uma parte fundamental da filosofia chinesa e indiana. No *I Ching*, eles aparecem como uma enantiodromia sempre recorrente, através de cuja ação um estado da mente leva inevitavelmente ao seu oposto. Esta é uma ideia essencial do taoismo e os escritos tanto de Lao-tse quanto de Confúcio estão impregnados por esse princípio.

Temos o *I Ching*, a fonte da filosofia chinesa, na forma que lhe foi dada pelo rei Wen e pelo Duque de Zhou, que empregaram um termo do cárcere, conforme se diz, ao elaborar uma interpretação intuitiva do oráculo do *I Ching*. Alguns de vocês conhecem a técnica do *I Ching*. O arranjo está na forma de hexagramas que simbolizam a enantiodromia a ser expressa. Pode ser considerado uma psicologia da contradição, ou seja, enquanto o princípio *a* está crescendo, o princípio *b*, seu oposto, está decrescendo, mas sempre chega um ponto em que *b* começa imperceptivelmente a crescer até tornar-se dominante. Esta mesma concepção está envolvida no símbolo do Tao, onde os princípios que se opõem são representados por divisões espiraladas brancas e pretas de um círculo. São imaginadas como o elemento masculino e o elemento feminino respectivamente. A porção branca, ou princípio masculino, contém em si uma mancha preta e a porção preta, ou princípio feminino, contém uma mancha branca. Assim o Yang, o princípio masculino, quando está em sua plenitude, gera o Yin, o principio feminino, e vice-versa.

Também o *Tao Te King* se fundamenta nestes princípios dos opostos, embora expressos de maneira um tanto diferente. É possível que o autor do *Tao Te King*, Lao--tse, tenha tido algum tipo de ligação com a filosofia dos *Upanishads*, já que existe semelhança entre os dois. Entre os livros do rei a quem serviu como bibliotecário talvez se encontrassem textos bramânicos, ou talvez o contato tenha ocorrido através de viajantes. Em Lao-tse a ideia dos opostos está expressa da seguinte maneira: o Alto repousa no Baixo, Grande Bem e Grande Mal, ou seja, nada existe a não ser em virtude de um oposto que equilibra[2]. É a mesma noção expressa por Nietzsche quando diz que, quanto maior o tamanho da árvore, tanto mais profundas são as raízes[3].

---

em *OC* 11/5). A tradutora para o inglês foi a anteriormente chamada Dra. de Angulo, que registrou o presente seminário. O interesse de Jung pelo *I Ching* começara por volta de 1920 (*MDR*, p. 373/342); ele e Wilhelm encontraram-se pela primeira vez por volta de 1923.

2. *2012*: O *Tao Te King* ou *Daodejing* traz: "Todos sob o céu conhecem a beleza como beleza, por isso existe a feiura; / Todos sob o céu conhecem o bem como o bem, por isso existe o mal. / O ser e o não ser geram-se mutuamente; / O difícil e o fácil formam-se um ao outro; / O longo e o curto moldam-se um ao outro; / O alto e o baixo completam-se um ao outro; / O tom e a voz harmonizam-se mutuamente; / O antes e o depois seguem-se um ao outro" (*Laozi*: Daodejing, 2. Oxford: Oxford University Press, 2008, p. 7 [trad. Edmund Ryden]).

3. *2012*: A referência é à obra *Assim falou Zaratustra*, de Nietzsche, onde Zaratustra diz: "Ora, com os homens acontece o mesmo que acontece com esta árvore. Quanto mais ela deseja elevar-se às alturas e à luz, com tanto maior determinação suas raízes se empenham em direção à terra, em direção à

A posição filosófica da Índia com relação aos opostos é mais avançada. Ali a doutrina é: "Liberta-te dos pares de opostos, não prestes atenção a Alto e Baixo"[4]. O homem perfeito deve estar acima de suas virtudes como também acima de seus vícios. Novamente é a mesma ideia expressa por Nietzsche quando diz: "Domina tuas virtudes como também teus vícios"[5]. Por isso nos *Upanishads*, em contraste com o ponto de vista chinês, a ênfase não recai nos opostos como tais, mas no peculiar processo criativo que existe entre eles. Poderíamos dizer, portanto, que o ponto de vista geral dos *Upanishads* é monístico. Atman é a coisa central entre os opostos; estes em si são tomados quase como evidentes. Lao-tse, por outro lado, como vimos, acentua os opostos, embora conheça o caminho entre os dois, o Tao, e o aceite como a essência da vida. Ainda assim, ele está sempre ocupado com o aspecto pedagógico do problema; sua intenção é que seus discípulos nunca esqueçam que estão no caminho das oposições e ele precisa ensinar-lhes as coisas que os conduzirão ao longo desse caminho.

O discípulo brâmane, por ouro lado, não precisa que lhe ensinem estas coisas; ele as conhece. Talvez isto resulte, no caso do brâmane, do fato de a sabedoria ter sido transmitida através da casta. O conhecimento dos opostos era uma posse desta casta sacerdotal e não precisava ser ensinado. Numa palavra, o discípulo brâmane encontrava-se num certo *niveau* filosófico em virtude de seu nascimento e estava pronto para o passo seguinte, a saber, a coisa existente entre os pares de opostos, ao passo que as pessoas a quem Lao-tse se dirigia não estavam num tal nível aristocrático, espiritualmente falando; elas eram as pessoas de inteligência mediana. A lenda de que Lao-tse pôs sua sabedoria por escrito antes de retirar-se para a solidão é um exemplo do que quero dizer. Diz-se que Lao-tse deixou sua casa na encosta da montanha e dirigiu-se para o oeste. Quando chegou ao portão da Grande Muralha, o guarda logo o reconheceu e não quis deixá-lo atravessar o portão antes de pôr por escrito sua sabedoria[6]. Então ele a escreveu no livro das cinco mil palavras, o *Tao Te King*. Esta lenda mostraria que o livro se destinava aos que tinham uma instrução geral, não apenas a uma classe sacerdotal. Os *Upanishads* dirigem-se a pessoas que estão além dos pares de opostos. Se você está livre da ilusão, a vida é

---

escuridão, em direção às profundezas, em direção ao mal" (*Thus Spoke Zarathustra*. Harmondsworth: Penguin, 1969, p. 69 [trad. Richard Hollingdale]). Jung marcou seu exemplar com uma linha à margem nesta passagem.

4. *2012*: Cf. o *Bhagavad Gita* [Krishna]: "Arjuna, os Vedas / tratam das três *gunas* / e tu deves estar livre / das três *gunas*, / livre dos opostos, habitando eternamente na verdade, / nem adquirindo nem retendo, / senhor de ti mesmo". Londres: Penguin, 2008, p. 28 [trad. Laurie Patton].

5. *2012*: Cf. NIETZSCHE. *Thus Spoke Zarathustra*. Parte II, cap. 5: "Sobre as virtudes", p. 117s.

6. *2012*: Segundo se diz, seria Yin Xi, um guarda do portão ocidental da Grande Muralha, no passo de Han Kou.

algo que vale a pena e não vale a pena num grau quase igual, mas estas pessoas só podem ser frequentes numa classe especialmente dedicada ao exercício filosófico.

Naqueles tempos, o que os filósofos pensavam era a própria natureza. Isto não era muito intencional; ao contrário, o pensamento ocorria às pessoas de uma maneira estranhamente direta e imediata, de modo a dar a impressão de ser dado à mente e não produzido por ela. Evidentemente, inúmeros exemplos deste tipo de coisa nos ocorrem se começamos a pensar nas grandes descobertas e obras de arte. A concepção de energia de Mayer veio desta maneira, como se caísse do céu[7]. Da mesma forma também a *Sonata del diavolo* de Tartini[8]. A *Madona* de Rafael (agora em Dresden) foi o resultado de uma visão repentina, como o foi o *Moisés* de Miguel Ângelo[9]. Quando um pensamento ou uma visão chega a um homem desta maneira, é com uma avassaladora força de convicção. Este, como eu digo, é o tipo de pensamento original. Hoje nós perdemos em grande parte este senso da imanência do pensamento, como se poderia dizer, e temos, ao invés, a ilusão de produzir nós mesmos os nossos pensamentos. Não estamos convencidos de que nossos pensamentos são seres originais que vagueiam em nosso cérebro e inventamos a ideia de que eles são impotentes sem o nosso benévolo ato criativo; inventamos isto para não sermos influenciados demais por nossos pensamentos. Em relação aos nossos pensamentos somos um pouco parecidos com Chanteclair (o Galo) em relação ao sol: convencido de que o sol não podia nascer sem o seu canto, ele foi persuadido certa vez a fazer a experiência; mas, justamente quando o sol surgiu, sua falta de confiança em seus poderes foi tão grande que ele cantou, garantindo com isso que o mundo não ficaria sem o sol naquele dia.

Naturalmente é muito útil para nós ter a ideia de que nossos pensamentos são livres expressões de nosso pensar intencional, caso contrário nunca estaríamos livres do círculo mágico da natureza. Afinal de contas, nós podemos realmente pensar, mesmo sem uma independência absoluta da natureza; mas é dever do psicólogo fazer a dupla afirmação e, mesmo admitindo o poder de pensamento do homem, insistir também no fato de que ele está aprisionado em sua própria pele e,

---

7. Julius Robert Mayer, físico alemão, na década de 1840. Cf. "Psicologia do inconsciente" (1917). *OC* 7/1, § 106ss.

8. Giuseppe Tartini, violinista e compositor italiano, do século XVIII. Para seu sonho inspirativo, cf. *Encyclopedia Britannica*, 11. ed., s.v. Tartini.

9. A *Madona Sistina*, na Gemäldegalerie, em Dresden; o *Moisés* em San Pietro in Vincoli, em Roma. De acordo com um historiador da arte da Renascença italiana, John Shearman, a literatura mais antiga não apresenta nenhuma evidência de que estas obras fossem inspiradas por visões. Shearman sugere que a afirmação de Jung é uma "concretização de alguma vaga referência encontrada vaga nas monografias do século XIX. [...] O curioso é que cada obra de arte *representa* uma visão".

portanto, sempre tem seu pensamento influenciado pela natureza de uma maneira que ele não consegue controlar totalmente.

Como eu disse, este pensamento original é imediatamente convincente. Quando você tem um tal pensamento, você está certo de que ele é verdadeiro – ele vem como uma revelação. O lugar onde ele se mostra da maneira mais bela é numa projeção; você simplesmente sabe que ela é verdadeira e você está inclinado a ofender-se com qualquer sugestão de erro em relação a ela. Isto vale especialmente para as mulheres, nas quais a projeção pode até nem ser consciente. O inconsciente tem o poder de influenciar nosso pensamento de maneiras inacreditáveis. Lembro-me de ter lido certa vez uma passagem num dos livros de Lamprecht[10], no sentido de que é bem evidente que o homem passou por uma idade do incesto. Aceitei isso quando o li, mas depois eu disse para mim mesmo: "Por que é evidente que o homem passou por uma idade do incesto?" – e, quanto mais eu pensava nisto, tanto menos evidente se tornava. Sem dúvida Lamprecht guiava-se, em seu pressuposto, pela aceitação inconsciente do mito de Adão e Eva. Existe, portanto, um certo tipo de pensamento que nos prende todo o tempo e estas ideias inconscientes agem como os manipuladores de marionetes.

Na medida em que o pensamento natural trazia consigo a convicção do fato natural, os primeiros filósofos, ao pensar sobre a natureza, tinham alguma revelação repentina semelhante descendo sobre eles, como diríamos, e consideravam evidente que a própria natureza lhes havia falado e que eles estavam de posse de uma verdade da natureza, indiscutivelmente verdadeira. Nunca lhes ocorreu que podia ser uma projeção e não ter fundamento no mundo dos fatos. Foi assim com o princípio dos opostos; os primeiros filósofos sustentavam que ele fora dado ao homem pela natureza. No caso do *I Ching*, a lenda diz que um cavalo surgiu do Rio Amarelo, trazendo em seu dorso os trigramas dos quais são formados os símbolos. Os sábios o copiaram e ele fiou conhecido como o Mapa do Rio[11].

Nós não pensamos dessa forma e, por isso, já não consideramos mais os nossos pensamentos como natureza; a própria maneira como os processos do pensamento funcionam em nós nos protege contra a noção de que, quando temos um pensamento, foi a natureza que nos falou. Mas estas pessoas permitiam que suas mentes funcionassem sem controle e, visto que o cérebro é também um fenômeno da natureza, ele é um genuíno produto da natureza e, portanto, contém o resultado da ação das forças da natureza. O fruto do cérebro é um produto natural e, como

---

10. Karl Lamprecht, historiador alemão. Cf. *Dream Analysis*, p. 192. *2012*: Sobre a relação da concepção junguiana das dominantes com a obra de Lamprecht, cf. SHAMDASANI. *Jung and the Making of Modern Psychology*: The Dream of a Science, p. 282-283 e 305.

11. Geralmente chamado de Mapa do Rio Amarelo. Cf. *The I Ching*. 3. ed., p. 309, 320.

tal, deve-se supor que contém os princípios gerais da natureza. Um homem muito sábio poderia delinear o mundo inteiro a partir de uma maçã. Ele poderia dizer a você o clima que a tornou possível, a árvore que a produziu, os animais que a comem, numa palavra, tudo a respeito dela, porque tudo está relacionado com tudo. Por que então não se deveria supor que o cérebro poderia produzir um fruto perfeitamente natural que reproduziria toda a natureza? Obviamente não existe nenhuma lei para provar que é assim, mas não podemos presumir que os produtos do nosso cérebro não derivam da natureza; por isso, não vejo nenhum motivo para não considerar espantosamente verdadeiras certas coisas do pensamento dos sábios antigos, tal como o *I Ching* as apresenta. Diz-se que Confúcio lamentou não ter gasto toda a sua vida no estudo do *I Ching* e afirmou que apenas uma vez ele lhe falhou como guia em suas ações.

Desde os tempos mais antigos, portanto, os pares de opostos têm sido o tema que ocupou os pensamentos dos homens. O próximo filósofo importante que precisamos considerar em conexão com eles é Heráclito. Ele é notavelmente chinês em sua filosofia e é o único homem ocidental que alguma vez compreendeu realmente o Oriente. Se o mundo ocidental tivesse seguido seu exemplo, nós seríamos todos chineses em nosso ponto de vista, em vez de cristãos. Podemos considerar que Heráclito faz a ligação entre Oriente e Ocidente. Depois dele, a próxima pessoa na história a interessar-se profunda e seriamente pelo problema dos pares de opostos é Abelardo, mas ele tirou toda conexão com a natureza e intelectualizou completamente o problema[12].

A mais recente ressurreição do problema acontece através da análise. Freud tem muito a dizer sobre os pares de opostos tais como eles se apresentam na psicologia patológica. Num caso de sadismo, sempre se encontra no inconsciente o masoquismo e vice-versa[13]. Um homem que é avarento de um lado é esbanjador de outro. Todos nós conhecemos a crueldade possível em pessoas excessivamente boas e sabemos que pessoas respeitáveis são muitas vezes abençoadas com filhos endiabrados[14]. Tanto nas obras de Freud quanto nas de Adler existe um contínuo jogo deste princípio de em cima e embaixo.

Eu também abordei o problema a partir do lado patológico, primeiramente na psicologia sexual e depois em relação à personalidade como um todo. Formulei-o como um princípio heurístico para buscar sempre o oposto de cada tendência dada e na linha em que o princípio funcionava. Descobri que o fanatismo extremo apoiava-se

---

12. *2012*: Pedro Abelardo foi um escolástico medieval. Em 1921 Jung analisou extensamente a obra dele em *Tipos psicológicos* (*OC* 6), com relação à controvérsia entre nominalismo e realismo (§ 68s.).

13. *2012*: Cf. *Three Essays on the Theory of Sexuality*, SE 7.

14. "Hellions as sons". *Original*: "hells of sons". Adulterado?

numa dúvida oculta. Torquemada, como pai da Inquisição, era o que era por causa da insegurança de sua fé; ou seja, estava inconscientemente tão cheio de dúvida quanto conscientemente estava cheio de fé. Assim, geralmente toda posição excessivamente enérgica produz seu oposto. Reduzi este fenômeno à cisão fundamental da libido, cisão em virtude da qual nós nunca podemos almejar intensamente qualquer coisa sem ao mesmo tempo destruí-la. Um exemplo muito claro disto ocorreu com uma paciente minha. Era uma mulher jovem, envolvida com um homem com quem ela não podia casar-se por causa de dificuldades financeiras. Por fim ela foi para o Japão e permaneceu lá por três anos. Durante todo este tempo escreveu-lhe as mais belas cartas de amor e quase não podia viver dia após dia, tão grande era a saudade que sentia dele. Então ele mandou buscá-la e se casaram. Quase imediatamente ela ficou completamente louca e precisou ser mandada para casa.

Assim, quando você diz "Sim", você diz também "Não". Este princípio pode parecer duro, mas na verdade precisa haver esta cisão na libido ou nada funciona e nós permanecemos inertes[15]. A vida nunca é tão bela como quando cercada pela morte. Certa vez tive um paciente muito rico que, ao me procurar, disse: "Não sei o que você irá fazer comigo, mas espero que irá me dar algo que não seja triste". E é exatamente isso que a vida seria se nela não houvesse opostos; por isso, os pares de opostos não devem ser entendidos como erros, mas como a origem da vida. Pois a mesma coisa se aplica na natureza. Se não houvesse nenhuma diferença entre em cima e embaixo, não poderia cair chuva. A física moderna usa o termo entropia para expressar a condição que se seguiria se os opostos fossem removidos da natureza: ou seja, morte numa tepidez uniforme. Se todos os seus desejos são satisfeitos, você tem o que se poderia chamar de entropia psicológica. Descobri, portanto, que aquilo que eu pensara ser um fenômeno patológico era na verdade uma lei da natureza. Nós fazemos parte do processo energético geral e é a psicologia examinada com este fato em mente que procurei apresentar nos *Tipos*.

Quando eu estava começando os *Tipos*, recebi uma carta de um editor francês que queria que eu escrevesse um livro para uma série que ele estava preparando sobre as oposições. Enviou-me uma longa lista destes opostos para eu considerar: ação e inação, espiritualidade e materialismo etc., mas eu evitei todas estas oposições derivadas ou subordinadas e ocupei-me em reduzi-las a algo fundamental. Comecei com a ideia primitiva do sair e entrar da energia e, a partir disto, elaborei a teoria dos tipos introvertido e extrovertido[16].

---

15. Esta frase e a precedente são citadas em CORRIE, J. *ABC of Jung's Psychology*. Londres, 1928, p. 58.

16. "A questão dos tipos psicológicos" (*OC* 6, anexo 1, § 931-950), originalmente uma conferência em alemão, revisada numa versão francesa, ambas de 1913.

Como vocês se lembram de uma preleção anterior, cheguei a esta noção de uma cisão na libido na época em que estava trabalhando nas *Wandlungen und Symbole*, mas a expressão "cisão na libido" pode levar a uma concepção errônea. A libido não está cindida em si; ela é um caso de um movimento oscilante entre opostos e podemos dizer que a libido é uma só ou que a libido é duas conforme nos concentremos ora no fluxo, ora nos polos opostos entre os quais ocorre o fluxo. A oposição é uma condição necessária do fluxo da libido[17] e, por isso, podemos dizer que, em virtude desse fato, estamos entregues a uma concepção dualista do mundo; mas podemos dizer também que o "fluxo" – ou seja, a energia – é um só, e isso é monismo. Se não existe alto e baixo, nenhuma água flui; se existe alto e baixo e nenhuma água, nada acontece; assim, existe ao mesmo tempo dualidade e unicidade no mundo e é uma questão de temperamento qual ponto de vista optamos por assumir. Se você é um dualista como Lao-tse, e preocupado principalmente com os opostos, tudo o que você irá encontrar para dizer sobre o que está entre eles poderia caber nestas palavras: "O Tao é tão tranquilo". Mas se, por outro lado, você é monista como os brâmanes, você pode escrever volumes inteiros sobre o Atman, a coisa que está entre os opostos.

Assim, monismo e dualismo são problemas psicológicos sem validade intrínseca. Aquilo com que nos preocupamos mais de perto é a existência dos pares de opostos. Para nós, de certa maneira, é uma nova descoberta que todas as coisas estejam em oposição; ainda relutamos em aceitar o mal de nosso bem e o fato de que nossos ideais se baseiam em coisas que estão muito longe do ideal. Precisamos aprender com esforço as negações de nossas posições e entender que a vida é um processo que ocorre entre dois polos, só ficando completa quando cercada pela morte. Estamos realmente na posição dos discípulos de Lao-tse e precisamos dizer do Tao: "Ele é tão tranquilo", porque ele não é ruidoso para nós. Mas, quando tomamos consciência dos opostos, somos impelidos a buscar o caminho que os resolva para nós, porque não podemos viver num mundo que é e não é, precisamos avançar para uma criação que nos possibilite atingir um terceiro ponto superior aos pares de opostos. Podemos adotar, possivelmente, o Tao e o Atman como nossas soluções, mas somente com o pressuposto de que estes termos significaram para seus criadores aquilo que nossas ideias filosóficas significam para nós. Mas não é assim; quanto à origem do Tao e do Atman, o Atman proveio do lótus, ao passo que o Tao é a água tranquila. Ou seja, eram revelações, enquanto para nós são conceitos e nos deixam indiferentes. Nós não podemos assimilá-los como o fizeram os homens daquele tempo. Com efeito, os teosofistas o tentam, com o resultado, porém, de ficar confusos e indecisos como tantos falastrões, e com todas as conexões com a realidade cortadas.

---

17. A frase precedente e esta, até este ponto, são citadas em CORRIE. *ABC*, p. 58.

Estas revelações aconteceram a essas pessoas, brotaram delas exatamente como a maçã brota da árvore. Para nós elas produzem grande satisfação ao intelecto, mas não contribuem em nada para unir os pares de opostos. Suponhamos que um paciente me procure com um grande conflito e eu lhe diga: "Leia o *Tao Te King*" ou: "Confie seus sofrimentos a Cristo". É um esplêndido conselho, mas o que significa para o paciente no sentido de evitar seu conflito? Nada. Com efeito, aquilo que Cristo representa funciona para os católicos e parcialmente para os protestantes, mas não funciona para todos; e quase todos os meus pacientes são pessoas para as quais os símbolos tradicionais não funcionam. Por isso, nosso método deve ser um método no qual a índole criativa esteja presente, no qual exista um processo de crescimento que tenha a qualidade da revelação. A análise deveria liberar uma experiência que nos agarre ou caia sobre nós a partir de cima, uma experiência que tenha substância e corpo, como aconteceu aos antigos. Se eu quisesse simbolizá-la, eu escolheria a Anunciação.

Swedenborg teve uma experiência deste cunho imediato e desafiador. Ele estava em Londres numa pousada e, depois de um bom jantar, viu de repente, tarde da noite, todo o chão coberto de cobras e sapos. Ficou muito apavorado, e mais ainda quando apareceu diante dele um homem trajando um manto vermelho. Vocês podem imaginar, sem dúvida, que esta aparição falou palavras duras a Swedenborg, mas o que ele disse foi: "Não coma tanto!" Assim o pensamento de Swedenborg assumiu forma corporal e, por ser tão objetivo, teve um efeito extraordinário sobre ele. Ele foi sacudido por esse pensamento até às profundezas[18].

Outro caso semelhante me vem à mente, o de um homem que bebia. Certa noite voltou para casa após uma boa farra, completamente bêbado. Ouviu pessoas no andar superior fazendo uma grande festa e deleitou-se com isso. Às cinco horas da manhã dirigiu-se à janela para ver o que era o grande barulho. Ele morava numa alameda com alguns plátanos perto da janela. Viu que estava ocorrendo ali uma feira de gado, mas com todos os porcos nas árvores. Soltou um grande grito para chamar a atenção para eles e, então, veio a polícia e o levou para um manicômio. Quando chegou a entender o que lhe acontecera, havia deixado de beber.

Em ambos os casos, a natureza produziu um grande terror e, embora os exemplos sejam grotescos, mesmo assim ilustram o que eu queria dizer no sentido de que a representação libertadora deve ter um cunho antigo, então ela é convincente. Ela deve ser organicamente verdadeira, ou seja, deve estar dentro e fora de

---

18. Cf. o prefácio de Jung à obra de Suzuki: *Introdução ao Zen Budismo* (1939; *OC* 11/5, § 882), onde a historieta é contada de maneira diferente. *2012*: Jung comentou este episódio numa discussão sobre Swedenborg no Clube Psicológico em 1954 (notas de Aniela Jaffé, Jaffé Collection, Instituto Federal Suíço de Tecnologia).

nosso próprio ser. Sabemos que não existe nenhum método para podermos forçar estes acontecimentos, mas o mundo está cheio de métodos para produzir estados da mente que facilitam o contato com a verdade imediata. Destes métodos, a ioga é o exemplo mais notável. Existem diversos tipos diferentes de ioga: os que têm a ver com respiração, exercícios, jejum etc., e outros como a ioga kundalini[19], que é uma espécie de exercício sexual de natureza um tanto obscena. Tomo a sexualidade porque ela é uma condição instintiva e, por isso, sujeita a provocar estados nos quais podem ocorrer estas experiências imediatas. Todos estes métodos de ioga, e práticas semelhantes a eles, produzirão a condição desejada, mas só se Deus quiser, por assim dizer; ou seja, existe um outro fator envolvido que é necessário, mas cuja natureza não conhecemos. Todos os tipos de práticas primitivas devem ser entendidos como um esforço, por parte do homem, para tornar-se receptivo a uma revelação vinda da natureza.

---

19. Esta é a mais antiga referência à ioga kundalini na obra escrita de Jung. No outono de 1932, Jung e um indólogo alemão, J.W. Hauer, realizaram um seminário, na maior parte em inglês, sobre este assunto. *2012*: Cf. SHAMDASANI (ed.). *The Psychology of Kundalini Yoga*: Notes of the Seminar Given in 1932 by Jung. Princeton, NJ: Princeton University Press, 1966.

Preleção 11

Dr. Jung:

Existem perguntas que não foram respondidas no último encontro e, como esqueci de trazê-las comigo, desta vez peço que sejam apresentadas verbalmente. Sra. Keller, você tinha algo, creio eu.

Sra. Keller: Eu gostaria de saber um pouco mais sobre a imagem ancestral e a maneira como ela afeta a vida do indivíduo.

Dr. Jung: Receio não ter experiência suficiente para elucidar essa pergunta. Minhas ideias a respeito do tema, afinal, são um tanto experimentais e não definitivas, mas posso dar-lhe um exemplo de como, a meu ver, a coisa funciona. Suponhamos que um homem teve um desenvolvimento normal por cerca de quarenta anos e então chega a uma situação que desperta um complexo ancestral. O complexo será despertado porque a situação é uma situação na qual o indivíduo está mais adaptado através desta atitude ancestral. Digamos que este homem normal imaginário de que estamos falando assume uma posição de responsabilidade na qual ele exerce muito poder. Ele próprio nunca foi formado para ser um líder, mas entre seus elementos herdados está a figura de um tal líder ou a possibilidade dela. Esse elemento agora toma posse dele e, a partir de então, ele tem uma natureza diferente. Deus sabe o que aconteceu com ele, na verdade é como se ele se tivesse perdido e o elemento ancestral se tivesse apossado dele e o tivesse devorado. Seus amigos não conseguem entender o que lhe aconteceu, mas ele está ali, uma pessoa diferente do que era antes. Pode até nem ter surgido um conflito em seu interior, embora isso muitas vezes aconteça; pode ser que a imagem simplesmente tem tanta vitalidade que o eu recua diante dela e se rende à sua dominação.

Sra. Keller: Mas, se a imagem é necessária para ele ocupar esse lugar, como pode ele chegar à paz consigo mesmo e, ao mesmo tempo, vencer a imagem em caso de conflito?

Dr. Jung: Bem! Em geral a única coisa a fazer é procurar, pelo tratamento analítico, reconciliar estas imagens com o eu. Se a pessoa é fraca, a imagem toma posse. Vemos isto acontecer repetidas vezes com mulheres solteiras quando se casam. Podem ter sido moças perfeitamente normais até esse momento, e então aparece um papel que elas se sentem chamadas a desempenhar – a moça já não é mais ela mesma. O resultado habitual é uma neurose. Lembro o caso de uma mãe com quatro filhos que se queixou de nunca ter tido qualquer experiência importante na vida. "E os seus quatro filhos?" – perguntei-lhe. "Oh!", disse ela, "eles simplesmente me aconteceram". Quase poderíamos dizer que quem teve esses quatro filhos foi sua avó e não ela e que ela, na verdade, os repudiou.

Alguma outra pergunta? Dra. Mann?

Dra. Mann: Entreguei uma pergunta que, penso eu, provavelmente será respondida no decurso ulterior das preleções. Eu queria saber se você irá delinear a progressão de um tipo irracional a partir da função superior para a função inferior, como você o delineou para nós no tipo racional através de sua própria experiência.

Dr. Jung: Tomemos então um tipo intuitivo cuja função auxiliar é o pensamento e suponhamos que ele alcançou o topo da intuição e parou ali. Como vocês sabem, o intuitivo está sempre correndo atrás de novas possibilidades. Por fim ele entra, suponhamos, numa enrascada e não consegue sair. Não existe nada que ele tema tanto como justamente isto – ele abomina ligações permanentes e prisões, mas aqui ele está afinal numa enrascada, e não vê nenhuma maneira de sua intuição poder tirá-lo dali. Existe um rio correndo, e trens passam pela ferrovia, mas ele é deixando exatamente onde está – parado. Agora talvez ele comece a *pensar* o que poderá ser feito. Quando ele assume sua função intelectual, entrará provavelmente em conflito com seu sentimento, porque, através de seu pensamento, ele buscará caminhos tortuosos para sair de sua dificuldade, uma mentira aqui, ou alguma trapaça ali, que não serão aceitáveis para seu sentimento. Ele deve, portanto, optar entre seu sentimento e seu intelecto e, ao fazer esta opção, ele chega a perceber o fosso que existe entre os dois. Ele sairá deste conflito descobrindo um novo reino, a saber, o da sensação, e então, pela primeira vez, a realidade adquire um novo significado para ele. Para um tipo intuitivo que não educou sua sensação, o mundo do tipo sensação parece-se muito com uma paisagem lunar – ou seja, vazia e morta. Ele pensa que o tipo sensação gasta sua vida com cadáveres; mas, uma vez assumida esta função inferior em si mesmo, ele começa a gostar do objeto como ele realmente é e por ele mesmo, em vez de olhá-lo através de uma atmosfera de suas projeções.

Pessoas com uma intuição excessivamente desenvolvida, que as leva a desprezar a realidade objetiva e, por fim, a um conflito como o que descrevi acima, têm geralmente sonhos característicos. Certa vez tive como paciente uma jovem com os mais extraordinários poderes intuitivos e ela havia levado a coisa a tal ponto que até seu próprio corpo era irreal para ela. Uma vez perguntei-lhe, meio em tom de brincadeira, se ela nunca observou que tinha um corpo e ela respondeu com muita seriedade que não observara – ela tomava banho coberta por um lençol! Quando me procurou, ela havia deixado até de ouvir seus passos ao caminhar – ela estava apenas flutuando pelo mundo. Seu primeiro sonho foi o seguinte: ela estava sentada no topo de um balão, ou até, se vocês preferirem, não no topo de um balão, mas no topo de um balão bem alto no ar, e estava inclinada olhando para mim lá embaixo. Eu tinha uma espingarda e estava atirando contra o balão, que finalmente consegui abater. Antes de me procurar ela vivera numa casa onde fora confinada junto com as garotas encantadoras. Era um bordel e ela não tinha consciência do fato. Este choque a trouxe para a análise.

Não posso reduzir um caso destes a um sentido da realidade diretamente através da sensação, porque para o intuitivo os fatos são apenas ar; por isso, já que o pensamento é sua função auxiliar, eu começo a raciocinar com ela de uma maneira muito simples até ela se dispor a remover do fato a atmosfera que ela havia projetado nele. Suponhamos que eu diga para ela: "Aqui está um macaco verde". Imediatamente ela dirá: "Não. Ele é vermelho". Então eu digo: "Milhares de pessoas dizem que este macaco é verde e, se você o torna vermelho, é apenas por sua imaginação". O próximo passo é levá-la ao ponto em que seu sentimento e pensamento divergem. Uma mulher intuitiva faz com seus sentimentos praticamente a mesma coisa que ela faz com seus pensamentos; ou seja, se ela recebe uma sensação negativa a respeito de uma pessoa, então a pessoa parece toda má e o que ela realmente é não importa nada. Mas, pouco a pouco, essa paciente começa a perguntar o que afinal o objeto é e a ter o desejo de experimentar o objeto diretamente. Depois ela se torna capaz de dar à sensação seu verdadeiro valor e deixa de olhar para o objeto muito de perto; numa palavra, ela está pronta a sacrificar seu desejo irresistível de dominar pela intuição.

Para um tipo sensação o que eu disse sobre os funcionamentos da mente de um intuitivo parecerá certamente um completo absurdo, tão diferentes são as maneiras como os dois tipos veem a realidade. Tive uma vez uma paciente que, após seis meses de análise comigo, acordou chocada, por assim dizer, pelo fato de eu não ter grandes olhos azuis. Outra, tendo uma familiaridade ainda mais longa com meu gabinete, que é pintado de verde, perguntou-me por que eu mudei o revestimento com painéis de carvalho que sempre estivera ali durante todo o tempo em que ela me procurou. Só com muita dificuldade consegui persuadi-la de que foi ela que decorou a sala com painéis de carvalho.

A mesma falsificação da realidade é a característica de todas as funções superiores quando são empurradas para o limite de desenvolvimento. Quanto mais puras se tornam, tanto mais elas procuram forçar a realidade a entrar num esquema. O mundo tem em si todas as quatro funções – talvez mais, e não é possível alguém manter-se em contato com o mundo se ele desconsiderar uma ou mais destas funções.

Pergunta da Srta. Corrie: "Você poderia explicar, por favor, a relação da ambivalência com os pares de opostos?"

Dr. Jung: Se você toma os pares de opostos, está quase supondo duas partes em guerra uma com a outra – esta é uma concepção dualista. A ambivalência é uma concepção monista; ali os opostos não aparecem como separados, mas como aspectos contrastantes de uma mesma coisa. Tomemos, por exemplo, um homem que tem lados bons e lados ruins – esse homem é ambivalente. A respeito dele dizemos que é fraco, que está dividido entre Deus e o diabo – tudo o que é bom está em Deus e tudo o que é mau está no diabo; e ele é um átomo balançando entre os dois e nunca se pode dizer o que ele vai fazer; sua personalidade nunca se firmou, mas permanece ambivalente. Por outro lado, podemos ter um filho que está entre pais conflitantes – sem falar de sua personalidade, ele é vítima destes opostos; e ele pode permanecer assim indefinidamente. Foi preciso inventar o termo "imagem" para fazer frente a esta situação. Esse indivíduo não pode fazer nenhum progresso enquanto não se der conta de que ele especificou só a metade do caso ao julgar-se vitimizado entre os pares de opostos, pai e mãe. Ele precisa saber que traz dentro de si as imagens dos dois e que em sua própria mente esse conflito está prosseguindo – em outras palavras, que ele é ambivalente. Enquanto não chegar a essa percepção, ele pode usar os próprios pais ou suas imagens como armas com as quais se protege para não enfrentar a vida. Se admitir que as partes conflitantes são partes dele mesmo, ele assume a responsabilidade pelo problema que eles representam. Da mesma forma, não vejo nenhum sentido em culparmos a guerra pelas coisas que nos aconteceram. Cada um de nós trazia dentro de si os elementos que provocaram a guerra.

A conexão entre a ambivalência e os pares de opostos é, portanto, um ponto de vista subjetivo.

Sr. Robertson: Se a libido é concebida sempre como divisão, onde está aquilo que dá o empurrão numa direção ou na outra?

Dr. Jung: A questão de um empurrão não entra, porque a libido, a energia, está por hipótese em movimento. A expressão "ambitendência" é uma maneira de denominar a natureza contraditória da energia. Não existe nenhum potencial sem opostos e, por isso, tem-se a ambitendência. A substância da energia é, por assim dizer, uma dissipação de energia, ou seja, nunca se observa a energia a não ser como tendo movimento e numa direção. Um processo mecânico é teoricamente reversível, mas na natureza a energia move-se sempre numa direção, ou seja, de um nível superior para um nível inferior. Assim, na libido ela tem também uma direção e de qualquer função pode-se dizer que ela tem uma natureza intencional. Evidentemente, o conhecido preconceito contra este ponto de vista que existiu na biologia tem a ver com a confusão de teleologia com intenção. A teleologia diz que existe um objetivo para o qual cada coisa tende, mas esse objetivo não poderia existir sem pressupor uma mente que nos está levando para uma meta definida, um ponto de vista insustentável para nós. Contudo, os processos podem mostrar um caráter intencional sem ter a ver com uma meta preconcebida e todos os processos biológicos são intencionais. A essência do sistema nervoso é intencional, porque ele age como um telégrafo central para coordenar todas as partes do corpo. Todos os reflexos nervosos adequados estão reunidos no cérebro. Voltando ao ponto original a respeito da ambitendência, a energia não está dividida em si, ela é os pares de opostos e também está dividida – em outras palavras, ela apresenta um paradoxo.

Sr. Robertson: Para mim não está claro como você distingue entre teleológico e intencional.

Dr. Jung: Pode haver um caráter intencional para uma ação sem a antecipação de uma meta. Esta ideia está plenamente desenvolvida em Bergson, como vocês sabem. Eu posso muito bem ir numa direção sem ter em mente a meta final. Posso ir em direção a um poste sem ter a ideia de ir para ele. Eu o uso para orientação, mas não como uma meta. Fala-se da cegueira do instinto, mas apesar disso o instinto é intencional. Ele funciona adequadamente apenas sob certas condições e, logo que perde a sintonia com estas condições, ele ameaça destruir a espécie. O velho instinto de guerra do homem primitivo aplicado às nações modernas, com suas invenções de envenenamento com gases tóxicos etc., torna-se suicida.

Pergunta por escrito do Sr. Robertson: "Você apresentou as duas visões que os tipos psicológicos apresentam – o introvertido olha para o topo e para a base da cachoeira, enquanto o extrovertido olha para a água entre os dois.

Mas será que você não está olhando 'para o topo e para a base' ao formular a ideia acima? Assim você ilustrou sua própria tendência (introvertida) de ver a enantiodromia. Ou você reivindica alguma validade *objetiva* para este conceito particular?"

Dr. Jung: Sem dúvida, olhar o topo e a base é uma atitude introvertida, mas esse é justamente o lugar que o introvertido ocupa. Ele mantém distância entre ele próprio e o objeto e, por isso, é sensível aos tipos – ele pode separar e discriminar. Ele não precisa de muitos fatos e ideias a respeito. O extrovertido está sempre exigindo fatos e mais fatos. Ele geralmente tem uma grande ideia, uma ideia gorda poder-se-ia dizer, que representará uma unidade por trás de todos estes fatos, mas o introvertido quer romper essa ideia muito gorda.

Quando se trata de validade objetiva, pode-se dizer que, já que tantas pessoas veem esta enantiodromia, deve haver verdade nela, e, já que tantas pessoas veem um desenvolvimento contínuo, deve haver verdade nisso também; mas, estritamente falando, não se pode reivindicar a validade objetiva, apenas a subjetiva.

Evidentemente, isto não é muito satisfatório e o introvertido tem sempre a tendência de dizer privadamente que seu ponto de vista é o único correto, tomado subjetivamente.

Dra. de Angulo: Não vejo a ligação lógica entre a introversão e a capacidade de ver o fenômeno da enantiodromia. Deve haver milhões de extrovertidos que acham isso também.

Dr. Jung: Não existe nenhuma ligação lógica, mas observei que existe uma diferença temperamental entre as duas atitudes. Os introvertidos querem ver as coisas pequenas ficarem grandes e as coisas grandes ficarem pequenas. Os extrovertidos gostam de coisas grandes – não querem ver as coisas boas ficarem piores, mas sempre melhores. Um extrovertido odeia imaginar que ele contém um oposto diabólico. Além disso, o introvertido inclina-se a aceitar facilmente a enantiodromia, porque esse conceito rouba muito poder ao objeto, enquanto o extrovertido, não tendo nenhum desejo de minimizar a importância do objeto, está disposto a atribuir-lhe poder.

Sr. Aldrich: Parece-me, Dr. Jung, que algo do que você disse está em contradição com o que você diz nos *Tipos*: que o nominalista extrovertido aceita os fatos separadamente e o realista introvertido busca sempre a unidade através da abstração[1].

Dr. Jung: Não. Não existe contradição aqui. O nominalista, embora ponha sua ênfase nos fatos separados, cria uma espécie de unidade compensada imaginando um Ser eterno que abarca todos eles. O que o realista está querendo não é tanto chegar a uma ideia de unidade quanto afastar-se dos fatos para fazer uma abstração deles nas ideias. A ideia de "Urpflanze"[2], de Goethe, é um exemplo de uma ideia que é demasiadamente geral e ilustra o que pretendo dizer com a tendência dos extrovertidos a formular "grandes ideias". Agassiz[3], por outro lado, desenvolveu a noção de que os seres animais vieram de tipos separados e isto se ajusta ao introvertido muito melhor do que a concepção de Goethe. Numa ideia platônica da vida, existe sempre um número limitado de imagens primordiais, mas ainda assim são muitas, e não uma apenas – e por isso o introvertido tem a tendência a ser politeísta.

Sr. Aldrich: Mas Platão não atribuiu a origem do mundo à mente de Deus?

---

1. Cf. *OC* 6, § 33ss.

2. Cf. GOETHE. *Versuch die Metamorphose der Pflanzen zu erklären* (1790).

3. Louis Agassiz, cientista natural suíço-americano, que sustentava uma teoria da "múltipla criação". Jung não o citou em nenhum outro lugar, embora sua biblioteca contenha um exemplar da obra de Agassiz *Schöpfungsplan* (1875).

Dr. Jung: Sim, ele o fez. Mas em Platão todo o interesse não está nesta concepção, e sim na concepção dos *eidola*, ou ideias abstratas primordiais[4].

Contei a vocês na última vez[5] o sonho do assassinato do herói e, depois, a fantasia a respeito de Elias e Salomé.

Ora, o assassinato do herói não é um fato indiferente, mas um fato que envolve consequências típicas. Dissolver uma imagem significa que você se torna essa imagem. Eliminar o conceito de Deus significa que você se torna esse Deus. Isto é assim porque, se você dissolve uma imagem, você o faz sempre conscientemente e então a libido investida na imagem entra no inconsciente. Quanto mais forte a imagem, tanto mais você é apanhado por ela no inconsciente, de modo que, se você abandona o herói no consciente, você é forçado pelo inconsciente a entrar no papel do herói.

Lembro um caso ilustrativo em conexão com isto. Era um homem que conseguiu apresentar-me uma análise muito excelente de sua situação. Sua mãe lhe dissera repetidas vezes, enquanto ia se tornando adulto, que algum dia ele seria um salvador da humanidade e, embora ele não lhe tenha dado muito crédito, a ideia o conquistou de certa maneira e ele começou a estudar e, por fim, entrou na universidade. Ali ele fracassou e voltou para casa. Mas um salvador não precisa estudar química e, além disso, um salvador é sempre malcompreendido; e assim, acalentado nestas ideias por sua mãe e por sua própria fantasia, resolveu mergulhar completamente em seu lado consciente. Ficou satisfeito por assumir, numa companhia de seguros, um emprego que consistia em pouco mais do que lamber selos. Todo o tempo ele desempenhava o papel secreto do desprezado pelos homens. Por fim ele me procurou. Quando o analisei, descobri esta fantasia do salvador. Ele a havia entendido apenas intelectualmente e, por isso, o domínio emocional que a fantasia exercera sobre ele permanecia inalterado – apesar de tudo o que pensava a respeito dela, ele ainda estava sentindo prazer em ser um salvador não reconhecido.

Parecia como se a análise iria despertá-lo suficientemente, mas mesmo isso não calou em seu espírito. Ele pensava que era muito interessante viver numa fantasia tão estranha. Então começou a sair-se melhor em seu trabalho e, mais tarde, candidatou-se a um cargo de diretor numa grande fábrica e o conseguiu. Aqui ele fracassou completamente. Não conseguiu ver que não havia compreendido o valor emocional da fantasia e que foi o funcionamento destes valores emocionais não percebidos que o levara a candidatar-se a um emprego que ele não estava

---

4. Cf., p. ex., *Timeu* 37d.

5. De fato, na Preleção 8, no n. 6.

1 Isto mostra a primeira página do *Liber Novus*, intitulada "O caminho daquele que virá". Usado com permissão de W.W. Norton & Company, Inc.

2 Accession # 1950-134-59 / Marcel Duchamp, *Nu descendo uma escada, N. 2*, 1912. C 2012 Artists Rights Society (ARS), Nova York / ADAGP, Paris / Succession Marcel Duchamp.

3 O começo da "Descida ao inferno no futuro", que retrata a primeira fantasia visual ativa de Jung (cf. p. 88), representada na imagem na parte de baixo, folio iii, verso, do *Liber Novus*. Usado com permissão de W.W. Norton & Company, Inc.

4 Outro detalhe da "Descida ao inferno no futuro", mostrando a fantasia visual de Jung (cf. p. 88), folio iii, verso, do *Liber Novus*. Usado com permissão de W.W. Norton & Company, Inc.

5 "Assassinato do herói", que mostra o sonho que Jung teve do assassinato de Siegfried, representado na imagem na parte de baixo, folio iii, verso, do *Liber Novus*. Usado com permissão de W.W. Norton & Company, Inc.

MYSTERIUM

Begegnung. cap. ix.

In der nacht · da ich der · was des gottes nähe dachte · wurde
ich eines bildes gewahr: ich lag in einer dunkeln tiefe ·
ein alter mann stand vor mir · er sah aus wie ein der alte proph·
zu seinen füssen lag eine schwarze schlange · im rücken ein tor
sah ich ein säulengetragenes haus · ein schönes mädch·
aus der thür sie geht unsicher · ich sehe/sie ist blind · der alt·
wir sind oben am fusse der hohen felswand · heute uns kriecht die sch·
im innern des hauses herrscht dunkel · wir sind in einer hohen halle mit glitzer·
wänd· im hintergrunde liegt ein heller wasserfarbener stein · wie in seinen spiegel
blicke/erscheint mir das bild der eva/des baumes und der schlange/darauf ich
blicke ist odysseus und seine gefährt· auf weit· meer · plötzli· öffnet sie zu recht·
ne thür in ein· gart· voll hell· sonnenschein · wir tret· hinaus und der alte sprich
zu mir: weisst du/wo du bist? ich: ich bin hier fremd und alles ist mir wund·bar ·
ist wie ein traum · wo bist du? er: ich bin elias und diese ist meine tochter salome · ich: die
tochter des herodes/das blutdürstige weib? er: warum urtheilst du so? du siehst/sie
blind · sie ist meine tochter/die tochter des prophet· ich: welches wunder hat euch verein·
kein wunder · es war von anbeginn so · meine weisheit und meine tochter sind ein·
ich: ich bin erstarrt/ich vermag es nicht zu fassen · er: denke dir nur ihre blindh· und mein·
seh· hab uns z· gefährt· gemacht · seit ewigk· ich: vergieb mein staun· ich bin wohl
in der unterwelt? e: liebst du mich? ich: wie kann ich dich lieb· wie koms du zu dieser
frage? er: scheu mir raunes/du bist salome/ein ligo/das blut des heilig· klebt an der·
händ· wie sollt· ich dir lieb· S: du wirst mich lieb· ich: und dich lieb· s: wo giebt dir das
recht zu solch· gedank·z· S: ich liebe dich · ich: lass ab von mir/mir grau't vor dir/besse·
S: du thust mir unrecht · elias ist mein vat·/er kennt der geheimnisse tiefste · die w·
der seines hauses sind von edeln stein· seine brun· halt· heilkräftige wass· e·
auge schaut die künftig· ding· und was gäbe du mich um ein· einzig· blic·
ich: du unendlich· dinge des könicnd· ich war· sie dir nicht selbr eine sünde w·
ich: deine versuchig ist teuflisch · ich scheu mir zurück na· der abowelt · hier ist es grauen·
wie schwül und schw· ist die luft! e: was willst du · du hast die wahl · ich: aber ich gehör·
nicht z· der tot· · ich lebe am lichte des tages · warum sollt· mir hier um salome · q·
und habe der genug am eigen· leb· z· krag· e: du hörtest/was salome sagte · ich: ph·
es nicht glaub/dass du der prophet si· als tochter und gefähr· in erken· kann · ist
nicht arg und ruchlos · sa· gegenü·? war sie nicht eitel oder und verbrecherische
lust · e: sie liebt aber ein heilig· ich: und bald schmäbl· sein theures blut vergoss·

er als führ' in d' welt des dunkeln dien / den sie ir von ähnlich'
substanz wie die gestallung jen' welt·

er schauplatz des mysterii frieder ir eine üsse wie d' krater eines vulcans. mein tiefas in die
ir ein vulkan/ d' die feurfliessige masse des nie geformt/ des un unterschieden' herauc·
ist/ so gebärt niem itensses die künde des chaos/ d' uralt· mutt· wer in d' krater einigkll
indern des chaos/ d' macht/ d' dunkelz/ d' beherschend· v· d' verführend·/ d' new·
v· d' anlockend·/ d' göttlich· v· d' teuflisch·/ diese mächte greif auf all· seit· üb· mein be·
utes v· begrenztes hinaus v· verbind· mit all· form· v· mit all· fern· wes· v· ding/ wo·
s· in das uranfängliche/ gefall· bin/ so werde i· selbo umgeschmolz· in die verbind·
it d· uranfänglich·/ welches zuglei· das gewesene v· das werdende is· z· ers· kom·
e bin das uranfängliche in mir/ dadur· abo/ dai· ein teil des weltstoffes v· d· welt·
estalty bin/ kommie i· aus in das uranfängliche d· welt üb· haupt· i· habe zwar
is· ein geformtes v· bestimtes am leb· teil genom·/ abo nur vermittels meines
formt· v· bestimt· bewusstseins v· dadur· am geformt· v· bestimt· stücke des

6 "Mysterium. Encontro", que mostra o encontro de Jung com Elias, Salomé e a serpente (cf. p. 104),
folio v, verso, do *Liber Novus*. Usado com permissão de W.W. Norton & Company, Inc.

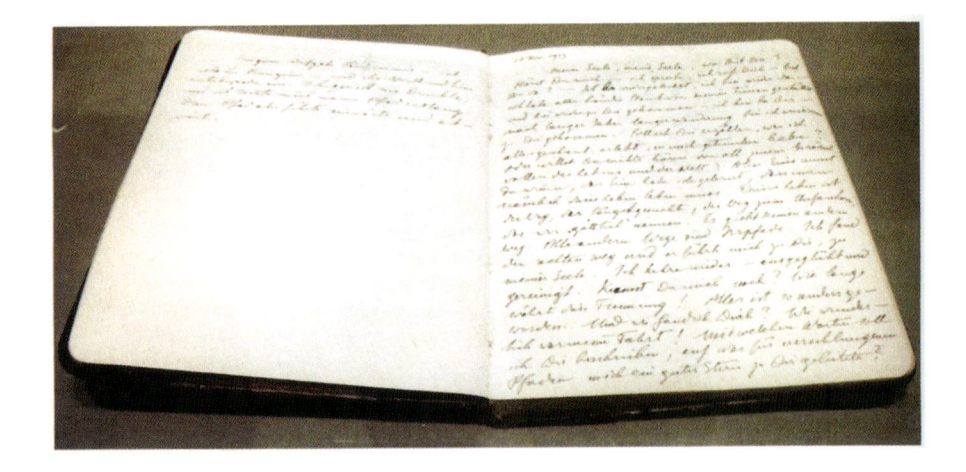

7 *Livro Negro 2*. Fotografia do Autor.

8 *O Livro Vermelho*. Fotografia do autor.

absolutamente habilitado a desempenhar. Na realidade, sua fantasia não passava de uma fantasia de poder e seu desejo de ser um salvador baseava-se num motivo de poder. Alguém pode, portanto, chegar à percepção desse sistema de fantasia e, no entanto, deixar sua atividade persistir no inconsciente.

O assassinato do herói, portanto, significa que alguém é transformado num herói e algo de heroico deve acontecer.

Além de Elias e Salomé, havia um terceiro fator na fantasia que comecei a descrever e este fator é a enorme serpente negra entre eles[6]. A serpente indica a contraparte do herói. A mitologia está cheia desta relação entre o herói e a serpente[7]. Um mito nórdico diz que o herói tem olhos de serpente e muitos mitos mostram o herói sendo venerado como uma serpente, depois de transformado nela após a morte. Isto talvez venha da ideia primitiva de que o primeiro animal que sai furtivamente da sepultura é a alma do homem que foi sepultado.

A presença da serpente diz, portanto, que ela será novamente um mito do herói. Quanto ao significado das duas figuras, Salomé é uma figura da anima, cega porque, embora ligue o consciente e o inconsciente, ela não vê o funcionamento do inconsciente. Elias é a personificação do elemento cognitivo, Salomé do erótico. Elias é a figura do antigo profeta cheio de sabedoria[8]. Poderíamos falar destas duas figuras como personificações do Logos e do Eros, adaptadas de maneira muito específica. Isto é prático para o jogo intelectual; mas, como Logos

---

6. *2012*: No *Liber Novus*, Jung escreve: "Além de Elias e Salomé, encontro como terceiro princípio a serpente. Ela é uma estranha entre os dois princípios, ainda que ligada a ambos. A serpente me ensina a diversidade incondicional de natureza dos dois princípios em mim. Quando olho a partir do pensar prévio para além do prazer, vejo em primeiro lugar a repugnante e venenosa serpente. Quando sinto a partir do prazer para além do pensar prévio, sinto primeiramente a fria e horrível serpente. A serpente é a natureza terrena do ser humano da qual não tem consciência. Sua maneira muda de acordo com o país e o povo, pois é o segredo que lhe aflui da mãe-terra nutriz" (p. 247).

7. Cf. *MDR*, p. 182/174, e *OC* 5, índice, s.vv. herói; serpente(s) – na maior parte como originalmente em *Wandlungen und Symbole*.

8. *2012*: Na segunda camada do *Liber Novus*, Jung interpretou as figuras de Elias e Salomé respectivamente em termos de pensar prévio e prazer: "Os poderes de minha profundeza são o predeterminar e o prazer. O predeterminar e o pensar prévio são o Prometeu, que, mesmo sem ideias determinadas, dá forma e determinação ao caótico, que cava os canais e apresenta o objeto ao prazer. O pensar prévio também está antes do pensar propriamente dito. Mas o prazer é a força que, sem forma e determinação, deseja e destrói formas. Ele ama a forma que ela assume em si, mas destrói a forma que ela não assume. O que pensa previamente é um vidente, mas o prazer é cego. Ele não prevê, mas deseja aquilo que toca. O pensar prévio não tem força e por isso não move. Mas o prazer é força e por isso move" (p. 247). Em comentários posteriores, escritos provavelmente em algum momento da década de 1920, Jung comentou este episódio e anotou: "Esta combinação é uma imagem que volta eternamente ao espírito humano. O velho representa um princípio espiritual, que poderíamos chamar de Logos, e a jovem, um princípio sensual não espiritual, que poderíamos chamar de Eros" (p. 365).

e Eros são termos puramente especulativos, não científicos em nenhum sentido, mas irracionais, é muito melhor deixar as figuras como são, a saber, como acontecimentos, experiências.

Quanto à serpente, qual é seu significado ulterior?[9]

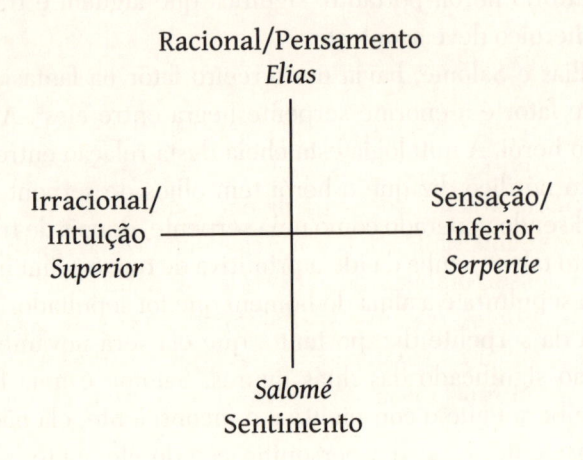

9. Cf. p. 129 e 133s.

Preleção 12

PERGUNTAS E DISCUSSÃO

Pergunta da Dra. Ward: "Você fala da energia como se ela caísse de um nível superior para um nível inferior e usa a cachoeira como ilustração. Como você explica a energia oposta, embora igual, que eleva a água para a nuvem de chuva? Neste caso a nuvem de chuva é o nível inferior? Ela o é, se você transforma seu nível em termos de energia térmica. Não deveríamos levar em consideração, na energia psíquica, esta transformabilidade em vários modos de expressão? Não é este o ponto crucial do problema da neurose? Se a energia psíquica fosse suficientemente livre ou fluida para fazer transformações fáceis, não ocorreria a neurose. Mas aqui entra o problema da ética – a escolha da direção. Você poderia, por gentileza, analisar esta questão?"

Dr. Jung: Para fazer a água elevar-se do mar você precisa de uma nova energia. Quando a água sobe para o alto existe sempre uma fonte adicional de energia; em outras palavras, a energia do sol a eleva. A água elevada até às nuvens deve cair novamente. No inconsciente coletivo liberamos fontes adicionais de energia para fazer nosso nível subir. No inconsciente coletivo existe energia em formas "sólidas" desde sempre, mas é energia adicional semelhante à energia encontrada nas minas de carvão, e, como a energia das minas, ela está sujeita ao esgotamento. Se não conseguirmos liberar energia atômica[1], ou a energia das marés ou do vento, a população da Europa precisará diminuir. Se liberarmos a energia do inconsciente coletivo até não termos mais energia, chegamos à diferenciação. Os arquétipos são fontes de energia. Se as pessoas que não têm nenhuma visão da vida se apoderam de uma ideia arquetípica, digamos uma ideia religiosa, elas se tornam eficientes. Coloque uma ideia na cabeça de pessoas pequenas ou insignificantes e elas se tornam grandes e tremendamente eficientes.

Gostamos de pensar que com ideias morais podemos orientar nossa vida, mas estas coisas não são assim; se fossem, as coisas teriam ocorrido satisfatoriamente para nós há muito tempo. As percepções morais não atingem o inconsciente cole-

---

1. *Sic* (1925). O processo de fissão nuclear foi descoberto em 1938.

tivo. Na esfera da força de vontade temos escolha, mas para além dela não temos nenhuma escolha.

PRELEÇÃO

A serpente negra simboliza a libido introvertida. Salomé é a anima e Elias é o velho sábio. Salomé, sendo instintiva e completamente cega, precisa dos olhos previdentes da sabedoria que Elias possui. A figura do profeta compensa a da anima cega[2].

Como sou um intelectual introvertido, minha anima contém sentimento [que é] completamente cego. No meu caso, a anima não contém só Salomé, mas também algo da serpente, que é também sensação. Como vocês se lembram, a Salomé real estava envolvida em relações incestuosas com Herodes, seu padrasto, e foi por causa do amor deste por ela que ela conseguiu a cabeça de João Batista[3].

Li muita mitologia antes de me aparecer esta fantasia e toda esta leitura entrou na condensação destas figuras. O velho é uma figura bem típica. Encontramo-lo em toda parte; ele aparece sob todo tipo de formas e geralmente em companhia de uma jovem (cf. HAGGARD, R. *Wisdom's Daughter*)[4].

Sentimento-sensação está em oposição ao intelecto consciente mais intuição, mas o equilíbrio é insuficiente. Quando aceitamos que a anima é devida à preponderância da função diferenciada no consciente, o inconsciente é equilibrado por uma figura dentro dele que compensa a figura da anima. Esta é o velho Elias. É como se tivéssemos uma balança e num lado da balança estivesse o consciente e no outro lado o inconsciente. Esta foi uma de minhas primeiras hipóteses. Com Freud o inconsciente está sempre despejando material inaceitável no consciente e o consciente tem dificuldade de assumir este material e o reprime, e não existe equilíbrio.

Naquela época eu vi um princípio compensatório que parecia mostrar um equilíbrio entre o consciente e o inconsciente. Mas vi mais tarde que o inconsciente estava equilibrado em si mesmo. É a indecisão. O inconsciente não é exatamente o oposto do consciente. Pode ser irracionalmente diferente. Não podemos deduzir o inconsciente do consciente. O inconsciente é equilibrado em si mesmo, como o é o consciente. Quando encontramos uma figura extravagante como Salo-

---

2. Cf. *MDR*, p. 182/174.

3. Cf. Mateus 14,6ss. e Marcos 6,22ss. Mas em nenhuma das duas passagens a mulher é citada pelo nome. A identificação encontra-se em JOSEFO, F. *Antiguidades dos judeus*, XVIII, cap. 5. A biblioteca de Jung contém uma edição de 1735 (em alemão) das obras de Josefo, que traz a inscrição "Dr. Jung", presumivelmente o pai ou o avô de Jung. Jung colocou seu próprio Ex-libris, em 1899, quando tinha quatorze anos de idade. (Comunicação pessoal de Lorenz Jung.)

4. Londres, 1923. Cf. "Alma e terra" (1927). *OC* 10/3, § 75.

mé, temos uma figura compensatória no inconsciente. Se houvesse somente uma figura má como Salomé, o consciente precisaria construir uma cerca para contê-la, uma atitude moral exagerada, fanática. Mas eu não tinha esta atitude moral exagerada, e por isso suponho que Salomé era compensada por Elias. Quando Elias me disse que ele esteve sempre com Salomé, pensei que era quase uma blasfêmia ele dizer isto. Tive a sensação de mergulhar numa atmosfera cruel e cheia de sangue.

Esta atmosfera cercava Salomé e ouvir Elias declarar que ele sempre estivera em sua companhia chocou-me profundamente. Elias e Salomé estão juntos porque são pares de opostos. Elias é uma figura importante no inconsciente do homem, não no da mulher. Ele é o homem com prestígio, o homem com um baixo limiar de consciência ou com notável intuição. Numa sociedade superior ele seria o homem sábio; compare-se com Lao-tse. Ele tem a capacidade de entrar em contato com os arquétipos. Ele estará cercado de mana e estimulará outros homens, porque toca os arquétipos nos outros. Ele é fascinante e tem uma vibração em sua volta. Ele é o homem sábio, o feiticeiro, o homem do mana.

Mais tarde, no decurso da evolução, este homem sábio se torna uma imagem espiritual, um deus, "o velho das montanhas" (compare-se com Moisés descendo da montanha como legislador), o feiticeiro da tribo. Ele é o legislador. Até Cristo esteve em companhia de Moisés e Elias em sua transfiguração. Todos os grandes legisladores e mestres do passado, como, por exemplo, os Mahatmas do ensino teosófico, são considerados pelos teosofistas como elementos espirituais ainda em vida[5]. Assim os teosofistas supõem que o Dalai-Lama é uma destas figuras. Na história da gnose, esta figura desempenha um grande papel e todas as seitas afirmam terem sido fundadas por uma figura assim. Cristo não é inteiramente apropriado; ele é jovem demais para ser o Mahatma. O grande homem precisa receber um outro papel. João Batista foi o grande homem sábio, mestre e iniciador, mas foi despotencializado. O mesmo arquétipo reaparece em Goethe como Fausto e como Zaratustra em Nietzsche, onde Zaratustra veio como castigo. Nietzsche foi agarrado pela repentina animação do grande homem sábio. Este desempenha um papel importante na psicologia do homem, como eu disse, mas infelizmente um papel menos importante do que o desempenhado pela anima.

A serpente é o animal, mas o animal mágico. Dificilmente há alguém cuja relação com uma serpente seja neutra. Quando alguém pensa numa serpente, está sempre em contato com o instinto racial. Os cavalos e os macacos têm fobia de serpente, como o homem tem. Em regiões primitivas pode-se ver facilmente por que

---

5. Acredita-se que os Mahatmas, ou Mestres, são instrutores espirituais moradores do Tibet que fundaram a teosofia. Cf. CAMPBELL, B.F. *Ancient Wisdom Revived*: A History of the Theosophical Movement. Berkeley, 1980, p. 53-54. Para o ceticismo de Jung a respeito da teosofia, cf. *Tipos psicológicos*. OC 6, § 662. • *Dream Analysis*, p. 56, 60.

o homem adquiriu este instinto. Os beduínos têm medo de escorpiões e trazem amuletos para se proteger, especialmente pedras de certas ruínas romanas. Portanto, sempre que aparece uma serpente, deve-se pensar num sentimento primordial de medo. A cor negra combina com este sentimento e também com o caráter subterrâneo da serpente. Ela está escondida e, por isso, é perigosa. Como animal, ela simboliza algo inconsciente; é o movimento instintivo ou tendência instintiva; mostra o caminho para o tesouro escondido, ou guarda o tesouro. O dragão é a forma mitológica da serpente. A serpente exerce um apelo fascinante, uma atração peculiar através do medo. Algumas pessoas são fascinadas por este medo. Coisas que são assombrosas e perigosas exercem uma atração extraordinária. Esta combinação de medo e atração aparece, por exemplo, quando um pássaro é hipnotizado por uma cobra, porque o pássaro mergulha voando para combater a cobra e então fica atraído e é pego por ela. A serpente mostra o caminho para coisas escondidas e expressa a libido introvertida, que leva o homem a ultrapassar o ponto de segurança e os limites da consciência, expressos pela cratera profunda.

A serpente é também o Yin, o poder feminino negro. Os chineses não usam a serpente (o seja, o dragão) como símbolo para o Yin, mas para o Yang. Na tradição chinesa, o Yin é simbolizado pelo tigre e o Yang pelo dragão.

A serpente desvia o movimento psicológico aparentemente para o reino das sombras, dos mortos e das imagens erradas, mas também para a terra, para a concretização. Ela torna as coisas reais, as faz existir, à maneira do Yin. Visto que a serpente leva para as sombras, ela tem a função da anima; ela leva a pessoa para as profundezas, conecta o em cima e o embaixo[6]. Existem paralelos mitológicos. Certos negros chamam a alma de "Minha serpente" – eles dizem: "Minha serpente me disse", querendo com isso dizer: "Tive uma ideia". Por isso, a serpente é também o símbolo da sabedoria, ela fala a palavra sábia das profundezas. Ela é totalmente ctônica, totalmente telúrica, como Erda, filha da terra. Os heróis mortos transformam-se em serpentes no mundo do além.

Na mitologia aquilo que havia sido o colibri devora-se a si mesmo, entra na terra e surge novamente. O pássaro Semenda[7], como a fênix, queima-se a si mesmo

---

6. *2012*: No *Livro Negro* 6, a alma de Jung explicou-lhe a 16 de janeiro de 1916: "Se eu não estiver composto através da união do embaixo com o de cima, divido-me em três pedaços: a serpente, e como tal ou em outra forma animal vagueio à toa, vivendo demoniacamente a natureza, inspirando pavor e ansiedade. A alma humana, o sempre vivente contigo. A alma celestial, que como tal posso ficar junto aos deuses, longe de ti e desconhecida de ti, aparecendo na forma de pássaro. Cada um destes três pedaços é autônomo" (reproduzido em *Liber Novus*, p. 370). Num episódio ocorrido por essa época, Jung anotou: "Dividiu-se então minha alma, como pássaro levantou voo para os deuses superiores e como serpente desceu rastejando para os deuses inferiores" (ibid., p. 358).

7. Cf. "Sobre o simbolismo do mandala" (1950). *OC* 9/1, § 685.

a fim de renovar-se. Das cinzas sai a serpente e da serpente o pássaro novamente. A serpente é a transição: aquilo que é de origem divina volta novamente a ser pássaro. A serpente envolve o barco de Ra. Na Viagem Noturna, na sétima hora, Ra precisa combater a serpente. Ra é apoiado pelo ritual dos sacerdotes: se ele mata a serpente, o sol nasce; se não o conseguir, o sol não nasce nunca mais.

A serpente é a personificação da tendência a entrar nas profundezas e entregar-se ao sedutor mundo das sombras.

Eu já entabulara uma conversa interessante com o velho; e, contra todas as expectativas, o velho assumiu uma atitude um tanto crítica em relação à minha maneira de pensar. Ele disse que eu tratava os pensamentos como se eu próprio os tivesse produzido; mas, de acordo com a sua opinião, os pensamentos são como animais numa floresta, ou pessoas numa sala, ou pássaros no ar. Ele disse: "Se você vê pessoas numa sala, você não dirá que você fez essas pessoas, ou que você foi responsável por elas"[8]. Só então aprendi a objetividade psicológica. Só então pude dizer a um paciente: "Fique tranquilo, algo está acontecendo". *Existem* coisas como ratos numa casa. Você não pode dizer que está errado quando tem um pensamento. Para compreender o inconsciente precisamos ver nossos pensamentos como acontecimentos, como fenômenos. Precisamos ter perfeita objetividade.

Algumas noites mais tarde, senti que as coisas iriam continuar; por isso, novamente procurei seguir o mesmo procedimento, mas *ele* não desceu. Permaneci na superfície[9]. Então percebi que eu tinha um conflito dentro de mim a respeito de descer, mas não consegui entender o que era; só senti que dois princípios negros estavam lutando entre si, duas serpentes. Havia um cume de montanha, um gume de faca, num lado uma região deserta ensolarada, no outro lado escuridão. Vi uma serpente branca no lado claro e uma serpente negra no lado escuro. Elas se encontraram para lutar na cumeeira estreita. Seguiu-se um combate medonho. Finalmente a cabeça da serpente negra tornou-se branca e ela retirou-se derrotada. Eu senti: "Agora podemos continuar". Então o velho apareceu no alto da cumeeira rochosa. Subimos bastante e chegamos a um muro gigantesco, enormes

---

8. *2012*: Jung está se referindo ao seguinte diálogo: "Eu: 'A ideia foi muito longe, e eu temo ideias que voam longe. São perigosas, pois sou um ser humano, e tu sabes que as pessoas estão muito acostumadas a considerar ideias como coisas próprias suas, de modo que acabam se confundindo afinal com elas'. / E: 'Vais confundir-te com uma árvore ou um animal, só porque os vês e porque eles vivem contigo num mesmo mundo? Precisas ser tuas ideias, porque vives no mundo de tuas ideias? Tuas ideias estão tão fora de teu si-mesmo quanto as árvores e os animais estão fora de teu corpo'. / Eu: 'Entendo. Meu mundo das ideias foi para mim mais palavra do que mundo. Eu pensei de meu mundo das ideias: elas são eu'. E: 'Dizes a teu mundo humano e a cada ser fora de ti: tu és eu?'" (*Liber Novus*, p. 249).

9. *2012*: Cf. *Liber Novus*, p. 251s.

pedras empilhadas num grande círculo. Pensei: "Ah! Este é um lugar sagrado dos druidas". Entramos por uma abertura e nos encontramos numa grande praça, com um altar druida formando uma elevação. O velho subiu no altar. Imediatamente ele ficou pequeno e o altar também, enquanto os muros ficavam cada vez maiores. Então vi uma pequena casa perto dos muros e uma mulher pequena, muito pequena, como uma boneca, que vinha a ser Salomé. Vi também a serpente, mas ela também era muito pequena. Os muros continuaram a crescer e então percebi que eu estava no mundo do além, que os muros eram os paredões de uma cratera e que esta era a casa de Salomé e Elias. Durante todo este tempo eu não cresci, mas conservei meu próprio tamanho. Enquanto os muros cresciam, Salomé e Elias ficaram um pouco maiores. Dei-me conta de que eu estava nos alicerces do mundo. Elias sorriu e disse: "Pois bem! É a mesma coisa, em cima e embaixo".

Então aconteceu uma coisa sumamente desagradável. Salomé ficou muito interessada em mim e supôs que eu poderia curar sua cegueira. Ela começou a venerar-me. Eu disse: "Por que você me venera?" Ela respondeu: "Você é o Cristo". Apesar de minhas objeções ela manteve o que dissera. Eu disse: "Isto é uma loucura" e me opus com ceticismo. Então vi a serpente aproximar-se de mim. Ela chegou perto e começou a envolver-me e apertar-me em seus anéis. Os anéis foram subindo e chegaram até o meu coração. Dei-me conta de que, enquanto lutava, eu havia assumido a postura da crucifixão. Na agonia e na luta, suei tão abundantemente que a água escorria por todo o meu corpo. Então Salomé levantou-se e ela conseguia ver. Enquanto a serpente me apertava, senti que meu rosto assumira o rosto de um animal predador, um leão ou um tigre[10].

A interpretação destes sonhos é a seguinte: Primeiramente a luta das duas serpentes: a branca significa um movimento para o dia, a negra um movimento para o reino das trevas, também com aspectos morais. Havia um conflito real em mim, uma resistência a descer. Minha tendência mais forte era de subir. Já que eu ficara

---

10. *2012*: Jung está se referindo ao episódio seguinte: "Em torno do pé da cruz movimenta-se a serpente negra – em redor dos meus pés ela se enroscou – eu estou enfeitiçado e abro meus braços. Salomé se aproxima. A serpente enrolou-se ao redor de todo o meu corpo, e minha aparência é a de um leão. / Salomé diz: 'Maria foi a mãe de Cristo, entendes?' / Eu: 'Eu vejo que uma força terrível e incompreensível me obriga a imitar o Senhor em seu último padecimento. Mas como poderia atrever-me a chamar Maria de minha mãe?' / S: 'Tu és Cristo'. / Estou parado em pé, com os braços abertos como um crucificado, meu corpo apertado e horrivelmente enrolado pela serpente: 'Tu, Salomé, dizes que sou Cristo?' / Sinto-me como se estivesse sozinho em pé, num alto monte, com os braços rígidos e abertos. A serpente aperta meu corpo com seus anéis aterradores, e o sangue jorra de meu corpo em fontes nos lados do monte para baixo. Salomé curva-se sobre meus pés e os envolve com seus cabelos negros. Fica muito tempo assim deitada. De repente ela grita: 'Eu vejo luz!' Realmente ela enxerga, seus olhos estão abertos. A serpente cai de meu corpo e jaz como morta no chão. Passo por cima dela e me ajoelho aos pés do profeta, cujo semblante brilha como chama" (*Liber Novus*, p. 252).

tão impressionado no dia anterior com a crueldade do lugar que tinha visto, tive realmente uma tendência a encontrar um caminho até o consciente subindo, como fiz na montanha. A montanha era o reino do sol e o muro circular era o vaso onde as pessoas haviam recolhido o sol.

Elias havia dito que embaixo ou em cima era exatamente a mesma coisa. Compare-se com o *Inferno* de Dante[11]. Os gnósticos expressam esta mesma ideia no símbolo dos cones invertidos. Assim, a montanha e a cratera são semelhantes. Não havia nada de estrutura consciente nestas fantasias, elas eram apenas acontecimentos que ocorriam. Por isso suponho que Dante buscou suas ideias nos mesmos arquétipos. Eu vi estas ideias muitas vezes em pacientes – o cone superior e o cone inferior, coisas em cima e coisas embaixo.

A aproximação de Salomé e sua veneração por mim é obviamente esse lado da função inferior, que é cercado por uma aura de maldade. Senti suas insinuações como uma sedução sumamente má. A pessoa é assaltada pelo medo de que isto talvez seja loucura. É assim que a loucura começa, isto é loucura. Por exemplo, num livro russo existe uma história de um homem que teme ficar louco[12]. Deitado na cama à noite, ele vê uma área brilhante de luar no meio do quarto. Ele diz para si mesmo: "Se eu sentar ali e latir como um cachorro, então eu seria louco, mas não estou fazendo isto e por isso não sou louco". Então ele tenta afastar este pensamento, mas pouco depois diz para si mesmo: "Eu poderia sentar ali e latir como um cachorro, com pleno conhecimento e por escolha, e ainda assim eu não seria louco". Novamente ele tenta afastar o pensamento, mas por fim não consegue mais resistir – levanta-se e senta ao luar e late como um cachorro, e então ele é louco.

Você não pode tomar consciência destes fatos inconscientes sem entregar-se a eles. Se você consegue superar seu medo do inconsciente e descontrair-se, então estes fatos assumem uma vida própria. Você pode ser dominado por estas ideias a ponto de ficar realmente louco, ou quase. Estas imagens têm tanta realidade que se recomendam a si mesmas e um significado tão extraordinário que a pessoa fica presa. Elas fazem parte dos mistérios antigos; com efeito, foram estas figuras que fizeram os mistérios. Comparem-se os mistérios de Ísis contados por Apuleio[13] com a iniciação e a deificação do iniciado.

---

11. A referência é à concepção que Dante tem da forma cônica da cavidade do Inferno, com seus círculos, refletindo inversamente a forma do céu, com suas esferas.

12. A história, como está relatada, não pode ser localizada em nenhum escritor russo, embora estudiosos eslavos consultados concordem que ela pode ser uma reminiscência deturpada de uma história de Leonid Andreyev, intitulada "O assobio".

13. APULEIO, L. *O asno de ouro*, XI. Cf. *Símbolos da transformação. OC* 5, § 102, n. 52. • *Psychology of the Unconscious*, 1916, p. 496, n. 30.

O temor respeitoso cerca os mistérios, particularmente o mistério da deificação. Este era um dos mais importantes entre os mistérios; dava o valor imortal ao indivíduo – dava certeza da imortalidade. O indivíduo adquire um sentimento peculiar pelo fato de passar por tal iniciação. A parte importante que levou à deificação foi o fato de a serpente me envolver. A performance de Salomé foi deificação. O rosto de animal em que, conforme senti, o meu rosto se transformou foi o famoso [Deus] Leontocéfalo dos mistérios mitraicos[14], a figura que é representada com uma serpente enrolada em torno do homem, a cabeça da serpente repousando sobre a cabeça do homem, e o rosto do homem sendo o de um leão. Esta estátua só foi encontrada nas grutas dos mistérios (as igrejas subterrâneas, os últimos vestígios das catacumbas). Originalmente as catacumbas não eram lugares de esconderijo, mas eram escolhidas como símbolos de uma descida ao mundo do além. Fazia parte também daquelas primitivas concepções que os santos deviam ser enterrados junto com os mártires a fim de descerem à terra antes de ressuscitar. Os mistérios dionisíacos têm a mesma ideia.

Quando as catacumbas decaíram, a ideia da igreja continuou. A religião mitraica também tinha uma igreja subterrânea e só os iniciados assistiam às cerimônias subterrâneas. Eram escavados buracos nas paredes da porção subterrânea a fim de que as pessoas leigas pudessem ouvir na igreja em cima aquilo que estava sendo dito pelos iniciados na igreja embaixo. A igreja inferior era mobiliada com divãs ou cubículos, dispostos um diante do outro. Na cerimônia eram usados sinos e pão marcado com uma cruz. Sabemos que eles celebravam uma refeição sacramental, na qual este pão era comido com água em vez de vinho. O culto mitraico era estritamente ascético. Nenhuma mulher era admitida como membro. É quase certo que o rito simbólico da deificação desempenhava um papel nestes mistérios.

O deus com cabeça de leão, envolvido pela serpente, chamava-se Aion, ou ser eterno. Ele deriva de uma divindade persa, Zrwanakarana[15], palavra que significa "a duração infinitamente longa". Um outro símbolo muito interessante neste culto é a ânfora mitraica com uma chama saindo dela e o leão num lado com a serpente no outro, ambos tentando alcançar o fogo[16]. O leão é o jovem, quente e seco sol de julho no auge da luz, o verão. A serpente é a umidade, a escuridão, a terra, o inverno. Eles são os opostos do mundo, tentando unir-se com o símbolo reconciliador

---

14. Cf. *OC* 5, § 425 e fig. 84. • *Psychology of the Unconscious*, p. 313s. *2012*: Este episódio foi comentado por Richard Noll em "Jung the *Leontocephalus*". *Spring*: A Journal of Archetype and Culture, 53, 1994, p. 12-60. Sobre a obra de Noll, cf. SHAMDASANI. *Cult Fictions*: Jung and the Founding of Analytical Psychology. Londres: Routledge, 1998.

15. Cf. *OC* 5, § 425 e fig. 84. • *Psychology of the Unconscious*, p. 313s.

16. Cf. *CW* 5, pl. LXIII.

que está entre eles. É o famoso simbolismo do vaso, um simbolismo que sobrevive até 1925 – cf. *Parsifal*. É o Santo Graal, chamado o Vaso do Pecado (cf. KING. *The Gnostics and their Remains*[17]). É também um símbolo dos primeiros gnósticos. É evidentemente um símbolo do homem, um símbolo das entranhas – as entranhas criativas do homem das quais brota o fogo. Quando os pares de opostos se unem, acontece algo divino e isso é a imortalidade, o tempo eterno e criativo. Onde quer que existe geração, existe tempo, e por isso Chronos é o deus do Tempo, do Fogo e da Luz.

Neste mistério de deificação você se transforma no vaso e você é um vaso de criação no qual os opostos se reconciliam. Quanto mais estas imagens são compreendidas, tanto mais você é dominado por elas. Quando as imagens vêm a você e não são entendidas, você está na sociedade dos deuses, ou se preferir, na sociedade lunática; você não está mais na sociedade humana, porque você não consegue exprimir-se. Só quando você puder dizer: "Esta imagem é assim e assim", só então você permanece na sociedade humana. Qualquer um pode ser agarrado por estas coisas e perder-se nelas – alguns desperdiçam a experiência dizendo que tudo é absurdo e perdem, com isso, o melhor valor, porque estas são as imagens criativas. Um outro pode identificar-se com as imagens e tornar-se um doente ou um idiota.

Pergunta: Qual é a data deste sonho?

Dr. Jung: Dezembro de 1913. Tudo isto é simbolismo mitraico do início ao fim. Em 1910 tive um sonho[18] de uma catedral gótica, na qual estava sendo celebrada uma missa. De repente toda a parede lateral da catedral desmoronou e manadas de gado, com cincerros tocando, entraram na igreja. Vocês podem recordar-se que Cumont[19] observa que, se algo tivesse conseguido desintegrar o cristianismo no século III, o mundo hoje seria mitraico.

---

17. KING, C.W. *The Gnostics and Their Remains, Ancient and Medieval*. Londres, 1864 [na biblioteca de Jung].

18. Não registrado (a não ser em Joan Corrie, *ABC of Jung's Psychology*, 1927, p. 80, onde é relatado como sendo deste seminário). Numa carta a Freud, de 28 de fevereiro de 1910, Jung escreveu: "Todo tipo de coisas está fervendo em mim, em particular a mitologia. [...] Meus sonhos divertem-se em símbolos que falam volumes".

19. CUMONT, F. *Textes et monuments figurés relatifs aux mystères de Mithra*. 2 vols. Bruxelas, 1894-1899. • *Die Mysterien des Mithra*, 1911 – ambos na biblioteca de Jung, como outras obras de Cumont. O interesse de Jung pelo mitraísmo é mencionado já em junho de 1910 em sua correspondência com Freud: cf. cartas 199a F e 200 J. Jung citou Cumont muitas vezes em *Wandlungen und Symbole*.

Preleção 13

PERGUNTAS E DISCUSSÃO

Dr. Jung:

Eu trouxe comigo alguns quadros feitos por um jovem americano que, na época em que os pintou, não tinha nenhum conhecimento de minhas teorias. Eu lhe disse simplesmente para tentar expressar em cores a condição interior de sua mente, que estava muito confusa. Não lhe foi prescrito nada quanto ao estilo como deveria pintar e eu lhe expliquei muito pouco sobre os quadros, a fim de não perturbar a ingenuidade de sua atitude a respeito deles.

Os quadros seguem uma série progressiva e, como vocês verão, são uma ulterior explicação da função transcendente, ou seja, um esforço para tornar consciente o conteúdo inconsciente. Eles mostram uma luta entre os pares de opostos, com uma tentativa de resolver o problema de unir os dois e, por isso, pertencem realmente à discussão que tivemos sobre os pares de opostos, mas eu não consegui obtê-los antes de hoje.

Primeiro quadro (cf. Diagrama 1)[1]: Neste quadro ele disse que sentiu claridade em cima; embaixo, algo movendo-se ou semelhante a uma serpente e depois o peso da terra; no meio havia vazio, escuridão. Podemos observar de passagem que só um americano poderia produzir um símbolo como este. O azul na parte superior do círculo inferior está associado ao mar – de fato ele não sente que está no mar na sua condição presente. O preto, o inconsciente, está associado à ideia do mal. Este quadro é típico da psicologia masculina: consciência em cima, sexo embaixo, nada no meio.

Segundo quadro: Dois círculos separados, um em cima e um embaixo. Isto mostra uma divisão completa, o Yang em cima e o Yin embaixo. No círculo inferior mostra-se uma tendência a desenvolver ornamentação primitiva.

---

1. Só o primeiro quadro é reproduzido na cópia original. Os originais não foram conservados.

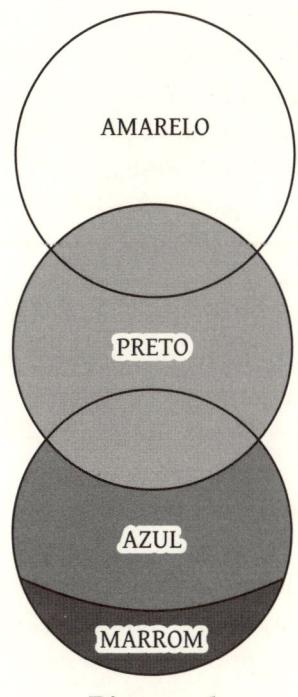

Diagrama 1

Terceiro quadro: Mostra uma tentativa de juntar as coisas. Cores Yang em cima, Yin embaixo, alguns sinais de vegetação mostrados num esforço por pintar uma árvore de cor verde. Serpentes estão avançando a partir de baixo.

Quarto quadro: Aqui está uma tentativa muito vigorosa de juntar as coisas. Os dois princípios, Yang e Yin, unem-se numa figura em forma de estrela. O problema da intuição-sensação é mostrado numa forma vertical de desenho. Assim que aparecem no desenho formas horizontais temos a aparição das funções racionais, porque elas estão sobre a nossa terra.

Quinto quadro: Aqui aparece uma característica indiana ou primitiva mais típica. Aparecem "pássaros da alma"; precisa-se de animais úteis. Em desenhos anteriores ele chegou a uma impossibilidade, porque uma função racional não pode ser assumida diretamente por um tipo irracional; por isso, ele tem pássaros. O Yang quase desapareceu, os pássaros estão no centro. Na terra mostra-se um movimento peculiar: canais, serpentes, talvez raízes. Os pássaros mostram uma tendência instintiva. Se ele consegue ver que existem alguns pássaros úteis em volta, isto significa para ele mais do que qualquer função racional.

Sexto quadro: No quadro anterior ele abordou a esfera da terra. Aqui ele está profundamente nela. A terra chega até o céu, as nuvens escondem o sol, mas o Yang desce para a terra, até às profundezas do mar. No alto está um homem olhando para ver se pode pular para as profundezas do inconsciente. Os conteúdos inconscientes são sentidos como peixes. Não existe nenhuma ligação entre o ponto de vista do homem e as profundezas; ele não é capaz de dar o pulo.

Sétimo quadro: Aqui o homem deu o pulo. Mas é ar, não água; é um deserto, caveiras estão presentes. O homem é preso ao solo com bolas de ferro. Toda a vida aparece em cima. Isto significa que ir ao outro extremo é tão desastroso e cheio de morte como se tivesse permanecido em cima. Ele está nas entranhas da terra.

A produção destes quadros é uma estimulação das camadas primitivas da mente e o indivíduo chega a impulsos instintivos com isso. Os quadros mostram uma acentuada influência do Oriente, que geralmente é característica da psicologia americana em oposição à europeia. Nenhum europeu poderia ter produzido estes desenhos.

(Seguiu-se alguma discussão quanto às maneiras como as várias raças tendem a reagir diante das culturas primitivas com as quais entram em contato.)

A América do Norte e a América do Sul seguiram caminhos muito diferentes a este respeito. O anglo-saxão se mantém longe do primitivo, enquanto o latino desce ao seu nível. Entrei em contato com alguns problemas psicológicos muito estranhos que ilustram isto. O que vem a seguir mostrará a vocês algo do que acontece na América do Sul.

Certa vez fui consultado por uma família sul-americana quanto à condição de seu filho, cujos amigos o haviam deixado quase maluco. Os pais eram austríacos e foram para a América do Sul só depois do casamento. Em sua casa prevaleciam as tradições europeias, mas fora dela tudo era indígena, porque os habitantes latinos não se haviam oposto àquelas influências. Era costume das famílias indígenas mandar seus filhos à cidade para trabalhar por um pequeno salário ou por salário nenhum e, no caso das meninas, isso significava inevitavelmente abuso sexual.

Este estilo de vida irritou terrivelmente o filho destes austríacos e ele procurou um professor de quem gostava muito para pedir-lhe conselho. O professor perguntou-lhe se ele tinha um mascote e, evidentemente, ele não tinha, e por isso deu-lhe um. O professor lhe disse que ele precisava tomar este mascote, que era uma boneca, e assumir a incumbência de aumentar-lhe a força todo o tempo e, quanto mais forte se tornasse a boneca, tanto mais diminuiriam as dificuldades e aborrecimentos do rapaz. A primeira coisa que ele deveria fazer com ela era carregá-la nos braços pelas ruas e isso o rapaz fez, embora sentindo muita vergonha. Depois ele levou-a ao professor e perguntou-lhe se havia algo mais a fazer, e foi-lhe dito que havia. A boneca ainda não era suficientemente forte. Ele devia levá-la a uma grande celebração que estava para ser feita ao presidente da república e ele devia atravessar o cordão de policiais e sacudir três vezes a boneca diante do presidente. O rapaz fez isso e, naturalmente, meteu-se em apuros com a polícia, mas foi solto quando os policiais descobriram que o caso tinha a ver apenas com o fortalecimento de um mascote. O rapaz voltou ao professor. Não, a boneca ainda não estava tão forte como devia estar! Ele devia agora encontrar uma menina e estrangulá-la contra a boneca até ficar quase morta. Então a força de sua agonia, ao aproximar-se da morte, iria passar para a boneca e esta ficaria realmente forte. O rapaz entrou em colapso após esta última prova, mas ficou com medo de dizer qualquer coisa, porque, se o fizesse, toda a força sairia da boneca e, por isso, continuou numa condição completamente neurótica até que seus pais precisaram buscar ajuda.

A mãe do rapaz era católica, mas seria absurdo dizer que a Igreja apoiava tais coisas. O clero espanhol é e sempre foi terrivelmente supersticioso nestes países latino-americanos. Podemos encontrar coisas como aquilo que descrevi acontecendo em todos estes países e isto vem do fato de que os conquistadores juntaram-se em casamento com as nativas. Fazendo isso, os latinos conseguiram evitar a divisão entre o consciente e o inconsciente, mas perderam sua superioridade. Os anglo-saxões não se misturaram com os primitivos, mas no inconsciente caíram gradualmente no nível primitivo.

Pergunta da Srta. Taylor: 1) "Você acha que alguma evolução da religião mitraica pode tornar-se uma religião viva no futuro próximo?"

Dr. Jung: Não posso supor que alguma coisa como esta vá acontecer. Eu simplesmente mencionei a religião mitraica porque minhas fantasias estavam tão ligadas a ela. Em si esta religião é tão antiquada quanto possível. Ela só é relativamente importante por ser a irmã do cristianismo, que assimilou alguns elementos dela. É interessante registrar tanto os elementos que foram descartados quanto os que foram aceitos pelo cristianismo. O soar dos sinos na celebração da missa vem provavelmente do culto mitraico, no qual os sinos eram tocados a certa altura dos mistérios. Também o dia do Natal é uma festa mitraica. Nos primeiros tempos, o Natal ocorria a 8 de janeiro e era um dia tomado dos egípcios, o dia que celebrava o encontro do corpo de Osíris. Só em tempos posteriores, quando o culto mitraico estava sendo superado, é que os cristãos adotaram, para o seu Natal, o dia 25 de dezembro, o dia celebrado pelos seguidores de Mitras como o dia do *Sol invictus*. Para os primeiros cristãos, o Natal era a ressurreição do sol e só mais tarde, no tempo de Agostinho, Cristo foi identificado com o sol.

Pergunta da Srta. Taylor: 2) "A opinião que você expressou na última preleção é um desenvolvimento ulterior de uma opinião anterior de que os conteúdos do inconsciente podem ser deduzidos daquilo que está faltando no inconsciente?"

Dr. Jung: Sim. Mas não pretendo implicar uma contradição entre minha opinião anterior e o que eu disse outro dia sobre o fato de equilibrar o inconsciente. Simplesmente fui um passo além.

Não há dúvida de que, até certo ponto, o consciente pode ser deduzido do inconsciente e vice-versa. Se um sonho diz tal e tal coisa, temos motivos para dizer que a atitude consciente deve ter sido assim e assado. Se uma pessoa é apenas intelectual, ela deve ter reprimido os sentimentos no inconsciente e nós temos o direito de esperar encontrá-los ali.

Fui mais longe e afirmei que o inconsciente mostra ter em si um equilíbrio, para além do papel compensatório que ele desempenha para o consciente. Ou seja, não podemos dizer que os principais conteúdos do inconsciente são apenas um equilíbrio para o consciente, nem vice-versa. Por isso, é perfeitamente possível viver completamente no inconsciente como faz a maioria das pessoas, e prestar pouca ou nenhuma atenção ao inconsciente. Desde que o indivíduo consiga suportar os sintomas e inibições provocadas por essa vida, isso não importa.

Assim sendo, o equilíbrio no consciente consiste em examinar os processos. Você diz sim a esta coisa e não àquela outra. De maneira semelhante, se você toma um sonho, você pode encontrar um sim e um não também nele – é o que eu chamo de ambiguidade de um sonho; ele nunca está totalmente comprometido com uma coisa ou com a outra e, por isso, afirmo que o inconsciente é equilibrado em si mesmo quando funciona adequadamente. Em todos os casos em que o inconsciente é fortemente unilateral, é porque ele não está funcionando adequadamente. Um caso ilustrativo é o de Saulo e Paulo – se Saulo tivesse sido mais equilibrado em seu consciente, seu inconsciente teria tomado também um rumo diferente e não teria produzido o Paulo maduro da noite para o dia, por assim dizer.

Podemos seguir este mesmo princípio do equilíbrio em qualquer unidade independente que tem uma relação compensatória com outra – por exemplo, na relação mútua entre os homens e as mulheres. Não existe nenhum homem que não possa existir sem uma mulher – ou seja, ele traz dentro de si o necessário equilíbrio se for obrigado a viver sua vida dessa maneira e a mesma coisa se aplica a uma mulher em relação a um homem; mas, se um dos sexos quiser ter uma vida completa, ele exige o outro como um lado compensatório. A mesma coisa acontece com o consciente e o inconsciente e nós buscamos a análise exatamente para obter os benefícios da compensação que vem do inconsciente. Os primitivos mostram uma psicologia muito mais equilibrada do que nós, porque não fazem nenhuma objeção a deixar o irracional vir à tona, enquanto nós nos melindramos com isso. Às vezes um paciente fica muito indignado com a simples possibilidade de um sonho ou uma fantasia ter um conteúdo sexual, embora, na verdade, hoje se tenha tornado moda reconhecer a sexualidade. Mas é só um sonho mostrar uma crítica moral a respeito do indivíduo – digamos, que existe algo impuro e feio com ele – e surge a mesma reação violenta que costumava aparecer no caso de um sonho sexual.

Sr. Robertson: Não existe outra maneira de considerar o equilíbrio que ocorre no consciente? Ou seja, se todas as quatro funções estão em funcionamento, isso não significa equilíbrio?

Dr. Jung: Mas, mesmo se todas as quatro funções estão em funcionamento, existem coisas que são esquecidas e o inconsciente as contém. Existe em algumas pessoas uma tendência a fazer o inconsciente carregar o que propriamente pertence ao consciente e isto sempre transtorna o funcionamento do inconsciente. Essas pessoas poderiam remover muita coisa tanto do inconsciente pessoal quanto do inconsciente coletivo e, assim, libertar o inconsciente para funcionar mais normalmente. Por exemplo, podemos topar com pessoas que pensam que nasceram sem um sentimento religioso e isto é exatamente tão absurdo como se dissessem que nasceram sem olhos. Isso significa simplesmente que elas deixaram todo esse lado de si mesmas no inconsciente. Se você tira estas coisas do inconsciente e as traz para o consciente, neste caso, como eu disse, as funções inconscientes são favorecidas. Outro exemplo: sempre ouvimos pessoas que tiveram alguma experiência de análise dizerem: "Não vou decidir a respeito disso, vou ver o que meus sonhos dizem". Mas existe uma porção de coisas que pedem decisões do consciente e a respeito das quais é idiotice "entregar" ao inconsciente a tarefa de uma decisão.

Este ato de libertar o inconsciente de elementos que pertencem de fato ao consciente é grandemente facilitado por todas as antigas práticas dos mistérios. Todos os que passam pelas cerimônias de iniciação com a atitude correta encontram nelas uma qualidade mágica, que se deve simplesmente ao efeito que elas causaram sobre o inconsciente. Alguém pode desenvolver intuições extraordinárias através do alívio que chega desta maneira ao inconsciente. O indivíduo pode até chegar à clarividência; mas, quando é incrementado um dom como este último, ele torna a pessoa permeável a todo tipo de condições atmosféricas que podem resultar na miséria desse indivíduo. Quando a vida se torna insuportavelmente empobrecida, as pessoas buscam essas ampliações de forças, muitas vezes apenas para amaldiçoar o destino quando as conseguiram; mas quando alguém tem fervor, ele acolhe com prazer a intuição. Aqueles de vocês que ouviram a última preleção do Dr. Radin[2] se lembram do caminho em ziguezague que foi encontrado depois de passar o quarto alojamento na Dança da Medicina [entre os índios norte-americanos, dança ritual para expulsar uma doença ou fazer uma mágica]. No final do quarto alojamento, o iniciado recebeu altas honras e conseguiu um grande au-

---

2. Não foram descobertos registros de palestras de Radin, mas é evidente aqui que um tema foi o Rito da Medicina da tribo Winnebago, do Centro-Oeste americano. Cf. RADIN. *The Road of Life and Death*: A Ritual Drama of the American Indians. Nova York, 1945 [B.S. V]. Para um relato das relações de Radin com Jung e como aconteceu que ele frequentou o seminário, cf. a Introdução de McGuire, acima.

mento de forças e agora o caminho fica cheio de obstáculos apavorantes. Portanto, quando você alivia o inconsciente de conteúdos não realizados, você o libera para seu próprio funcionamento especial e ele prossegue como um animal. Você terá o caminho em ziguezague com todos os medos do primitivo a serem encontrados nele, mas você tem também toda a riqueza de sua experiência. Pois é um fato que, para o primitivo, a vida é muito maior do que para nós, porque não existe apenas a coisa, mas também seu sentido. Nós olhamos para um animal e dizemos que ele é de tal e tal espécie; mas, se soubéssemos que esse animal é nosso espírito irmão, isso seria para nós uma situação diferente. Ou então, estamos sentados na floresta e um besouro pousa em nossa cabeça. "Que chateação" é todo o comentário que isso provoca, mas para o primitivo existe um significado nesse acontecimento. Às vezes encontrei esta reação primitiva em meus pacientes – um sentido extraordinário da significatividade de coisas aparentemente triviais da natureza. Afinal de contas, um animal não é apenas uma coisa coberta de pele ou de pelos; é um ser completo. Pode-se dizer que um coiote não passa de um coiote, mas então aparece um que é o Sr. Coiote, um superanimal cheio de mana e forças espirituais. Assim diz o primitivo.

O inconsciente deveria atuar para nós como um superanimal. Quando alguém sonha com um touro, não deveria pensar apenas que este animal está abaixo do humano, mas também que está acima – ou seja, como algo divino.

***

Srta. Houghton: Se é possível uma pergunta aqui, eu gostaria de saber por que os americanos estão mais próximos do Extremo Oriente do que os europeus.

Dr. Jung: Em primeiro lugar, eles estão mais próximos geograficamente e, em segundo lugar, existem ligações artísticas muito mais fortes do Oriente com a América do que com a Europa e, por isso, os americanos estão vivendo no solo dessa raça.

Srta. Houghton: Você quer dizer do ponto de vista etnológico?

Dr. Jung: Sim. Fiquei muito impressionado com a semelhança que existe entre as mulheres indígenas dos Pueblos e as mulheres suíças do Cantão Appenzell, onde temos descendentes dos invasores mongóis. Esta pode ser uma maneira de explicar o fato de que algo na psicologia americana tende para o Oriente.

Dra. de Angulo: Isto não se explicaria a partir do consciente?

Dr. Jung: Sim. Poderia ser explicado também dessa maneira. Ou seja, os americanos, estando assim divididos, voltam-se para o Oriente em busca da expressão do inconsciente. Na América o apreço que se tem pelo que é chinês é extraordinário. Todo o meu conhecimento das coisas chinesas vem do lado anglo-saxão, não da Europa – da Inglaterra, é verdade, mas a América é uma extensão da Inglaterra.

PRELEÇÃO

Hoje quero apresentar a vocês um esquema para entender as figuras de que falei na última vez, ou seja, a anima e o velho sábio. Quando analisamos um homem, quase sempre chegamos a estas figuras se formos bastante a fundo. De início podemos não tê-las separadas – eu tive três figuras – mas podemos tê-las fundidas com um animal, digamos com uma forma feminina. Ou o animal pode ser dividido e pode ser uma figura hermafrodita. O velho e a anima são um só.

Todas estas figuras correspondem a certas relações do eu consciente com a persona e o simbolismo varia de acordo com as condições conscientes. Comecemos com o seguinte diagrama [2].

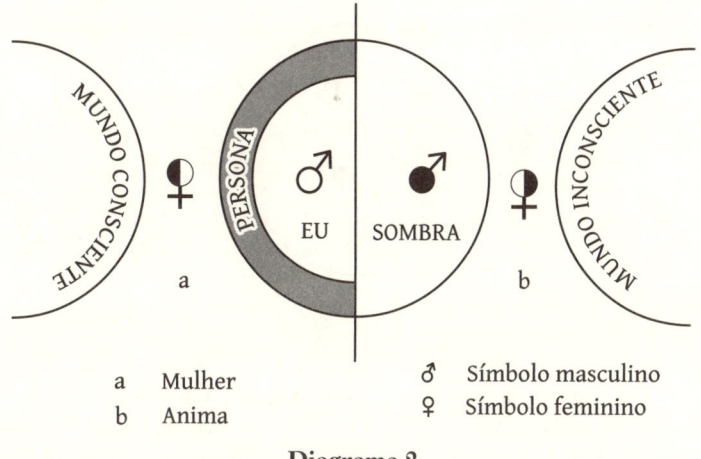

a	Mulher	♂	Símbolo masculino
b	Anima	♀	Símbolo feminino

Diagrama 2

Imaginemos que esta sala é a consciência: Eu me sinto como um ponto luminoso neste campo consciente de visão. Não estou ciente do que vocês pensam, por isso é um campo limitado em extensão – fora dele está o mundo da realidade tangível. Este mundo pode ser representado para mim através de um objeto; assim, se eu pergunto alguma coisa ao Sr. A., ele se torna minha ponte para esse mundo nesse instante específico. Mas, se pergunto a mim mesmo como estabeleço uma ligação absoluta ou incondicionada com o mundo, minha resposta é que só posso fazer isso quando sou passivo e ativo ao mesmo tempo, quando sou tanto vítima quanto ator. Isso só ocorre a um homem através da mulher. Ela é o fator que liga o homem à terra. Se alguém não se casa, pode ir para onde quiser; mas, logo que um homem se casa, ele deve estar num determinado lugar, deve criar raízes.

Este campo de visão de que falo é meu campo de ação e, até onde minha ação se estende, eu estendo meu campo de influência. Esta é minha máscara; mas, quando sou ativo, minha ação só pode chegar até você se você a receber, e assim você ajuda a fazer minha aparição – eu não posso fazer isso sozinho. Em outras palavras, eu crio uma casca ao meu redor devido à minha influência sobre você e à sua sobre mim. A isto chamamos de persona. O fato de existir uma casca não é uma fraude intencional; deve-se simplesmente ao fato de que existe um sistema de relações pelo qual eu nunca estou separado do efeito do objeto sobre mim. Na medida em que você vive num mundo, você não pode esquivar-se de formar uma persona. Você pode dizer: "Não quero ter tal e tal persona"; mas, quando você descarta uma, você adquire outra – a não ser, é claro, que você viva no Everest. Você só pode aprender quem você é através dos efeitos que você tem sobre outras pessoas. Desta maneira você cria sua personalidade. Basta isto quanto ao consciente.

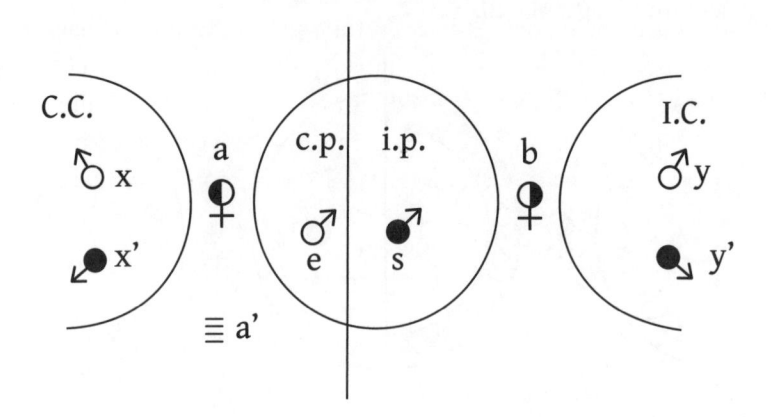

C.C.   = Consciente Coletivo
c.p.   = consciente pessoal
i.p.   = inconsciente pessoal
I.C.   = Inconsciente coletivo
x   = Aspecto positivo do C.C.
x'   = Aspecto negativo do C.C.
y   = Aspecto positivo do I.C.

y'   = Aspecto negativo do I.C.
a   = Mulher real ou objeto absoluto
a'   = Pluralidade de objetos absolutos
b   = Anima
e   = Eu
s   = Si-mesmo da sombra

Diagrama 3

No lado inconsciente precisamos trabalhar por inferência através dos sonhos. Precisamos adotar um campo de visão um tanto igual, mas um pouco peculiar, já que nunca somos exatamente nós mesmos nos sonhos; até mesmo o sexo nem sempre está claramente definido no inconsciente. Podemos presumir que existem coisas também no inconsciente, a saber, imagens do inconsciente coletivo. Qual a relação de você com estas coisas? Novamente é uma mulher. Se você abandona a mulher na realidade, você se torna vítima da anima. É este sentimento de inevitabilidade acerca de sua ligação com a mulher que o homem mais detesta. Exatamente quando ele tem certeza de ter-se libertado dela e de estar finalmente andando num mundo interior que é seu, eis que ele está no colo de sua mãe!

Preleção 14

Dr. Jung:

Continuarei a análise começada na última vez, usando um diagrama seme-lhante (cf. Diagrama 3). Como procurei mostrar pela cor escura e clara em *a* e *b*, um homem tem relações tanto positivas quanto negativas com a mulher real e com a anima. Geralmente, se sua atitude para com a mulher real é positiva, sua atitude para com a anima é negativa, e vice-versa. Mas com muita frequência acontece que ele tem para com a mulher uma atitude positiva e uma atitude negativa ao mesmo tempo, só que a negativa está escondida e é preciso tentar encontrá-la nas profun-dezas do inconsciente. Nos casamentos muitas vezes se observa, por exemplo, que este fator negativo começa como algo muito insignificante e depois, com os passar dos anos, se torna a coisa mais evidente acerca da relação, até finalmente acontecer a ruptura, embora durante todo o tempo as duas pessoas tenham tido a ilusão de um casamento sumamente harmonioso.

Encontramos o princípio da dualidade no consciente coletivo do homem, como procurei mostrar nos dois símbolos x e x'. Ou seja, em geral nossas leis e ideais são bons; por isso, quando procuramos investigar o mundo consciente do homem, chegamos primeiro ao símbolo positivo x. Se estudarmos detidamente a história podemos ficar muito impressionados com o alcance e magnitude das coisas realizadas na Igreja e no Estado. Se fôssemos falar em termos do homem primitivo, diríamos que houve um sábio conselho de anciãos que se encarregou destas coisas. Tomemos como amostra a missa católica. Se a estudarmos, devemos reconhecer que ela é uma das coisas mais perfeitas que possuímos. O mesmo se pode dizer de outras leis: existem nelas muitos aspectos que devem despertar nosso respeito e admiração. Mas isto não completa o quadro; não podemos evitar o fato de que estas coisas têm também um lado muito mau. Tomemos a bondade expressa no cristianismo, por exemplo. Ela é evidente para nós; mas saiamos de nossa própria pele e entremos na de um nativo da Polinésia, e o cristianismo parece realmente muito negro. Ou perguntemos aos hereges espanhóis queimados na fogueira para a glória de Deus o que eles pensam do cristianismo.

Voltando-nos para o lado do inconsciente, a dualidade da figura da anima é óbvia. Quando um homem conhece sua anima, ela é ao mesmo tempo noite e dia para ele. Como observamos tantas vezes em conexão com "She" de Rider Haggard, que é a figura clássica da anima, nunca podemos estar muito seguros seja de sua bondade ou de sua maldade; os que nos impressiona é ora a bondade, ora a maldade. A força de She está em grande parte na dualidade de sua natureza. Um homem pode, como eu disse, conhecer a mulher real também como luminosidade e escuridão; mas, quando vê numa mulher a qualidade mágica que é a essência de She, ele começa imediatamente a fazer tremendas projeções do inconsciente sobre ela.

Existe dualidade também na relação do homem com o inconsciente coletivo. Passando pela anima até o inconsciente coletivo chega-se à figura do velho sábio, o xamã ou feiticeiro. Geralmente o feiticeiro tem um lado muito benéfico. Quando o rebanho se perde, ele precisa saber como e onde encontrá-lo; se há necessidade de chuva, ele deve providenciar que ela ocorra. Além disso, ele precisa também assegurar a cura da doença. Em todos estes sentidos ele aparece como uma figura positiva, como mostrei no diagrama pelo y. Mas existe uma magia negra a levar em consideração e esta está estreitamente ligada ao mal; por isso temos muitas vezes y', que podemos chamar de mágico negro, separado de y.

Este aspecto dual sob o qual o inconsciente coletivo do homem pode apresentar-se chamou minha atenção de maneira muito viva através do sonho de um jovem estudante de teologia, a respeito do qual certa vez fui consultado[1]. Esse estudante estava num conflito de dúvidas, não sabendo se havia escolhido corretamente ao tornar-se ministro, se ele realmente acreditava como pensou que acreditava etc. Mas muitos de vocês ouviram este sonho antes, por isso não sei se vale a pena repeti-lo.

(Pediu-se que o sonho fosse repetido.)

Pois bem! O sonhador encontrou-se na presença de um velho venerável muito belo, vestido com uma túnica negra. Ele sabia que este homem era o Mago Branco. O velho mal havia terminado uma espécie de discurso, que o sonhador sabia que estar cheio de coisas belas, mas não conseguia lembrar muito bem o que fora dito, embora soubesse que o velho havia dito que seria necessário o Mago Negro. Nesse momento entrou outro velho muito belo, vestido de branco, e este era o Mago

---

1. Jung mencionou pela primeira vez este sonho na terceira das preleções dadas por ele em Londres, em 1924, sob os auspícios da New Education Fellowship: a primeira, a 10 de maio, como parte de uma conferência das sociedades educativas locais na British Empire Exhibition, recentemente aberta no subúrbio de Wembley; a segunda e a terceira, a 12 e 13 de maio, no Mortimer Street Hall, no West End (*Times Educational Supplement*, 3, 10 e 17 de maio de 1924). As preleções foram originalmente esboçadas por Jung em inglês e revisadas por C. Roberts Aldrich; foram publicadas primeiramente em alemão (1926), depois em inglês em *Contributions to Analytical Psychology* (1928), traduzidas (ao contrário destas preleções) por H.G. Baynes e Cary F. (de Angulo) Baynes. Para o sonho analisado aqui, cf. "Psicologia analítica e educação" (*OC* 17, § 208) e, mais detalhadamente, "Sobre os arquétipos do inconsciente coletivo" (1934; *OC* 9/1, § 71ss.).

Negro. Ele queria falar ao Mago Branco, mas, vendo o jovem ali, hesitou. Então o Mago Branco explicou imediatamente que o jovem era "um inocente" e que o Mago Negro podia falar com toda a liberdade diante dele. Então o Mago Negro contou que veio de um país onde reinava um velho rei e este velho rei, considerando sua morte próxima, começou a procurar uma cova conveniente e digna na qual deveria ser enterrado. No meio de alguns monumentos antigos topou com uma sepultura muito bela, que ele mandou abrir e limpar. Dentro encontraram o túmulo de uma virgem que vivera muitos séculos antes. Quando retiraram os ossos e estes vieram à luz do sol, imediatamente se transformaram num cavalo negro que fugiu para o deserto e não foi mais encontrado. O Mago Negro disse que ouvira falar a respeito deste cavalo e julgou muito importante encontrá-lo; por isso voltou ao lugar onde tudo isso acontecera e ali encontrou os rastros do cavalo. Seguiu-os até o deserto, durante muitos dias, até que chegou ao outro lado do deserto, e ali encontrou o cavalo preto pastando. Ao lado dele estavam as chaves para o Paraíso. Com estas ele viera até o Mago Branco em busca de auxílio, já que ele não sabia o que fazer com elas.

Este foi o sonho de um homem que não tivera nenhum contato com ideias analíticas. Por si mesmo começou a ter problemas que ativaram seu inconsciente desta maneira e, porque tinha uma aptidão poética não reconhecida, o conteúdo inconsciente assumiu esta forma, que sem essa aptidão não teria sido possível. Obviamente o sonho está cheio de sabedoria e, se eu tivesse analisado o jovem, ele certamente teria ficado impressionado com essa sabedoria e teria chegado a um profundo respeito pelo inconsciente.

***

Agora eu gostaria de tentar apresentar a vocês algo sobre a psicologia das mulheres, usando este mesmo diagrama, com umas poucas mudanças (cf. Diagrama 4).

Podemos dizer que o homem real é visto pela mulher em seu lado luminoso e que a relação dela com o homem real é uma relação comparativamente exclusiva – que, neste sentido, é justamente o oposto da relação típica de um homem com a mulher real. Num homem esta relação não é exclusiva. Quando o homem comum permite uma comparação de sua mulher com outras mulheres, ele diz: "Ela é minha esposa entre as mulheres". Para a mulher, contudo, o objeto que personifica o mundo para ela (*a* em nosso diagrama) é *meu* esposo, *meus* filhos, num mundo relativamente pouco interessante. Este esposo "único" tem um lado de sombra para a mulher, exatamente como vimos no caso do homem em relação à mulher real.

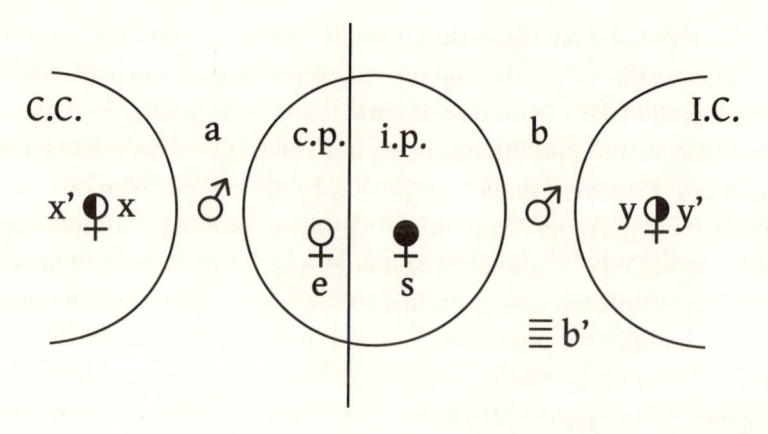

Os símbolos C.C., c.p., i.p. e I.C. permanecem os mesmos como no Diagrama 3.

x'x = Aspecto dual fundido do Consciente Coletivo
yy' = Aspecto dual fundido do Inconsciente Coletivo
a   = Homem real ou objeto absoluto
b   = Animus
b'   = Pluralidade de animus

Diagrama 4

De maneira semelhante, o animus tem um lado luminoso e um lado escuro; mas, equilibrando o homem único no consciente, temos no inconsciente da mulher uma multidão de figuras de animus. O homem entende sua relação com sua anima como um assunto altamente emocional, enquanto a relação da mulher com seu animus está mais no campo do Logos. Quando um homem é possuído por sua anima, ele se encontra dominado por sentimentos peculiares, não consegue controlar suas emoções, mas é controlado por elas. Uma mulher dominada por seu animus é uma mulher que é possuída por opiniões. Ela também não é muito discriminadora a respeito destas opiniões. Ela pode facilmente dizer: "Em mil novecentos e tanto, Papai me disse isto", ou: "Alguns anos atrás um homem de barba branca me disse que isto era verdade" e, assim, isto permanece verdade para ela por toda a eternidade. Isto é considerado um preconceito tácito por um homem que encontra este fenômeno numa mulher. É algo excessivamente desconcertante para ele e um tanto irritante por sua força e invisibilidade.

Pois bem! Chegamos à relação da mulher com o consciente coletivo. Como não tenho os sentimentos de uma mulher, talvez eu não seja competente para jogar muita luz sobre o que é essa relação; mas, visto que a família parece ser a base real da vida de uma mulher, talvez seja legítimo dizer que sua atitude para com o mundo do consciente é a de uma mãe. A mulher tem também uma atitude peculiar para com a natureza, muito mais confiante do que a do homem. Ela está sempre dizendo: "Ah! Tudo vai terminar bem", justamente quando um homem está prestes a explodir de angústia. Deve ser algo parecido com isto que explica o fato de haver três vezes mais suicídios entre os homens do que entre as mulheres. Mas sempre podemos constatar que, embora não exista na relação da mulher com o consciente coletivo a acentuada separação que ocorre no homem, ainda assim existe dualidade suficiente para permitir-nos construir um símbolo como $x'x$. Em outras palavras, a mulher vê que o velho deus querido que fará tudo terminar bem tem humores próprios, e por isso não se deve ser confiante demais. Este é o elemento do ceticismo, o lado da sombra. Os homens tendem a separar x e x' As mulheres tendem a uni-los. Se escutarmos uma discussão entre homens, sempre podemos ouvir que eles mantêm distintos o aspecto negativo e o aspecto positivo do tema; eles podem discutir ora um, ora o outro. Mas basta começarmos uma discussão com uma mulher em que a premissa traz consigo este princípio de discriminação e, em cerca de dois minutos, ela já bagunçou toda a nossa estrutura lógica, colocando o aspecto positivo bem no meio do campo do aspecto negativo e vice-versa. Também nunca conseguimos persuadi-la de que assim ela destruiu a lógica da discussão. Em sua maneira de pensar, os dois aspectos estão muito unidos. Esta luta por um princípio de unidade impregna todos os processos psicológicos dela, exatamente como o princípio oposto, o da discriminação, impregna os do homem.

Então, quando se trata do inconsciente da mulher, o quadro se torna deveras obscuro. Penso que novamente deve haver aqui a figura de uma mãe e novamente ela tem um aspecto dual, mas de maneira peculiar. Como vimos no caso do homem, ele tem a divisão precisa entre bom e mau, Cosmos e Caos, mas no inconsciente coletivo da mulher existe uma fusão do humano com o animal. Fiquei extraordinariamente impressionado com o caráter animal do inconsciente da mulher e tenho motivos para pensar que sua relação com o elemento dionisíaco é uma relação muito forte. Parece-me que o homem está realmente mais distante do animal do que a mulher – não que ele não tenha em si uma forte semelhança animal, mas esta não é tão psicológica como nas mulheres. É como se nos homens a semelhança animal parasse na medula espinhal, enquanto nas mulheres ela se estendesse para os estratos inferiores do cérebro; ou como se o homem mantivesse o reino animal nele existente abaixo do diafragma, enquanto nas mulheres ele se estendesse por todo o seu ser. Quando o homem vê este fato nas mulheres, presume imediatamente que a natureza animal das mulheres é exatamente igual à sua, e que a única diferença é que ela a tem em quantidade maior. Mas isto é um equívoco total, porque a animalidade delas contém espiritualidade, ao passo que no homem ela é apenas algo bruto. O lado animal da mulher é provavelmente como aquele que encontraríamos num animal como o cavalo, se pudéssemos ver esse animal a partir de seu interior, em vez de vê-lo apenas a partir do exterior como acontece que o vemos. Se pudéssemos ver a vida psíquica de um cavalo a partir de dentro, ela nos pareceria muito estranha. Mas um homem está sempre olhando para um animal a partir de fora – ele não tem em seu inconsciente a animalidade psíquica que a mulher tem no inconsciente dela.

Obviamente só pude fornecer-vos aqui um esboço do campo da psicologia das mulheres. Existem muitas perguntas que podem surgir em conexão com ela.

***

(Seguiu-se aqui uma discussão que tomou duas linhas gerais: em primeiro lugar, o fato de que os homens tendiam a separar os pares de opostos e as mulheres a manter uma relativa união deles, e, em segundo lugar, se o Dr. Jung fez ou não justiça ao grau de consciência que as mulheres alcançaram em seu mundo especial de sentimento.

Com relação ao primeiro ponto, o Sr. Schmitz disse que, a seu ver, a diferença essencial entre homens e mulheres era a seguinte: a mulher tinha um senso de polaridade dado a ela pela natureza, enquanto o homem o recebeu através do intelecto – em outras palavras, a mulher ainda era inconsciente e o homem consciente, e esta era a ideia básica da presença de Helena, ou a figura de uma anima, junto com o velho.)

Dr. Jung: Sim. Esta é a maneira como isto aparece aos homens, mas é preciso sempre lembrar-se que uma mulher pode ter uma espécie de consciência que o homem não entende e por causa disto temos os enganos típicos que um homem comete acerca das mulheres. Helena é apenas uma mulher do homem, ela é aquilo que um homem deseja, mas de maneira alguma aquilo que uma mulher chamaria de verdadeira mulher – ela é um artefato. Uma mulher real é uma pessoa totalmente diferente e, quando um homem vai contra esta última e projeta Helena sobre ela, a coisa simplesmente não se enquadra, e o desastre é inevitável.

***

O *Sr. Schmitz* opinou que não havia nada de tão estranho no tipo de consciência das mulheres, apenas que elas tinham esta inevitável tendência a misturar coisas que deveriam ser mantidas separadas.

Dr. Jung: Mas novamente isto é um preconceito masculino. O tipo de consciência que o homem desenvolveu tende à separação, ou discriminação, mas o princípio de união a que a mulher se apega não é necessariamente apenas um estado de inconsciência, como você insinua, embora seja perfeitamente verdade que, de maneira geral, as mulheres mostram muitas vezes relutância a tornar-se conscientes.

***

(A respeito do segundo ponto – a saber, se o Dr. Jung fez ou não justiça ao grau de consciência que as mulheres alcançaram no mundo do sentimento – foi dito o seguinte: enquanto ele mostrou muito claramente as discriminações que os homens alcançaram no campo do consciente coletivo, quando se tratou da mulher neste campo ele nos deixou um pouco com a impressão de que ela era uma criatura irremediavelmente amorfa. Alguns do grupo opinaram que, para ter um quadro completo, dever-se ia ter dado uma ênfase maior ao fato de que a mulher construiu um mundo de valores do sentimento no qual ela discriminava com tanta precisão como o homem discriminava no mundo do intelecto; e que para ela era tão desconcertante ver estes valores do sentimento pisoteados pelo homem sem sentimento, como muitas vezes acontecia, como era perturbador para o homem ver seus valores do intelecto "misturados" pela mulher que não reflete.)

Preleção 15

Dr. Jung:

Antes de ocupar-me com as perguntas, eu gostaria de confiar ao grupo uma tarefa que eu gostaria muito de vê-la assumida: é a análise de três livros escritos sobre o tema da anima: *She*, de Haggard; *L'Atlantide*, de Benoît; e *Das grüne Gesicht*, de Meyrink[1]. Eu gostaria que vocês escolhessem três comissões, com aproximadamente cinco pessoas cada uma, para estes três livros, devendo cada comissão escolher um moderador que apresentará as descobertas e conclusões do grupo. Se fizerem isto, vocês me darão uma boa ideia daquilo que vocês aproveitaram destas preleções. Vocês podem, é claro, proceder da maneira que acharem mais conveniente, mas eu gostaria de fazer as seguintes sugestões: 1) Em consideração às pessoas do grupo que talvez não tenham lido o livro específico a ser analisado, deveríamos ter um resumo dos conteúdos; 2) depois deveria haver uma caracterização e interpretação das *dramatis personae*; 3) a isto deveria seguir-se uma apresentação dos processos psicológicos envolvidos, das transformações da libido e do comportamento das figuras inconscientes do início ao fim. Sem dúvida, a apresentação do material levará cerca de uma hora e, depois, deveríamos ter cerca de meia hora para discussão.

(O grupo sugeriu que, em vez de ter todos os três livros sobre os problemas da anima, seria interessante ter um que tratasse do animus. Por recomendação do Dr. Jung, foi tomado um romance intitulado *The Evil Vineyard*, de Marie Hay[2], para substituir *Das grüne Gesicht*.)

---

1. HAGGARD, H.R. *She*. Londres, 1887. • BENOÎT, P. *L'Atlantide*. Paris, 1920. • MEYRINK, G. *Das grüne Gesicht*. Leipzig, 1916. Em seus escritos subsequentes, Jung citou muitas vezes as duas primeiras obras como exemplos excelentes da anima. Ao que parece ele topou pela primeira vez com o romance *L'Atlantide* por ocasião de sua viagem à Argélia e Túnis em março de 1920; cf. *Word and Image*, p. 151.

2. Nova York e Londres, 1923. A respeitável Agnes Blanche Marie Hay (1873-1938), uma inglesa, casou-se com um diplomata alemão, Herbert Beneckendorff und von Hindenburg. Entre seus livros estava uma vida crítica do poeta suíço Gottfried Keller (1920). Para um comentário sobre os romances de Hay, Haggard e Benoît, cf. "Alma e terra" (1927; *OC* 10/3, § 75-91). Para os relatos e discussão no seminário, cf. adiante, concluindo o apêndice à Preleção 16.

As comissões foram escolhidas da seguinte maneira (o moderador está indicado com §):

	Dra. Harding§		Sr. Aldrich§		Dra. Mann§
	Srta. Baynes		Sra. Zinno		Sr. Robertson
She	Dr. Bond	*L'Atlantide*	Srta. Houghton	*The Evil*	Srta. Hincks
	Sr. Radin		Srta. Sergeant	*Vineyard*	Sr. Bacon
	Dra. Ward		Sr. Bacon		Dra. de Angulo

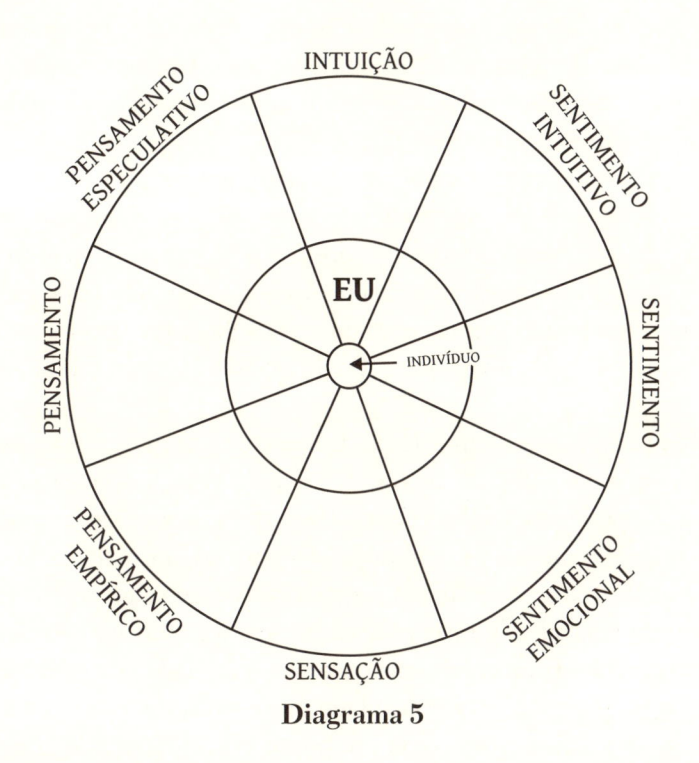

Diagrama 5

PRELEÇÃO[3]

O diagrama 5 é de uma condição ideal que nunca encontramos na realidade, ou seja, ele pressupõe uma consciência completa de todas as funções. Por isso representei as funções num único plano. No centro está um núcleo virtual que eu chamo de si-mesmo[4], que representa a totalidade ou soma dos processos conscientes e inconscientes. Isto está em contradição com o eu ou si-mesmo parcial, que não é concebido como estando em contato com os elementos inconscientes dos proces-

---

3. A clássica apresentação que Jung faz de sua teoria dos tipos funcionais encontra-se em *Tipos*, cap. X.
4. No diagrama: "indivíduo".

sos psicológicos. Porque o eu não está em contato com o lado inconsciente de nossa personalidade – ou seja, não necessariamente em contato com ela – muitíssimas vezes nós temos de nós mesmos uma ideia muito diferente daquela que os outros têm de nós, mesmo permitindo projeções. O inconsciente está desempenhando continuamente sua parte, às vezes até uma parte enfática, sem estarmos cientes da marca que ele deixa em nós. Com efeito, eu posso fazer coisas realmente muito complicadas sem saber que as fiz – como, por exemplo, ao andar pela rua, posso seguir atentamente meu caminho por entre uma multidão de pessoas e, no entanto, se depois de um ou dois quarteirões alguém me perguntar: "Por quantas pessoas você passou?", sou completamente incapaz de dizer. Contudo, cada pessoa com quem cruzei foi registrada separadamente em minha mente; eu simplesmente não fiz os resultados agirem sobre o meu eu.

De maneira semelhante, raras vezes procuramos tomar consciência das expressões de nosso rosto e durante todo o tempo estão emergindo do inconsciente coisas que são perfeitamente visíveis ao observador de fora, o qual muitas vezes acha difícil compreender nossa ignorância das coisas que ele pode ver tão claramente. Portanto, enquanto permanece em nós tanta coisa que não é levada em conta pelo eu, não se pode dizer que este último representa a totalidade dos processos mentais.

Evidentemente, não podemos ter toda a certeza de que possuímos este centro visual que eu supus existir; é algo que não é suscetível de provas. Em vez de um centro único, podemos ter dois ou, como na *dementia praecox*, uma multidão. Mas quando lidamos com um indivíduo completamente normal, existe sempre um centro para o qual as coisas conduzem e, quando acontece algo crítico, parece provir desse governo central. Algumas pessoas projetam a reação que recebem deste núcleo central de si mesmas como uma mensagem enviada por Deus. Este centro de autorregulação, portanto, é um postulado que é presumido.

Eu representei o si-mesmo como um ponto no centro do diagrama; mas ele poderia também ser imaginado como incluindo o todo, ou na verdade espalhando-se sobre o mundo inteiro. A filosofia hindu descreve o si-mesmo conforme eu o entendi como sendo menor do que pequeno e, no entanto, maior do que grande.

Voltando a atenção para o diagrama, vocês podem ver que eu arranjei as funções como setores do círculo. Comecemos com o *pensamento*[5], ou puro intelecto. Este, como função racional, está ligado à função irracional *intuição* por aquilo que chamamos de *pensamento especulativo*, ou pensamento intuitivo. Em seguida passamos ao oposto polar do pensamento, a saber, o *sentimento*, através do *senti-*

---

5. Itálicos acrescentados nesta passagem por motivos de clareza. O parágrafo é citado em CORRIE. *ABC of Jung's Psychology*, p. 29s.

mento intuitivo, e dali para o oposto polar da intuição, a *sensação*, via *emoção do sentimento*. A emoção é aquele tipo de sentimento que é uma condição fisiológica e que é percebida pela sensação. Da sensação voltamos novamente ao *pensamento* através de um tipo de pensamento que chamamos de *empírico*, isto é, pensamento voltado para o fato. Temos agora a concepção de que o pensamento passa, através de uma fácil transição, tanto para a intuição quanto para a sensação, ou vice-versa, mas está o mais afastado possível do sentimento.

Tentemos agora chegar a uma noção precisa do sentimento, embora, como observamos em preleções anteriores, esta seja uma tarefa cercada de dificuldades. Deseja o grupo apresentar voluntariamente algumas sugestões quanto à natureza essencial do sentimento?

***

(O grupo apresentou uma ou duas sugestões, mas, deve-se dizer, com mais entusiasmo pelo tema do que com sucesso no encontro de uma solução. De um ponto de vista, houve um esforço por definir o sentimento de maneira a mostrar que ele está presente em todas as outras funções; de outro ponto de vista, pensou--se que a definição devia ser de tal natureza que se aplicasse apenas ao sentimento. Concordou-se, de modo geral, que a definição do sentimento atualmente aceita na psicologia analítica – ou seja, como a função na qual são formulados os valores subjetivos – não era satisfatória e que uma definição satisfatória deve incluir o ideal de uma dinâmica existente entre sujeito e objeto. No final da preleção o grupo ainda estava profundamente imerso nesta discussão. Pediu-se ao Dr. Jung que apresentasse um breve sumário de seu ponto de vista.)

Dr. Jung: Minha opinião é que o sentimento é, por um lado, um tipo irracional de apreciação e, por outro, uma relação dinâmica.

Preleção 16

Dr. Jung:

Penso que existem alguns pontos a respeito das funções em geral que precisam de ulterior esclarecimento. Eu gostaria de falar agora das quatro funções em relação com a realidade, pois penso que cada uma delas traz ao sujeito um aspecto especial da realidade. Este diagrama (Diagrama 6), portanto, representa as quatro funções principais que emanam de um centro virtual e constituem, em sua totalidade, o sujeito.

O sujeito está suspenso num mundo de objetos e não pode ser pensado independentemente deles. Geralmente classificamos como objetos apenas aquelas coisas que pertencem ao mundo exterior, mas igualmente importantes são os objetos intrapsíquicos com os quais o sujeito está em contato. Pertencem a esta última categoria qualquer conteúdo consciente que escapou da consciência, e foi esquecido, como dizemos, ou reprimido, e todos os processos inconscientes. Existem sempre partes de nossas funções que estão dentro de nosso consciente e partes que estão fora de nosso consciente, mas ainda assim dentro da esfera da atividade psíquica.

Alguns destes objetos intrapsíquicos me pertencem realmente e, quando eu os esqueço, eles podem ser comparados a peças de mobília que se perderam. Mas alguns, por outro lado, são intrusos em meu ambiente psíquico e provêm do inconsciente coletivo. Ou o intruso pode vir do mundo exterior. Tomemos, por exemplo, uma instituição. Esta pode ser inconsciente e, portanto, um objeto que brota de mim mesmo, ou pode ter começado a partir de fora por alguma coisa dos arredores.

Obviamente, o mundo exterior não deixa de causar efeito sobre as funções. Se as sensações fossem apenas subjetivas e não fundadas na realidade, esta não carregaria consigo a convicção que ela carrega. Sem dúvida, nem todo senso de convicção repousa sobre o efeito derivado do objeto exterior. Às vezes existe também um forte elemento subjetivo, como provam as alucinações e ilusões observadas em casos patológicos. Mas a maior parte da convicção trazida pela sensação deriva da conexão da sensação com o fato trans-subjetivo ou objetivo na realidade. É da realidade como ela é que a sensação fala, não da realidade como poderia ter sido nem como poderia ser, mas como ela é *agora*. Por isso, a sensação dá apenas uma imagem estática da realidade e este é o princípio básico do tipo sensação.

Ora, a intuição traz consigo um sentimento semelhante de certeza, mas de um tipo diferente de realidade. Ela fala da realidade de possibilidades, mas para um tipo intuitivo esta é apenas uma realidade tão absoluta como a realidade que o fato estático possui. Visto que podemos testar a validade da intuição verificando se as possibilidades realmente ocorrem ou não, e já que milhões destas possibilidades a que se chegou pela intuição se realizaram, é legítimo para o tipo intuitivo avaliar sua função como meio de compreender uma das fases da realidade, ou seja, a realidade dinâmica.

Quando chegamos às funções racionais, as coisas ficam diferentes. O pensamento está baseado na realidade apenas indiretamente, mas mesmo assim pode trazer a mesma quantidade de convicção. Para uma pessoa que pensa, nada é mais real do que uma ideia. Existem certas ideias gerais ou coletivas das quais o pensador deriva seu julgamento e estas nós conhecemos como modos lógicos, mas estes por sua vez são derivados de alguma ideia subjacente; em outras palavras, os modos lógicos remontam a origens arquetípicas. Com efeito, seria difícil delinear sua história, mas algum dia, quando os homens forem mais inteligentes do que são agora, isso sem dúvida alguma será feito. Mas, se seguirmos a história do pensamento da maneira aproximada que nos é possível, podemos ver facilmente que todas as épocas reconheceram a existência das imagens primordiais. Para Kant elas eram os *noumena*, "das Ding an sich". Para Platão eram os *eidola*, os modelos que existiam antes de o mundo existir, e dos quais derivaram todas as coisas que existem no mundo.

O pensamento, portanto, deriva da realidade da imagem, mas será que a imagem tem realidade? Para responder a esta pergunta, recorramos ao campo da ciência natural, onde podemos encontrar abundantes sinais da força de uma imagem. Se cortarmos uma minhoca em duas, o segmento com a cabeça fará crescer uma nova cauda e o segmento da cauda fará crescer uma nova cabeça. Se destruirmos o cristalino do olho de uma salamandra, surgirá um novo cristalino. Nos dois casos deve-se supor que o organismo traz em si, de alguma forma, uma imagem de sua totalidade, totalidade esta que, quando perturbada, tende a ser restabelecida. Da mesma maneira, o fato de o carvalho desenvolvido estar contido na bolota sugere este princípio da imagem do todo. Naturalmente, o princípio de restabelecer a integridade do todo quando uma porção é amputada funciona dentro de limitações. A coisa que substitui é de um tipo mais arcaico que o original. Por isso, podemos dizer de modo geral que, se uma forma diferenciada é removida, o órgão que substitui remonta a um nível mais primitivo. A mesma coisa acontece psicologicamente. Ou seja, assim que pomos de lado a função mais diferenciada, voltamos ao nível arcaico. Podemos ver algo assim até numa coisa tão simples como a progressão de um argumento. Se não conseguimos convencer por meio do pensamento lógico, nós o abandonamos e recorremos a meios mais primitivos, ou seja, engrossamos a voz, lançamos mão de expressões correntes, nos tornamos sarcásticos ou mordazes. Em outras palavras, falhando nossos meios refinados, pegamos o martelo e as pinças da emoção.

Diagrama 6

Voltando a esta questão das imagens, encontramos na natureza algo que corresponde ao princípio nelas envolvido. Quando aplicamos a concepção apenas ao pensamento, supomos que as imagens são estáticas. Os grandes filósofos sempre falaram delas como sendo eternas. São estas imagens estáticas que fundamentam o pensamento. Podemos chamá-las, se preferirmos, de Logos.

O sentimento, como vimos, tem também sua convicção de realidade, ou seja, ele tem a ver com um fato trans-subjetivo. Se lhe tirarmos certos aspectos, ele pode apresentar uma semelhança com o pensamento, mas esta é apenas uma conexão aparente, não uma conexão real. Assim, por exemplo, posso tomar o conceito de liberdade e mostrar que ele é um conceito estático altamente abstrato; ou seja, posso mantê-lo como uma ideia, mas a liberdade pode transmitir também um sentimento poderoso. Da mesma maneira, a expressão "meu país" pode ser tomada abstratamente ou emocionalmente. Desta maneira, a maioria de nossas ideias gerais são valores de sentimento e também imagens intelectuais, e por isso podemos dizer que o subjacente fato do sentimento é uma imagem dinâmica. Isto significa que ele é uma imagem que funciona, ele tem força motriz. Uma declaração abstrata de sentimento não move, ela é estática. Se eu defino Deus como a totalidade imutável de todos os processos mutáveis, o que tenho senão uma ideia totalmente estática? Mas é fácil imaginar Deus como uma imagem dinâmica sumamente potente. Porque a totalidade das imagens dinâmicas pode usar o Eros.

Resumindo, consideramos quatro tipos de realidades: 1) a realidade estática que nos vem através da sensação; 2) a realidade dinâmica revelada pela intuição; 3) as imagens estáticas que nos são dadas pelo pensamento; 4) as imagens dinâmicas percebidas pelo sentimento.

Suponho que o fato da descoberta das quatro funções equivale a uma declaração a respeito do mundo, ou seja, que o mundo tem estes quatro aspectos da realidade. Não temos nenhuma maneira de saber se o mundo é um Cosmos ou um Caos, porque, da maneira como conhecemos o mundo, toda a ordem é colocada nele por nós mesmos. Podemos pensar na possibilidade de o mundo mudar de modo a trazer à existência outra função ou outras funções; enquanto isso, eu apresento estas concepções como um possível ponto de orientação.

Assim, agora vocês podem ver o que eu penso do sentimento.

Foi-me perguntado se, caso alguns indivíduos do grupo redigirem uma declaração do sentimento tal como este se lhes apresenta, eu estaria disposto a discuti-la. Evidentemente eu o farei com todo o prazer, seria uma maneira conveniente de examinar o tema; mas devo adverti-los a não tomar o sentimento de maneira muito subjetiva nesse caso. Cada tipo de função tem uma maneira especial de considerar o sentimento e é provável encontrar a respeito dele coisas que são falsas para os outros tipos. Assim, um dos pontos referentes às funções que foi mais combatido é minha afirmação de que o sentimento é racional. Meus livros têm sido lidos em grande parte por intelectuais, que, evidentemente, não foram capazes de ver o sentimento a partir deste aspecto, porque neles o sentimento é completamente irracional em razão de sua contaminação por elementos provindos do inconsciente. De maneira semelhante, pessoas com um volume bastante grande de sentimento, mas nas quais existe também intuição junto com ele, consideram o sentimento uma função irracional.

É o destino das pessoas procurar interpretar a vida principalmente através da função que é mais forte neles. Às vezes é absolutamente impossível convencer uma pessoa de que ela não pode captar o mundo trans-subjetivo com uma função apenas, por mais forte que essa função possa ser. Em relação ao tipo pensamento, entrei em contato com isto certa vez de maneira muito impressionante através de um homem que veio consultar-me sobre uma neurose de compulsão[1]. Ele me disse: "Não penso que você pode curar-me, mas eu gostaria de saber por que é que não posso ser curado, porque, como você verá, não existe realmente nada

---

1. Jung descreveu pela primeira vez este caso, com mais detalhes, numa das preleções que deu em Londres em 1924; cf. Preleção 14, n. 1. Cf. "Psicologia analítica e educação" (*OC* 17, § 182). Cf. tb. "O problema fundamental da psicologia contemporânea" (1931), *OC* 8/2, § 685. • "Fundamentos da psicologia analítica" ("Tavistock Lectures") (1935), *OC* 18/1, § 282.

que eu não saiba a respeito de mim mesmo". E verificou-se que isto era verdade; ele havia tratado seu caso com inteligência realmente notável e, do ponto de vista freudiano, ele foi completamente analisado, porque não houve nenhum canto de seu passado, mesmo voltando à sua mais remota infância, que permaneceu inexplorado. Por um momento não pude entender por que era que ele não podia ficar bom. Então comecei a questioná-lo sobre sua situação financeira, já que estava vindo de St. Moritz e passara o inverno em Nice. Perguntei-lhe: "Você conseguiu ganhar tanto dinheiro a ponto de poder viver dessa maneira sem trabalhar?" Ele ficou aborrecido comigo por eu insistir neste ponto, mas finalmente teve que contar a verdade, a saber, que ele era incapaz de trabalhar, nunca ganhara dinheiro por esforço próprio, mas estava sendo sustentado por uma professora, dez anos mais velha do que ele. Disse que nada disto tinha qualquer coisa a ver com sua neurose, que ele amava a mulher e ela o amava, e que ambos haviam *planejado* a situação juntos e que tudo estava bem. Também não consegui fazê-lo ver que ele estava se comportando como um porco em relação a esta mulher, que estava vivendo quase sem nada, enquanto ele andava farreando pela Europa. Ele deixou meu gabinete com a firme convicção de que, tendo "planejado" toda a coisa, como ele gostava de dizer, a questão estava resolvida.

Mas o tipo sensação pode crucificar a realidade com a mesma facilidade. Suponhamos uma mulher que se apaixonou pelo marido de sua irmã. Ele é seu cunhado e a gente não se apaixona pelo cunhado, por isso o fato nunca é trazido para a consciência. Só os fatos controlados pela situação como ela é entram em questão; as possibilidades que estão por trás devem ser cuidadosamente excluídas. Os dois vivem assim por vinte anos e só chegam ao verdadeiro estado de coisas através da análise.

Falei mais de uma vez sobre a maneira como um tipo intuitivo pode descuidar da realidade e vocês podem, com certeza, fornecer um número igual de exemplos das maneiras como um tipo sentimento pode fazer a mesma coisa. Se uma coisa é desagradável aos sentimentos, um tipo sentimento passará por cima da realidade dela com a maior facilidade.

Visto que as mulheres são mais ligadas ao Eros do que os homens, elas tendem a ter determinadas noções acerca do sentimento, assim como os homens, mesmo que não intelectuais, tendem a ter determinadas noções a respeito do pensamento. Por isso, é difícil para os homens e as mulheres entenderem-se uns aos outros. A mulher tende a identificar o sentimento com a realidade, o homem aferra-se obstinadamente à afirmação lógica.

***

Até agora falamos do sujeito como se ele fosse imutável no tempo; mas, como sabemos, o corpo é uma entidade quadridimensional, sendo o tempo a quarta dimensão. Se a quarta dimensão fosse espacial, nossos corpos seriam semelhantes a vermes – ou seja, esticados no espaço entre dois pontos. No Diagrama 7, procurei dar uma ideia de um indivíduo movendo-se através do espaço, ou seja, o espaço tridimensional. O indivíduo não pode ser entendido apenas como uma entidade estática. Se quisermos ter uma noção completa do indivíduo, precisamos acrescentar o fator do tempo. Isto significa um passado e um futuro e, assim, o indivíduo só é completo quando acrescentamos sua estrutura presente como resultado de acontecimentos passados e, ao mesmo tempo, a estrutura presente tomada como ponto de partida de novas tendências. De acordo com esta ideia, podemos distinguir dois tipos: aqueles indivíduos que ficam atrás em seu tempo sob a magia do passado e outros que estão demasiadamente à frente de si mesmos. Estes últimos só podem ser compreendidos por suas tendências.

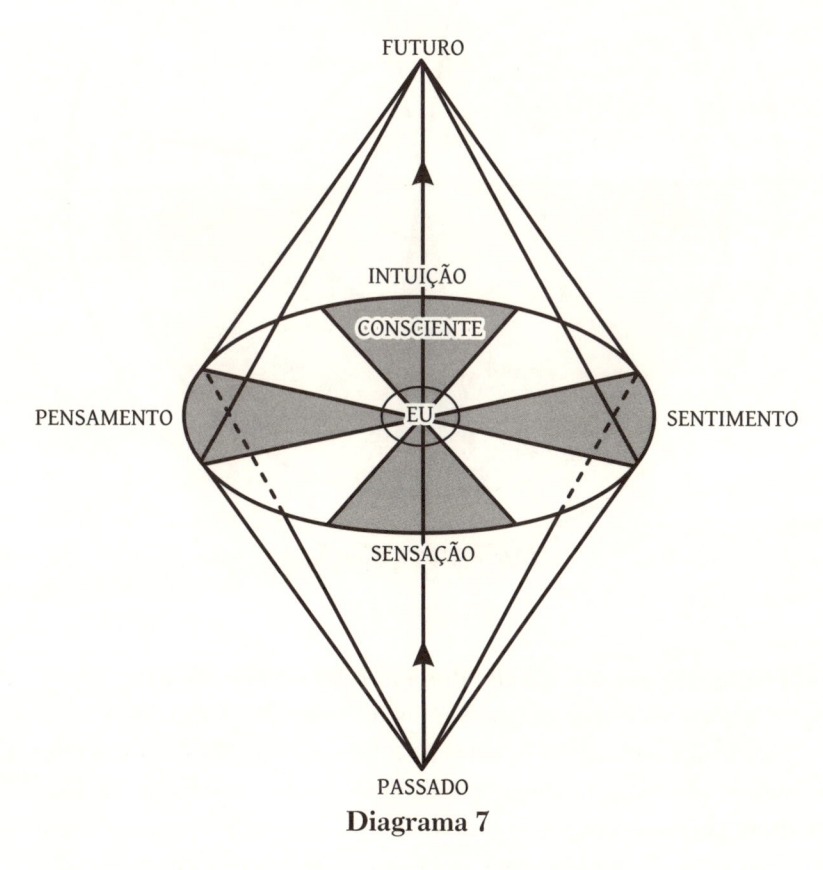

Diagrama 7

Até agora, estes quadros desconsideraram o inconsciente. No Diagrama 8, eu trouxe à consideração este fator. Este diagrama pressupõe um tipo pensamento plenamente desenvolvido, no qual a sensação e a intuição são meio conscientes e meio inconscientes, e no qual o sentimento está no inconsciente. Isto não significa que esse tipo é desprovido de sentimento; significa apenas que, comparado com seu pensamento, o seu sentimento não está sob seu controle, mas é de natureza eruptiva, de modo que normalmente ele não está de modo algum no quadro e depois, de repente, o domina completamente.

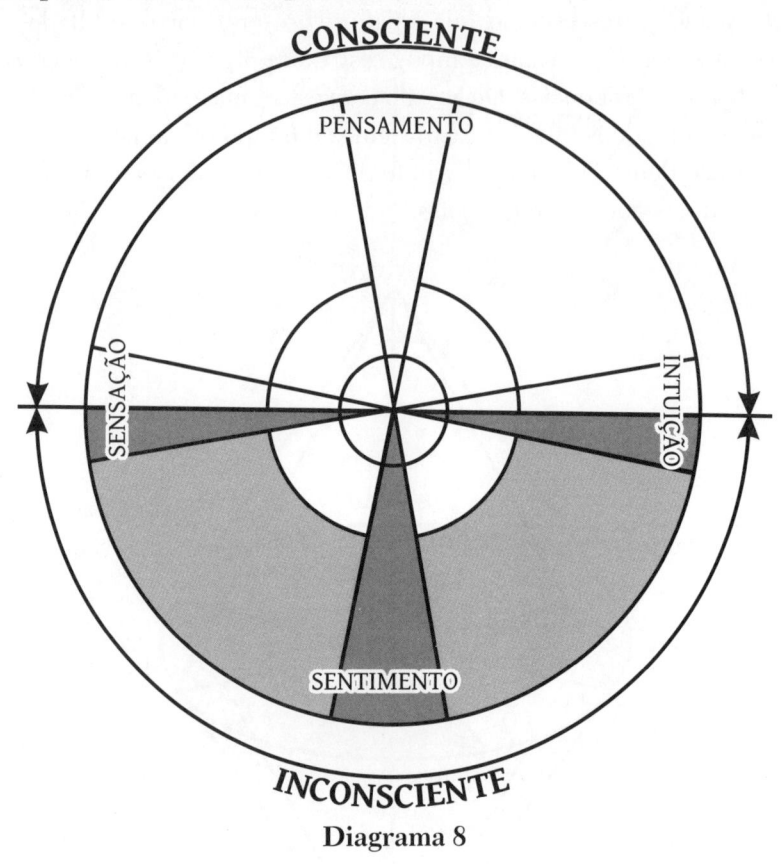

Diagrama 8

No Diagrama 9 mostrei o indivíduo em relação, por um lado, com o mundo dos objetos exteriores e, por outro, com as imagens do inconsciente coletivo. Ligando-o com o primeiro mundo, ou seja, o mundo dos objetos exteriores, está a persona, desenvolvida pelas forças que vêm de dentro e pelas forças que vêm de fora em interação umas com as outras. Podemos imaginar a persona como a casca de uma personalidade consciente. Como assinalamos em outro lugar, não é totalmente escolha nossa o que a persona será, porque nunca podemos controlar inteiramente as forças que irão agir sobre nossa personalidade consciente.

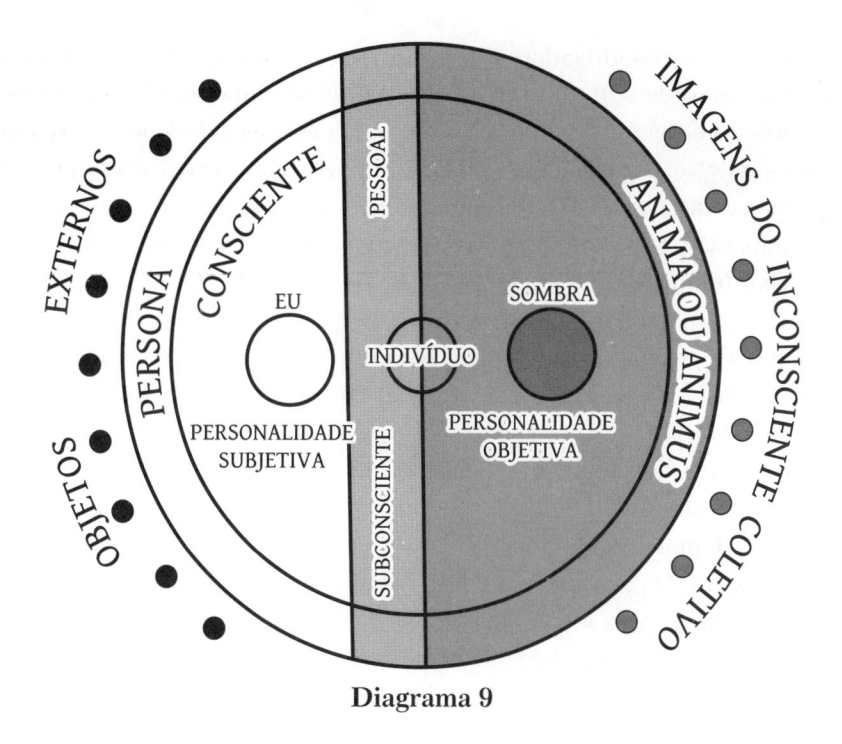

Diagrama 9

O centro desta personalidade consciente é o eu. Se tomarmos a camada "posterior" deste eu, chegamos ao subconsciente pessoal. Este contém nossos desejos ou fantasias incompatíveis, nossas influências da infância, a sexualidade reprimida, numa palavra, todas aquelas coisas que nos recusamos a manter na consciência por uma razão ou outra, ou que deixamos escapar. No centro está o núcleo virtual ou governo central, representando a totalidade do consciente e o próprio inconsciente.

Chegamos então ao inconsciente coletivo como ele está presente em nós – ou seja, a parte da experiência racial que carregamos dentro de nós. Ele é a morada dos Cabiros ou anões que nós não podemos ver, senão eles deixam de nos servir[2]. Nesta região, um outro centro virtual aparece muitas vezes nos sonhos. É uma figura menor do indivíduo, geralmente projetada num amigo, porque o inconsciente faz com muita facilidade essas cortesias. Eu o chamei de si-mesmo da sombra. O

---

2. *2012*: Os cabiros eram as divindades celebradas nos mistérios da Samotrácia. Eram considerados promotores da fertilidade e protetores dos marinheiros. Para Georg Friedrich Creuzer e Friedrich Schelling eles eram as divindades primordiais da mitologia grega, das quais se originaram todas as outras (*Symbolik und Mithologie der alten Völker*. Leipzig: Leske, 1810-1823). • Über die Gottheiten zu Samothrake (1815), interpretado e traduzido por R.F. Brown: *Schelling's Treatise on "The Deities of Samothrace"* (Missoula, MT: Scholars Press, 1977). Jung tinha exemplares das duas obras. Eles aparecem no *Fausto* de Goethe, parte 2, ato 2. Os cabiros fizeram uma aparição no *Liber Novus* (p. 320s. e 326s.).

primitivo desenvolveu um complicado conjunto de relações com sua sombra, que simbolizam muito bem minha ideia do si-mesmo da sombra. Ele nunca deve pisar na sombra de um outro, e por isso nós também nunca devemos mencionar as fraquezas do outro, aquelas coisas suas de que ele sente vergonha e, por isso, as excluiu de seu campo de visão. Um primitivo diz: "Não saia ao meio-dia, é perigoso não enxergar a sua sombra". Nós dizemos: "Tome cuidado quando você não conhece suas fraquezas".

Podemos dizer que o eu consciente é a personalidade subjetiva e o si-mesmo da sombra é a personalidade objetiva. Esta última, composta com aquilo que faz parte do inconsciente coletivo em nós, carrega as coisas que aparecem em nós como efeitos. Porque nós produzimos nas pessoas efeitos que não podemos predizer nem explicar adequadamente. O instinto nos adverte a manter-nos longe deste lado racial de nós mesmos. Se nos tornarmos conscientes da vida ancestral existente em nós, podemos desintegrar-nos. Um ancestral pode apossar-se de nós e nos conduzir à morte. O primitivo diz: "Não deixe um espírito entrar em você". Com isto ele transmite a dupla ideia: "Não deixe um visitante entrar em seu inconsciente e não deixe escapar uma alma ancestral".

O sentimento de temor reverencial do primitivo em relação ao que nós chamamos de inconsciente coletivo é muito grande. Este é para ele o mundo dos espíritos. A seguinte história, contada por um explorador que esteve entre os esquimós, é um exemplo deste temor reverencial, compartilhado até pelo feiticeiro[3]. O explorador chegou à cabana de um esquimó polar, onde estavam sendo pronunciadas fórmulas mágicas sobre um homem doente a fim de expulsar os fantasmas ou espíritos maus que o deixavam doente. Havia um tremendo barulho, com o feiticeiro pulando e correndo em volta como um louco. Logo que ele viu o explorador ficou muito calmo e disse: "Isto tudo é um absurdo". Ele o considerou um outro feiticeiro, porque supõe-se que ninguém senão um feiticeiro se aproxima de uma cabana onde está ocorrendo uma tal feitiçaria. É costume, também, os feiticeiros que estão lutando com os espíritos sorrirem e dizerem um para o outro que toda a coisa é um absurdo, não porque pensem que seja, mas porque usam esta expressão como uma espécie de gracejo apotropaico. É uma espécie de eufemismo que deve protegê-los contra seu próprio medo.

Este medo instintivo do inconsciente coletivo é realmente muito forte em nós. Pode haver um fluxo contínuo de fantasias inundando-nos a partir dele, e o sinal de perigo vem quando o fluxo não pode ser estancado. Se alguém viu alguma vez

---

3. A fonte de Jung pode ter sido RASMUSSEN, K. *Neue Menschen; ein jahr bei den nachbarn des Nordpols* (1907), um livro que se encontrava em sua biblioteca, ou RASMUSSEN. *Across Arctic America* (1927), que ele citou no seminário *Dream Analysis*, p. 5s. (1928).

isto acontecer, ele se sente profundamente apavorado. Nós em geral não temos muita imaginação a respeito destas coisas, mas o primitivo sabe tudo a respeito. Na maioria dos casos, estamos tão desligados disto a ponto de pairar acima.

Quando se trata da tarefa bastante delicada de localizar o inconsciente coletivo, não se deve imaginar que ele abrange apenas o cérebro, mas que inclui igualmente o sistema nervoso simpático. Devemos imaginar que somente aquela parte dele que é a herança vertebrada de você – ou seja, que chega a você através dos seus ancestrais vertebrados – se encontra dentro dos limites do sistema nervoso central. Do contrário, ele está fora do campo psicológico de você. Supõe-se que as camadas animais mais primitivas são herdadas através do sistema simpático e que as camadas animais relativamente tardias pertencentes à série vertebrada são representadas pelo sistema cérebro-espinhal. As camadas humanas mais recentes formam a base da consciência presente e, assim, o inconsciente coletivo penetra na consciência e só até este ponto podemos chamar o inconsciente coletivo de psicológico. Queremos reservar o termo "psicológico", usado desta forma, para aqueles elementos que, pelo menos teoricamente, podem ser postos sob controle consciente. Com base nisto, não se pode dizer, estritamente falando, que o corpo principal do inconsciente coletivo é psicológico, mas que é psíquico. Nunca é demais repetir esta distinção, porque, quando me referi ao inconsciente coletivo como estando "fora" de nosso cérebro, presumiu-se que eu queria dizer suspenso em algum lugar no ar. Depois desta explicação ficará claro para vocês que o inconsciente coletivo está sempre atuando sobre vocês através de fatos trans-subjetivos que provavelmente se encontram tanto dentro como fora de vocês.

Para mostrar como o inconsciente coletivo pode atuar sobre vocês através do fato interior, darei o seguinte exemplo: Suponhamos que um homem está sentado em algum lugar ao ar livre e um passarinho desce voando perto dele. Num outro dia ele está no mesmo lugar e chega um pássaro semelhante. Desta vez o pássaro o emociona de uma maneira totalmente estranha, existe algo misterioso ligado a este segundo pássaro. O homem ingênuo certamente supõe que o efeito extraordinário do segundo pássaro pertence ao mundo exterior tanto quanto o efeito ordinário produzido pelo primeiro pássaro. Se ele é um primitivo, irá distinguir entre os dois efeitos, dizendo que o primeiro pássaro é apenas um pássaro, mas o segundo é um "senhor" pássaro. Mas nós sabemos que o efeito extraordinário do "senhor" pássaro se deve a uma projeção sobre ele a partir do inconsciente coletivo, a partir de dentro do homem.

Geralmente, é apenas por meio de uma projeção destas para o mundo exterior que nos tornamos conscientes das imagens do inconsciente coletivo. Suponhamos, portanto, que deparamos com um efeito extraordinário vindo de fora. Uma análise desse efeito mostra que ele corresponde a uma projeção de um conteúdo inconsciente e, assim, chegamos à percepção desse conteúdo. O caso mencionado acima é um caso ordinário na medida em que supomos um indivíduo que é essencialmente idêntico ao eu ou consciente; mas, se acontecer que o indivíduo esteja mais do lado de sua sombra, então ele seria capaz de perceber sem projeção um movimento imediato – ou seja, autônomo – dos conteúdos inconscientes. Mas, se o indivíduo é idêntico ao seu eu normal, então mesmo essa manifestação autônoma do inconsciente – ou seja, uma manifestação não liberada pela projeção, nem por um efeito externo, mas originada dentro dele mesmo – lhe aparece como se fosse do mundo exterior. Em outras palavras, é preciso um contato muito próximo com o inconsciente, e uma compreensão dele, para um homem perceber que a origem de suas experiências mitológicas ou espirituais está dentro dele e que, sejam quais forem as formas que essas experiências pareçam assumir, elas não provêm de fato do mundo exterior.

Usando o diagrama que acabei de examinar, ou seja, o Diagrama 9, podemos apresentar uma explicação da análise. O analista faz sua abordagem através da persona. Foram examinadas certas formalidades de saudação e trocadas saudações. Desta maneira, chega-se ao portão de entrada do consciente. Então são examinados cuidadosamente os conteúdos conscientes e passa-se ao subconsciente pessoal. Aqui o médico muitas vezes admira-se que muitas das coisas ali encontradas não são conscientes, já que parecem tão óbvias a um observador. Uma análise freudiana termina no subconsciente pessoal, como mostrei acima. Quando acabamos com o subconsciente pessoal, acabamos com a influência causal do passado. Então é preciso chegar ao lado reconstrutivo e o inconsciente coletivo falará em imagens e começará a consciência dos objetos inconscientes. Se conseguirmos derrubar aquela parede divisória construída pelo consciente pessoal, a sombra pode ser unida ao eu e o indivíduo se torna um mediador entre dois mundos. Agora ele pode ver-se a partir do "outro lado" e também a partir "deste lado". Aqui a consciência do si-mesmo da sombra não é suficiente[4], é preciso ter à sua disposição também as imagens inconscientes. O animus ou a anima começa agora a entrar em ação e a anima introduzirá a figura do velho. Todas estas figuras serão projetadas no mundo externo consciente e os objetos do inconsciente começam a corresponder a objetos existentes no mundo exterior, de modo que estes últimos, os objetos reais, assumem uma característica mitológica. Isto significa um enorme enriquecimento da vida.

***

---

4. O original ("though") parece adulterado aqui. Talvez deva ser "enough".

Muitas vezes me perguntaram sobre a "geologia" de uma personalidade e, por isso, procurei reproduzi-la bem ou mal. O Diagrama10 mostra indivíduos saindo de certo nível comum, como os picos de montanhas sobressaindo de um mar. A primeira ligação entre certos indivíduos é a da família, depois vem o clã que une diversas famílias, em seguida a nação que une um grupo ainda maior. Depois disso podemos tomar um grande grupo de nações ligadas, como estariam incluídas no verbete "homem europeu". Descendo ainda mais, chegaremos ao que poderíamos chamar de grupo dos macacos, ou dos ancestrais primatas, e depois deste viria a camada animal em geral e, finalmente, o fogo central, com o qual, como mostra o diagrama, estamos ainda conectados[5].

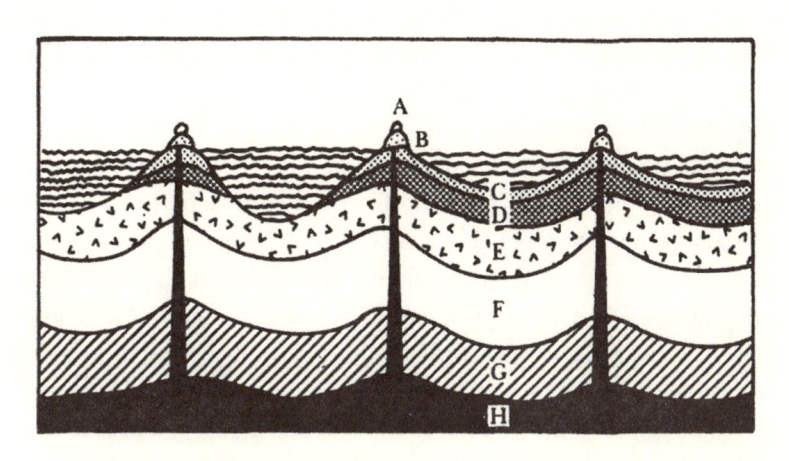

A = Indivíduos
B = Famílias
C = Clãs
D = Nações
E = Grandes grupos (homem europeu, por exemplo)
F = Ancestrais primatas
G = Ancestrais animais em geral

Diagrama 10

APÊNDICE À PRELEÇÃO 16

Parece que houve um grande mal-entendido a respeito daquilo que eu disse sobre a relação do sujeito com o objeto exterior e também sobre a relação do sujeito com o mundo das imagens inconscientes. No material suplementar que acrescentei à preleção dada no grupo, espero ter conseguido esclarecer estes pontos; mas, como são de importância incomum, vale a pena prosseguir com o

---

5. *Nota no original:* Tendo surgido alguns pontos de confusão em conexão com esta preleção, o Dr. Jung acrescentou material suplementar às anotações como também o apêndice que segue.

tema, mesmo que isso nos deva levar um pouco mais longe. Examinemos o assunto do ponto de vista histórico, a fim de lançar mais luz sobre o problema da relação do sujeito com o objeto exterior. Este é um tema sobre o qual os filósofos discutiram desde os tempos mais antigos. A doutrina do *esse in re* foi o ponto de vista sustentado pelo mundo antigo. Tudo o que percebemos fora de nós está tão completamente "fora" a ponto de não estar absolutamente condicionado por nossa maneira de percebê-lo. É até como se houvesse emanações de nossos olhos iluminando o objeto e tornando-o visível para nós, tão pouco esta visão toma conhecimento do lado subjetivo do ver. Esta é a opinião sustentada pelo homem inculto de hoje.

Esta concepção foi seguida pela de *esse in intellectu solo*; ou seja, o que nós vemos é uma imagem existente na cabeça e nada mais do que isso. A questão se existem coisas para além é deixada em aberto. Isto leva a um solipsismo e torna o mundo uma gigantesca alucinação.

Nossa ideia é de *esse in anima*[6]. Este princípio reconhece a objetividade de um mundo fora de nós, mas sustenta que deste mundo nunca podemos perceber mais do que a imagem que é formada em nossa mente. Nunca vemos um objeto como tal, mas vemos uma imagem que projetamos sobre o objeto. Sabemos positivamente que esta imagem é apenas imperfeitamente semelhante às coisas como elas são. Assim é incontestável que o som consiste em ondas; mas só quando as ondas chegam a certa velocidade, digamos dezesseis por segundo aproximadamente, nós percebemos as ondas como som. Quando a vibração está a uma velocidade de dezesseis por segundo ou a uma velocidade mais rápida, não sentimos absolutamente ondas, mas ouvimos um som; abaixo desta velocidade nós não ouvimos nenhum som, mas sentimos a vibração do ar na pele. O mesmo vale para a luz, que tem característica de onda quando examinada com aparelhagem adequada, mas aos nossos olhos não tem nada disso. Isto mostra em que medida o mundo tal qual o percebemos é uma imagem subjetiva – ou seja, uma imagem existente dentro de nós –, mas ao mesmo tempo esta imagem está relacionada, e necessariamente relacionada, a uma coisa em si, cuja natureza absoluta é independente de nossos sentidos e impossível de ser percebida por nós. Tudo o que percebemos é uma imagem na psique. Nesse sentido, mesmo a realidade exterior está em nossas cabeças, mas só nesse sentido, e nós precisamos evitar falar demais do mundo como imagens subjetivas, para não

---

6. *2012*: Em 1921, Jung escreveu: "Afinal o que seria da ideia se a psique não lhe concedesse um valor vivo? E o que seria da coisa objetiva se a psique lhe tirasse a força determinante da impressão sensível? O que é a realidade se não for uma realidade em nós, um *esse in anima*? A realidade viva não é dada exclusivamente pelo produto do comportamento real e objetivo das coisas, nem pela fórmula ideal, mas pela combinação de ambos no processo psicológico vivo, pelo *esse in anima*" (*Tipos psicológicos*. *OC* 6, § 73).

transmitir a impressão de que nos aferramos a um idealismo transcendental, que é praticamente *esse in intellectu solo*.

O *esse in anima* admite a natureza subjetiva de nossa percepção do mundo, mantendo ao mesmo tempo enfaticamente o pressuposto de que a imagem subjetiva é o elo indispensável entre a entidade individual, ou entidade da consciência, e o objeto estranho desconhecido. Eu até chego a sustentar que este caso da imagem subjetiva é a primeira manifestação de uma espécie de função transcendente que deriva da tensão entre a entidade da consciência e o objeto estranho.

Tudo o que eu disse a respeito da imagem da assim chamada realidade exterior devo dizê-lo também a respeito das imagens do consciente coletivo: a saber, elas se referem às influências dos objetos exteriores realmente existentes e são as reações psíquicas a eles, e a única diferença entre a imagem da realidade exterior e o arquétipo é que a primeira é consciente e o último é inconsciente. O arquétipo, não obstante, aparece também no assim chamado mundo exterior se não é "trazido à tona" em nós mesmos por um processo analítico. Mas podemos aplicar os mesmos processos analíticos também à imagem da realidade exterior e ver quão subjetivos eles são.

Existe uma diferença ulterior entre as imagens da realidade exterior e os arquétipos. As imagens da realidade exterior constituem os conteúdos de nossa memória consciente e também de nossas reminiscências artificiais – ou seja, nossos livros, arquivos etc. –, enquanto os arquétipos são registros de reações a imagens sensoriais subjetivas. Em nossa memória consciente registramos as coisas como elas são subjetivamente, como memórias de fatos reais, mas no inconsciente registramos as reações subjetivas aos fatos como nós os percebemos no consciente. Devo supor que existem até camadas de tais repercussões, reações de reações, e que elas formariam a estratificação da mente.

Vamos dar um exemplo: O fato de o cristianismo persistir ao longo dos séculos deixou certa reação em nossa mente inconsciente; chamemo-la de reação b. Esta é uma repercussão a outra reação que podemos chamar de reação a, ou seja, nossa relação consciente com o cristianismo ao longo dos séculos. É a reação b, a repercussão à reação consciente, que atinge os estratos inconscientes e persiste em nossa mente como um arquétipo.

Essa reação b já é modelada sobre um arquétipo, arquétipo este que é simplesmente moldado e reformado pelo novo depósito. Ou tomemos outro exemplo: a recorrência mais regular no mundo é o nascer do sol e o pôr do sol. Nossa consciência lembra os fatos reais deste fenômeno, mas nosso inconsciente registrou os incontáveis milhões de ocorrências de nascer do sol e pôr do sol na forma de um mito do herói; e o mito do herói é a expressão da maneira como nosso inconsciente reagiu à imagem consciente do nascer do sol e do pôr do sol. Assim como a reação *a* está formando a imagem do mundo exterior, assim a reação *b* está formando o inconsciente coletivo – o que poderíamos chamar de uma espécie de mundo de ilusão ou mundo reflexo.

Mas seria um tanto depreciativo transformar a dignidade do inconsciente coletivo numa dignidade apenas de segunda mão. Existe outro tipo de consideração que nos permite encarar o inconsciente coletivo como um fenômeno de primeira mão, algo *sui generis*, da seguinte maneira. Assim como pressupomos que por trás de nossa imagem do mundo exterior existe uma entidade absoluta, assim devemos necessariamente pressupor que por trás do sujeito que percebe existe uma entidade; e, quando começamos nossa consideração a partir desta extremidade, devemos dizer que o inconsciente coletivo é a reação *a*, ou a primeira reação, ou primeira imagem do mundo, enquanto o consciente seria apenas de segunda mão.

"SHE"[7]

No encontro precedente do grupo, o Sr. Radin apresentou a história de *She*, junto com um esboço dos personagens envolvidos. A análise foi adiada até o encontro seguinte, o que é registrado aqui.

A Dra. Harding, que apresentou a análise, disse que a comissão decidiu tratar o livro como uma obra que apresenta o material de uma anamnese, e depois considerar Holly como o lado consciente de Haggard e analisar Holly através do material apresentado na história. Foi apresentada uma análise bem completa, da qual o que segue é apenas um resumo em linhas gerais.

Holly chegou ao momento da vida em que ele deveria ter-se estabelecido na vida acadêmica; ou seja, ele está prestes a entregar-se à unilateralidade absoluta de um intelectual. Justamente nesse momento chega o chamado a partir do inconsciente. Todos os outros lados da vida que ele descartou mobilizam-se para um último esforço de atrair sua atenção. A batida à porta, esta agitação do inconsciente, trouxe uma coisa enigmática, que não podia ser tocada então, e também uma coisa viva, Leo, que o forçou a uma nova orientação para a vida. A coisa enigmática permanece adormecida por vinte anos e então é assumida novamente. O cofre é aberto. Holly consente em considerar seus conteúdos inconscientes e os examina camada por camada, até chegar ao fragmento de cerâmica e ao escaravelho. O cofre revela o problema de Holly como foi revivido ao longo dos séculos, ou seja, a moralidade convencional em contraste com a coisa que significa vida.

Holly e Leo, o lado juvenil de Holly, lutando agora por vir a ser, empreendem a viagem à terra de Kor – ou seja, Holly irá cada vez mais fundo no inconsciente até encontrar a figura da anima, "She", que reina sobre todas as coisas que ele se

---

7. Para a escolha das leituras, cf. acima, Preleção 15 (uma semana antes).

negou a deixar entrar em sua mente. Quando "She" é encontrada, e finalmente amada por Holly, ele fica por um momento à beira da loucura. Ele especula sobre a possibilidade de impor seu símbolo inconsciente ao mundo exterior. O seja, será que "She" pode ser levada para a Inglaterra?

As inúmeras aventuras na terra de Kor, todas elas importantes marcos miliários no caminho do desenvolvimento psicológico de Holly, culminam na grande prova de queimar no pilar de fogo. Eles, Holly e Leo, sabiamente decidem não arriscar a prova. Holly não está pronto para a mudança fundamental de atitude exigida dele. Mas nunca mais pode ser a pessoa banal que era no início; algo do sentido interior da vida foi encontrado nele.

***

Dr. Jung: Preciso agradecer à comissão e à Dra. Harding por sua apresentação de *She*. Eles salientaram algumas ideias brilhantes e gostei muito do seu relato.

Mas eu gostaria de fazer algumas críticas. Por que vocês consideraram Holly como o herói? Seja como for, algumas outras maneiras de ver este ponto são possíveis. Eu penso que o autor certamente tinha em mente Leo como o herói. Este fato é evidenciado com perfeita precisão no segundo volume, onde Leo, muito desenvolvido como personalidade, é o personagem principal. Mas, evidentemente, é um problema saber se o autor foi bem-sucedido em sua intenção neste volume que estamos analisando, ou se isso é simplesmente seu ponto de vista, e o fato de a Dra. Harding ter considerado Holly como o herói sugere que Haggard não foi bem-sucedido.

Dra. Harding: A questão não é saber se Leo é o herói da história ou se é o herói do ponto de vista psicológico?

Dr. Jung: É claro que a coisa toda é uma fantasia de Haggard e, visto que Haggard provavelmente tem mais elementos seus em Holly do que em Leo, pode-se dizer que Holly é o herói; mas, mesmo assim, ele está tentando fazer de Leo o herói da história. Já que Haggard é demasiadamente Holly na realidade, Leo permanece uma figura vaga, relativamente pouco desenvolvida; em outras palavras, ele não se identificou com Leo.

Infelizmente a edição Tauchnitz[8] de *She* não contém um poema que aparece na edição inglesa e que fornece realmente uma pista para a relação de Haggard com a história. Neste poema dedicado a "She", ele diz que não é na terra de Kor

---

8. Trata-se da "Collection of British and American Authors", publicada (em inglês) por uma empresa alemã para venda no continente, não podendo ser introduzida legalmente em território americano ou britânico.

e em suas cavernas, nem em qualquer terra misteriosa, mas no coração, que deve ser procurado o túmulo do amor perdido e que ali mora "She". Isto mostra o que ele pretendia que *She* fosse. É uma história de amor, digamos, sua própria história de amor; contudo, ela não é fornecida a partir do lado consciente, mas a partir do lado inconsciente, como uma repercussão vinda da experiência consciente, seja lá isso o que isso fosse. Este, evidentemente, é o hábito do escritor introvertido. Por isso, *She* é uma obra valiosa para nós por trazer à tona estas reações inconscientes. O ator teve evidentemente um peculiar caso de amor que ele nunca resolveu de maneira totalmente satisfatória. Deixou-o com o problema de *She* e o mesmo problema o segue ao longo da maioria dos seus livros. Este caso lhe aconteceu talvez na África[9].

Poderíamos tratar Holly como uma das figuras inconscientes e Leo como outra, portanto como diferentes aspectos da personalidade de Haggard. Quando você considerou Holly como o herói, você não estava tão longe de um dos sentidos do livro, como dissemos; já que, como observamos, Haggard identificou-se com Holly. Ele, como Holly, provavelmente não viu a importância de seu caso amoroso e, quando este acontece, quando uma pessoa tem uma experiência emocional e se recusa a levá-la suficientemente a sério, isso significa acumular material no inconsciente. Evidentemente, foi o que aconteceu com Haggard.

Mas, existem alguns detalhes que eu gostaria de discutir. Vocês têm alguma ideia sobre por que esse material antigo vem à tona?

Srta. Corrie: Ele sai do inconsciente coletivo.

Dr. Jung: Sim. Mas por que ele vem à tona?

Srta. Corrie: Ele sempre o faz com os introvertidos mais cedo ou mais tarde.

Dr. Jung: Não. Não necessariamente.

Sr. Schmitz: Não poderia *She* ser considerado uma revolta por parte de Haggard contra toda a era vitoriana e especialmente contra a mulher vitoriana? Rider Haggard viajou bastante por países estrangeiros e estava especialmente qualificado para derrubar a ridícula ideia de uma mulher que cresceu na Inglaterra e expor o fato de que toda mulher deveria ter algo de "She" dentro dela.

Dr. Jung: Parte do que você diz nos leva ao ponto essencial. Ou seja, se Rider Haggard não tivesse viajado por países primitivos, o inconsciente coletivo não teria sido ativado da maneira peculiar como foi. Não teria sido tão dinâmico em sua reação. Existe, é claro, outra maneira de o inconsciente coletivo ser fortemente estimulado. Um homem pode ter tido uma psicose, pode ter-se formado um bu-

---

9. O Sr. Henry Rider Haggard (1856-1925) serviu na África do Sul de 1875 a 1880, como secretário do governador de Natal, antes de retornar à Inglaterra e casar-se com uma herdeira inglesa. Suas novelas românticas trouxeram-lhe fama e fortuna.

raco em seu inconsciente, por assim dizer, e existe sempre uma possibilidade de o coletivo abrir caminho e aparecer. Mas isto não aconteceu com Haggard, seu inconsciente foi ativado pelo contato com a vida primitiva ao seu redor. É de fato muito interessante observar o efeito da vida de países primitivos sobre homens civilizados que entram em contato com eles. A respeito de muitos dos funcionários que retornam da Índia para a Inglaterra se diz que eles voltam para casa com o cérebro queimado. Mas, evidentemente, isso não tem nada a ver com o clima. Sua vitalidade foi simplesmente sugada naquela atmosfera estranha. Estes homens procuram manter os padrões para os quais foram treinados, num país onde tudo vai na direção oposta, e o esforço e a tensão os abatem.

Tratei diversos casos de homens que voltavam das colônias após uma longa relação com mulheres nativas. Eles não conseguem amar mulheres europeias após esta experiência. Eles chegam com todo tipo de sintomas, de indigestão etc., mas na realidade foram desagregados pelas mulheres nativas. Um primitivo diria que eles perderam uma alma. Existe uma história muito bela que ilustra isto num livro aliás muito fraco, de Algernon Blackwood. O livro intitula-se *Incredible Adventures*[10] e a história se chama "Descida ao Egito". O homem simplesmente vai desaparecendo, ele foi como um europeu.

Esta é, portanto, a razão para o tremendo transbordamento do inconsciente coletivo em Rider Haggard. O fato de isto acontecer através de seu contato com o primitivo complica o problema do amor. Mas como seu problema de amor podia ser complicado pelo fato de ele ter vivido algum tempo na África?

Sr. Schmitz: Talvez "She" seja, digamos, um oposto tão completo das mulheres de Dickens que ela pode ser considerada a satisfação de um desejo. Naturalmente ele não queria uma mulher como "She" e, no entanto, entendeu que "She" é em parte necessária; ou seja, que uma mulher deve ter um lado primitivo para ser completa, exatamente como no caso de um homem.

Dr. Jung: Mas, se ele tinha essa ideia do que uma mulher deve ser, isso deveria tê-lo ajudado em seu problema.

Sr. Schmitz: Ele não tinha clareza a respeito disto, e por isso o inconsciente produziu este desejo.

Dr. Jung: É deste tatear em volta no seu inconsciente que *She* evoluiu. Mas por que um homem na África deveria ser menos capaz de lidar com um problema de amor?

Sr. Robertson: Não seria porque a situação africana torna difícil para ele lidar com seus sentimentos da maneira antiga?

---

10. Londres, 1914. Blackwood (1869-1951) escreveu muitas histórias curtas sobre temas sobrenaturais. Sua obra foi comparada com a de Gustav Meyrink.

Dr. Jung: Sim. Se você não olha para isto de maneira muito especial, a questão poderia ser colocada nesses termos. Ou seja, a atitude do homem para com o problema do amor muda e se torna realmente um problema terrível para ele.

Sr. Bacon: O problema não consiste no fato de ele projetar uma anima primitiva numa mulher não primitiva?

Dr. Jung: Sim. É exatamente isto; e, quando isso acontece, a mulher não primitiva se torna perfeitamente histérica por causa dessa situação.

Todo o problema da projeção da anima é um tema sumamente difícil. Se um homem não consegue projetar sua anima, então ele se isola das mulheres. É verdade que ele pode realizar um casamento inteiramente respeitável, mas a faísca da paixão está ausente, ele não introduz a realidade completa em sua vida.

Voltando agora à história: como vocês entendem o pai de Leo?

Dra. Harding: A não ser como um dos heróis anteriores da lenda, nós não tentamos dar-lhe outra interpretação.

Dr. Jung: Sem dúvida, ele não é um personagem forte; de fato, ele simplesmente vai desaparecendo aos poucos quando a história começa. Mas isto é importante em si mesmo, porque sabemos psicologicamente que o pai deve desaparecer quando chega o herói, do contrário o desenvolvimento do herói fica seriamente prejudicado. Menciono isto, porque é de grande importância na religião egípcia em torno da qual se move esta fantasia de Haggard. Assim Osíris desaparece gradualmente num fantasma que governa os mortos e seu filho Hórus se torna o sol nascente. É um tema eterno.

Sr. Schmitz: Um excelente exemplo de que o filho precisa ter seu pai fora de seu caminho antes de alcançar seu potencial pode ser visto no caso de Frederico o Grande, que foi acentuadamente efeminado até o dia da morte de seu pai. Também Kubin[11] nunca escreveu nada antes de seu pai morrer.

Dr. Jung: É de fato um momento crítico na vida de um homem. Muitas vezes, em vez de ser liberado para a vida pela morte do pai, o filho se torna neurótico. A mitologia observa o fato de que este é um momento muito crítico; com efeito, todos estes grandes momentos da vida foram incorporados na mitologia, porque o último apresenta a solução usual encontrada pela humanidade em seus problemas.

Penso que vocês interpretaram o núcleo bastante corretamente. O fato de haver um núcleo dentro de um núcleo sugere um processo de involução.

---

11. O artista expressionista e escritor Alfred Kubin era casado com a irmã de Schmitz. Jung citou seu romance *Die andere Seite* (1909) como um "exemplo clássico da percepção direta dos processos inconscientes" (*Jung*: Cartas. Vol. I, p. 119, 19 de novembro de 1932).

Quando chegamos ao amor do Kallicrates[12], encontramos toda a história antecipada nos tempos mais remotos. Por que é assim?

Dra. Bertine: É porque a história não é uma história individual, mas repete um padrão arquetípico.

Dr. Jung: Exatamente isto. É uma verdade eterna. Esta história diz que o homem deve desempenhar seu papel sempre de novo. Este é mais um motivo para o surgimento do material inconsciente. Mas qual arquétipo é despertado novamente?

É o mito de Osíris, Ísis e Néftis. O mito diz que Osíris estava no seio de sua mãe Nut junto com Ísis, a rainha do dia, e Néftis, a rainha da noite; e, enquanto estava no seio, teve relações sexuais com suas duas irmãs. Aqui está o motivo sempre recorrente, o conflito entre as duas pelo amor do herói. Por isso temos o conflito entre "She" e Amenartis. Em *Return of She*[13] o conflito surge novamente, desta vez entre "She" e a rainha tártara que deseja casar-se com Leo. Novamente é o conflito entre o dia e a noite, só que desta vez "She" personifica Ísis e a outra é Néftis. Este é o arquétipo despertado em Haggard pela África. Haggard era um homem inteiramente "respeitável", e seu casamento era sem dúvida um casamento completamente convencional, mas pode-se ver nas entrelinhas de *She* que ele com toda probabilidade amava outra mulher.

Quem é Leo no autor? Holly é um homem relativamente velho, chegou à idade da sabedoria onde ele é realmente velho demais para assumir os riscos que o problema envolve. Por isso ele cria a figura jovem de Leo. Este é pouco mais que um jovem tolo, mas é um gentleman completo. Através de sua juventude ele compensa o velho Holly e permite a este último não correr riscos. É sempre Leo quem assume o risco mesmo ao ponto de ser quase cozido.

Vocês sabem qual é o significado de cozinhar?

Sr. Schmitz: Eu imaginaria que significa o calor da paixão subindo à cabeça.

Dr. Jung: E o que significa isso? Loucura – espalhada por toda parte, como se diz. Dificilmente vi alguém que não tenha tido essa reação ao inconsciente coletivo. No início o passado parece morto, mas quando chegamos mais perto ele nos agarra. Tomemos como exemplo uma casa antiga. De início ficamos encantados com sua antiguidade e depois, pouco a pouco, forma-se uma atmosfera de mistério ao seu redor e em seguida, antes de dar-nos conta, temos "fantasmas" em nossas mãos. Algo acerca da casa ativou o inconsciente em nós. Basta dar-lhe um pouco de libido e o inconsciente coletivo reveste-se de enorme atração para nós. Basta olhar para a força que a história exerce sobre nossa mente e temos outro exemplo.

---

12. Kallicrates: não o arquiteto grego do século V a.C., mas um personagem em *She*.

13. HAGGARD. *Ayesha, or the Return of She* (1895).

Sr. Radin: Walter Scott é um caso do passado devorando a adaptação consciente de um homem, porque, quando ele se mudou para Abbotsford e começou a viver na história, por assim dizer, ele perdeu todo o seu dinheiro e toda a capacidade de dirigir sua vida[14].

Srta. Corrie: "She" disse que seu reino era a imaginação.

Dr. Jung: Sim. Quando você se entrega à imaginação, você está de fato perdido para este mundo. Logo você não consegue mais explicar-se a si mesmo e então fica claro o caminho para o manicômio. É por isso que, quando o inconsciente coletivo está próximo, a pessoa deve aprender alguma forma de expressão, a fim de criar uma ponte para a realidade. Caso contrário, não existe nada para se agarrar e o indivíduo se torna presa das forças liberadas. Quando as pessoas estão perdidas no coletivo e você é capaz de fornecer uma forma na qual elas podem dispor suas ideias, elas conseguem voltar novamente à sanidade.

Esse, portanto, é o perigo no cozinhar. Isto é feito pelo primitivo. As camadas primitivas são tão espessas que podem facilmente dominar você.

Penso que a interpretação que vocês fizeram de Job é a interpretação correta – ou seja, o lugar-comum, o homem correto felizmente se perde. Isto equivale a dizer que Holly nunca pode ser novamente um cavalheiro. Compensando a perda de Job está o fato de Leo receber o manto de "She". Leo entra em forma, ele recebe algo de "She", mas somente depois que Holly renuncia ao seu aspecto convencional, isto é, Job.

Vocês não disseram nada a respeito de Ustane.

Dra. Harding: Foi porque já havia muita coisa para ser dita e ela pareceu relativamente pouco importante.

Dr. Jung: Sim. De fato, ela estava morta.

Penso que vocês apresentaram Noot, Billali e Holly de maneira correta, ou seja, como figuras do velho sábio. Holly é a mais humana delas. Haggard está inclinado a identificar-se com o velho sábio através de Holly, mas na figura de Holly existe mais pedantismo do que sabedoria real. É bastante característico que Holly explorasse os túmulos enquanto Leo estava prestes a morrer.

Vocês falaram sobre uma passagem a respeito de um unicórnio e um ganso. Onde foi isso?

Dra. Harding: Não. Não foi um unicórnio, mas um ganso que foi abatido após a luta entre o Leão e o Crocodilo. O ganso tinha uma espora na cabeça e eu disse que ele se assemelhava ao unicórnio.

Dr. Jung: A matança do ganso é certamente o mesmo motivo que o da história do Graal, como vocês apontaram. É um augúrio ou presságio de acontecimentos

---

14. Scott comprou sua propriedade, Abbotsford, em 1811; publicou *Waverley*, o primeiro romance da série "Waverley novels", em 1814; e foi à falência financeira em 1826.

futuros. Os antigos sempre pensavam que os acontecimentos futuros tinham sombras projetadas à sua frente. Aqui temos um animal morto, na realidade um animal mitológico – ou seja, o instinto. Quando ele é morto, algo se tornará consciente. Na história de Parcival[15], o herói inconsciente Parcival se torna consciente através da morte do cisne. Em *She* os heróis despertam para uma percepção das coisas extraordinárias que estão à sua frente. Um pássaro é um animal da mente, simbolicamente, de modo que a inconsciência está na mente.

Mais uma palavra sobre o tema da imortalidade. Ela está intimamente ligada à questão da anima. Através da relação com a anima o indivíduo obtém a oportunidade de uma consciência maior. Ela leva a uma percepção do si-mesmo como a totalidade das funções conscientes e das funções inconscientes. Esta percepção traz consigo um reconhecimento do que foi herdado, acrescido das novas unidades que irão constituir o si-mesmo. Isto significa que, uma vez que entendemos o sentido do consciente e do inconsciente juntos, tomamos consciência das vidas ancestrais que entraram na composição de nossa vida.

Então vocês chegam à percepção não só dos pré-estágios humanos, mas também dos pré-estágios animais. Este sentimento do inconsciente coletivo traz consigo uma sensação da renovação da vida que não tem fim. Ele provém da confusa aurora do mundo e continua. Por isso, quando obtemos uma percepção completa do si-mesmo, vem com ela o sentimento de imortalidade. Até na análise pode ocorrer um momento como este. A meta da individuação é chegar à consciência de que a vida do indivíduo continua através dos tempos. Ela dá ao indivíduo um sentimento de eternidade sobre esta terra.

Como apontou a Dra. Harding, estes homens não estão prontos para o pilar de fogo. Todo o fenômeno de "She" ainda não foi assimilado, a tarefa está ainda diante deles e eles precisam ter um novo contato com o inconsciente.

"THE EVIL VINEYARD"

A Dra. Mann apresentou o relato feito pela comissão sobre *The Evil Vineyard*. Apresentarei apenas sua sinopse dos aspectos psicológicos da história. Do ponto

---

15. Percivale, Parzival ou Parsifal, o herói da busca do Graal na lenda do rei Artur, pode ter sido familiar a Jung através do poema de Wolfram von Eschenbach e da ópera de Wagner, ambos citados por ele de maneiras variadas. (Jung aludiu a Parsifal numa carta a Freud, dezembro de 1908, 117 J, e mencionou o Graal em *Wandlungen und Symbole*, 1912. Cf. *Psychology of the Unconscious*, cap. 6, n. 36, e *OC* 5, § 450, n. 56 e 59. Cf. tb. *Tipos*. *OC* 6, § 421, 446, 455.) Aparentemente Emma Jung começou seu estudo da lenda do Graal no ano em que ocorreu este seminário: cf. Marie-Louise von Franz, prefácio (p. 7) à obra deixada inacabada por ocasião da morte da Sra. Jung, em 1955, e completada por von Franz, *The Grail Legend* (orig. 1960. Nova York/Londres, 1971 [trad. Andrea Dykes]). De acordo com von Franz, Jung não realizou pesquisas sobre as conexões entre a lenda do Graal e a alquimia por deferência ao interesse de sua esposa. *2012*: Parsifal fez uma aparição no *Liber Novus* (p. 302).

de vista da realidade, a história fala de um casamento no qual não havia nenhuma possibilidade de uma relação real. A moça, depois de reprimir seus instintos de mulher, casa-se com Latimer porque ele representa o mundo intelectual que a fascinou completamente. Ela não sente nenhum amor por ele, até o teme. Latimer, vinte anos mais velho que ela, busca nela uma renovação da juventude; em vez de sentimento, ele lhe traz sexualidade. As coisas estranhas que, como se descreve, ele experimentou antes do casamento progridem através de traumas de guerra para uma neurose, na qual ele precisa reviver os crimes de um legendário *condottiere* italiano.

Já que ele representa o inconsciente projetado dela e é, em resumo, uma figura do animus para ela, Mary é totalmente incapaz de libertar-se dele até chegar a amar um outro homem de maneira real.

Tomada simbolicamente, a história é a de uma mulher que se entrega ao lado mau do animus, para ser finalmente resgatada pelo surgimento do lado positivo. Do princípio ao fim, Mary foi considerada psicologicamente idêntica à autora.

A opinião do Dr. Jung foi que a comissão não conseguiu captar o significado psicológico mais profundo do livro. E que o motivo para não tê-lo captado estava no pressuposto de que Latimer era anormal ao encontrar-se com Mary. Não havia indícios suficientes, na opinião de Jung, para este ponto de vista, e considerar a história dessa maneira limitava-a demais. Ela devia ser considerada num nível muito mais profundo.

Dr. Jung: Eu gostaria de ouvir algo dos homens dessa comissão. Sr. Bacon?

Sr. Bacon: A coisa que me interessou foi que eu pensei o seguinte: se eu pudesse ter entendido os símbolos corretamente – o que não me achei competente para fazer –, eu poderia ter aprendido algo muito interessante sobre a autora. Pensei que ela deve ter tido alguma experiência ruim e que o livro era um reflexo de suas dificuldades pessoais.

Dr. Jung: Penso que seria um erro considerar demasiadamente o livro como uma história da autora. Não sabemos realmente em que medida a autora chegou a ele a partir de motivos interiores, e até que ponto ela assumiu a lenda da Casa di Ferro[16]. Parece que ela viveu na Suíça e que conheceu muito da vida suíça. No caso de ela ter assumido o enredo já pronto, não seria honesto dizer que ele é sintomático. Por isso penso que podemos dispensar as intuições acerca do conflito da autora. Era maior a possibilidade de considerar *She* desse ponto de vista, mas aqui as conexões são muito obscuras. Seria melhor considerar esta história do pon-

---

16. O Castello di Ferro, como é geralmente chamado, do século XV, encontra-se em Minusio, nos arredores de Locarno, às margens do Lago Maggiore. Cf. *Kunstdenkmäler der Schweiz*. Vol. 73. Basileia, 1983, p. 219ss.

to de vista dos heróis, como a Dra. Harding fez com Holly. Por isso, irei analisá-la primeiro do ponto de vista da moça e, em seguida, do ponto de vista de Latimer. Olhando a partir destes dois aspectos, aparecem coisas muito diferentes. Não temos nenhum livro que eu conheça no qual podemos estabelecer uma relação direta entre o autor e a figura da anima. Mas aqui é apresentada uma importante parte do problema. Podemos supor que a autora pôs psicologia feminina na heroína e podemos tentar reconstruir o que essa mulher experimentou e a evolução do animus.

Você acha, Dra. Mann, que Latimer é uma figura adequada do animus?

Dra. Mann: Sim, porque ele é uma figura poderosa.

Dr. Jung: Eu acho mais próximo dos fatos dizer que ele se tornou uma figura poderosa. Primeiramente ele aparece como um homem instruído pelo qual ela sentiu atração por considerá-lo uma fonte de sabedoria, um homem que representa a sabedoria. O animus não é necessariamente uma figura poderosa. A anima, por outro lado, é geralmente uma figura poderosa. Ela aparece dessa maneira desde o começo.

Mas a resposta de uma mulher à sabedoria não é necessariamente uma reação de poder, como vocês parecem tê-la apresentado. É um anseio muito legítimo. Penso que a autora tentou mostrar aqui uma moça que estava faminta no lado espiritual e aproximou-se de um homem mais velho buscando legitimamente. Evidentemente o mundo sempre toma uma situação dessas e a transforma numa história de amor, não permitindo que uma moça se aproxime de um homem por qualquer outra razão que não seja o amor. Quando uma coisa destas acontece a um homem na realidade, muito provavelmente ele fará uma suposição errada; e, obviamente, são mais numerosos os casos em que a suposição está correta do que aqueles em que a suposição está errada, mas mesmo assim devemos admitir que existem muitos casos sérios em que uma moça pode estar interessada em aprender. E por isso eu acho que Mary buscou em Latimer o conhecimento.

Então começa a situação trágica. Ele não supôs que ela está interessada em conhecimento, mas pensa que ela o deseja como um homem, e está simplesmente fingindo um interesse a fim de pegá-lo na armadilha. Aqui está o trágico conflito. Ele não vê que ela esta realmente interessada e assim ele a atrai para uma armadilha. Depois vem o erro dela. Ela não está consciente de seus próprios instintos e não tem nenhum amor por ele. Ela deveria contar-lhe que cometeu um erro, mas simplesmente deixa que ele se case com ela, e nunca lhe conta que ela não o ama.

Já que ela desconsiderou os próprios instintos, estes começam a crescer às cegas. Então o animus começa seu trabalho e, a partir deste momento, Latimer dá um rumo desastroso aos processos inconscientes dela. Antes ela estava correta e tinha projetado seu animus em Latimer imediatamente. Foi algo que simplesmente aconteceu e, se a situação tivesse sido levada a sério, poderia ter corrido muito bem. Mas a atitude dele para com ela estava completamente errada, porque era uma atitude cega. Ele não tomou conhecimento do que ela realmente pensava a respeito dele e chegou à falsa suposição de que ela o estava procurando como um amante. Um homem totalmente consciente de seus próprios instintos não cometeria um erro como esse, mas obviamente ele era um homem muito intelectual, que vivia em sua mente com completa repressão da anima. Quando se encontra com ela, tudo isso é projetado sobre ela e ele nunca se detém para entender a realidade da situação. Mas ela não aguentará a projeção dele e logo ele começa a sentir que brota nela algo que ele não entende. E aqui estamos envolvidos na batalha entre a anima e o animus.

Consideremos primeiramente o lado dela no conflito. Ela cometeu um pecado de ignorância por não ter consciência de seus instintos. A natureza não presta nenhuma atenção à ignorância como desculpa, ela simplesmente pune-a como um pecado. Ela trata a situação como esta é e para a natureza não faz nenhuma diferença se a pessoa escolheu o caminho errado com malícia premeditada ou simplesmente caiu nele. Poderíamos dizer que a ignorância do instinto por parte de Mary é uma espécie de pecado herdado, porque toda a sua educação foi no sentido de excluir o conhecimento da vida. Sua família fez todo o possível para mantê-la inconsciente e ela não sabe nada do papel que uma mulher deve desempenhar. Ela mente bem inocentemente para o homem, depois se comporta como se fosse sua esposa e na verdade ela não é.

Num casamento assim haverá uma violenta explosão da sexualidade no início por parte do homem. O primitivo no homem é despertado porque ele precisa humilhar e rebaixar a mulher a fim de torná-la aproveitável para seus instintos. Evidentemente isto está totalmente errado, irremediavelmente errado, mas ele é impelido a isso e qualquer homem natural o fará. A mulher fica na posição da mulher arcaica e então a luxúria animal do homem é atiçada. Em algumas regiões da África as mulheres negras exibem com orgulho as cicatrizes que receberam em suas batalhas sexuais com os homens. Então o homem é lançado positivamente numa rota de brutalidade. Mas um homem instruído não pode manter isto indefinidamente. Isto o destrói e ele se torna impotente.

Enquanto a mulher pode ser reprimida, ela vive como um animal; ela se torna vítima de um bruto e obtém disso certa satisfação animal. Mas ela não pode manter esse nível baixo mais que o homem e, assim, isto leva a um colapso.

O que acontece então? A libido sem escoadouro entra no inconsciente toda de uma vez, poderíamos dizer. A libido se torna um ovo, que a mulher choca e faz nascer os pintinhos. O que está neste ovo? A instintividade feminina. Fantasias começam a formar-se ao redor da figura de um homem jovem que virá e a libertará deste tirano. As fantasias prosseguem sempre mais, com este tema de ela ser uma prisioneira de um tirano cruel. Muitas vezes eu vi este material de fantasia a respeito do homem jovem e do velho que colocou o passarinho numa gaiola dourada.

Ela está se entregando a estas fantasias e ruminando e ruminando, mas sem saber por quê. Raramente uma mulher nestas condições está consciente. Talvez depois de chegar aos quarenta ou quarenta e cinco anos ela possa acordar e entender o que está acontecendo em sua mente, mas em geral ela permanece profundamente ignorante de tudo isso. Temos, portanto, a formação destas fantasias sexuais inconscientes; e estas produzem um excelente material do qual pode surgir um complexo inconsciente. Este começa no inconsciente pessoal. Em sua primeira experiência sexual ela poderia ter compreendido. Muitas mulheres adquirem consciência desta maneira. Mas quando chega a sexualidade brutal, as camadas mais profundas da personalidade se revelam. Isto leva de volta à idade do macaco. A libido deixa a superfície e mergulha nas profundezas.

Quando uma mulher chega a este ponto, ela começa a usar material histórico para embrulhar as fantasias. Em vez de dizer: "Meu marido me forçou", ela começará uma história de tempos antigos nos quais esta tragédia foi encenada. Este elemento histórico aponta para o inconsciente coletivo. Depois é preciso determinar por que ele escolhe justamente este período específico, neste caso a Idade Média. E nesse caso é porque a psicologia especial envolvida situa-se no ponto de vista da Idade Média. Se, por outro lado, recuarmos no tempo em busca do lugar na história em que começa a repressão da anima, somos levados para muito antes da Idade Média, retrocedendo do cristianismo para o paganismo. Este é um tema complicado demais para abordá-lo aqui, mas acredito que a repressão da anima está ligada ao problema da domesticação coletiva do homem. A fim de constituir o Estado, a anima precisava ser reprimida. É por isso que, em *She*, a história de Kallicrates é situada primeiramente em tempos antigos. Mas não tão antigos como a Babilônia ou o Egito, porque nenhum destes países conheceu alguma vez um Estado, estritamente falando. O rei encontrava-se no nível dos deuses, como o atestam os templos babilônios; numa extremidade está o rei, na outra o deus. Em algumas das esculturas egípcias, o rei é representado dando ordens aos deuses. É claro que, numa condição destas, não é possível um Estado; o que existe é simplesmente o domínio do rebanho pelo terror de mana. Na *polis* grega não existia uma coisa destas e é lá que encontramos o início do Estado. Mas se a anima tivesse o domínio, seria impossível a formação de um Estado. Mas como acontece gradualmente a repressão? Você tem acordos, você promete não combater em tais e tais condições, você depõe suas armas e não fala muito alto, você é muito cortês, você não pisa na sombra de outro homem. Assim acontece entre os primitivos e desta maneira a tolerância tem uma chance de prosperar. Através destas práticas, a anima do homem ficou reprimida.

Neste caso, a causa da repressão dos instintos encontrava-se na psicologia medieval e nós precisamos relembrar os tempos medievais para descobrir por quê. Vocês têm alguma ideia a respeito deste assunto?

Sr. Schmitz: Será que a repressão dos instintos nas mulheres não nasceu do desejo do homem de manter a mulher casta enquanto ele partia para a guerra?

Dr. Jung: Sim. Mas é preciso explicar o exagerado ideal de castidade nestes tempos.

Sr. Schmitz: Se retrocedermos até o matriarcado, não existe nenhum ideal de castidade nas mulheres; mas, quando foi surgindo gradualmente o patriarcado, os homens ficaram interessados em estabelecer a paternidade de seus filhos e assim surgiu a concepção da esposa casta e a partir daí eles passaram para a ideia da virgem poderosa através da castidade, como Atena.

Dr. Jung: Você faz então uma conexão entre o culto da virgem e a ideia exagerada de castidade. Concordo inteiramente com isso. Este culto trouxe consigo meios muito brutais para impor a castidade. Se voltarmos às tribos primitivas, mesmo quando a norma é uma monogamia mais ou menos estrita, aceita-se naturalmente que as mulheres não são confiáveis quando o homem lhes vira as costas; mas não se dá muita atenção a isto, a não ser que o homem esteja muito apegado à sua esposa. Entende-se que uma mulher não é exatamente fiel, mas o marido primitivo não se preocupa de modo particular. Também a mulher, por seu lado, não se incomoda que o marido vá com outras mulheres, contanto que não lhe seja tirado. Em outras palavras, o ciúme não está muito presente. Com o ideal da castidade vem o ciúme.

Sr. Bacon: Entre os nativos da Nicarágua[17] o marido é excessivamente ciumento da sua esposa; com efeito, ele fica bastante brutal em relação a isto.

Dr. Jung: Sim. Existem certas ideias tribais que explicam casos particulares; mas, quando estudamos os casos comuns, verificamos que o que eu disse é verdade. Mas existem outros exemplos em que terríveis castigos recaem sobre a infidelidade. Nosso sentimento exagerado a respeito da castidade trouxe consigo crueldades semelhantes. Os castigos primitivos são muitas vezes de uma ferocidade peculiar, como se mostra nas práticas que cercam a caça às bruxas. Mas, o que dizer sobre as nossas leis a respeito disso? No ano de 700 a queima de bruxas não era permitida; mas, setecentos anos depois, e até 1796, bruxas eram queimadas. Isto teve seu clímax no mesmo tempo do aparecimento da Ladainha Lauretana[18], que marca a culminância do culto à Virgem Maria. Quando aparecem na sociedade crueldades

---

17. Em sua juventude Bacon morou na Nicarágua. Cf. sua autobiografia, *Semi-centennial*. Nova York, 1939.

18. Também chamada Ladainha de Loreto (século XVI). Para o texto e análise, cf. *Tipos. OC* 6, § 428, 439, 447, 451.

como a queima de bruxas, isso significa no lado psicológico que o instinto foi torturado e, de fato, o instinto é torturado por uma exagerada superestima da castidade. Na verdade, as torturas demoníacas seguiram no encalço desta superestima.

Por isso, estas fantasias medievais encontradas neste livro devem ser explicadas pelo fato da completa repressão do instinto. São despertadas novamente imagens dos tempos em que façanhas como as de Henrico von Brunnen eram muito comuns. Como assassino de sua esposa e do amante dela, ele constitui uma figura conveniente para o material inconsciente da fantasia de Mary, que se considera prisioneira de um ogro. Ora, quando se formam tais fantasias, elas impregnam a mente e o inconsciente coletivo é animado e a pessoa reage a ele – quero dizer, qualquer um intimamente associado a essa pessoa. É exatamente como se o inconsciente coletivo animado estivesse emitindo ondas que influenciam os outros. O marido nesta história responde à ativação do inconsciente coletivo em sua esposa. Ele é agarrado por algo que ele não entende e, ao ficar inquieto, é perseguido por estas fantasias coletivas de sua esposa. Ele não sabe donde elas são. Em suas andanças ele encontra acidentalmente este lugar, a Casa di Ferro. Eu conheço o lugar e ele é de fato muito extraordinário; a gente se pergunta o que esse lugar era e sente a verdade das lendas a respeito dele.

Quando Latimer o viu, algo lhe aconteceu. Ele disse para si mesmo: "É este o lugar, e eu sou esse homem Henrico von Brunnen". Existe a convicção imediata que sempre se segue quando se encontra um arquétipo, é uma experiência extraordinária. Se a fantasia de seu parceiro entra em você, você se torna responsável por ela; e, se você topa com a realidade que compõe a fantasia, você faz exatamente como Latimer fez quando disse: "Eu sou Henrico von Brunnen – essa é minha forma". Isto lhe trouxe paz, mas ao mesmo tempo ele precisava viver a coisa. Ele sucumbiu ao encanto da fantasia e foi dominado por ela. Ele já não era mais ele mesmo, mas seu inconsciente. Por isso morreu ao cometer o assassinato. Não foi ele próprio que o cometeu, a natureza o provocou.

Resumindo, vemos nesta história a projeção completa do inconsciente da mulher no homem, a operação do animus. Então vem a trágica negação do amor. Toda a libido instintiva reprimida aciona as camadas mais profundas do inconsciente com o resultante sistema de fantasia que vimos, até que o homem sobre o qual este sistema é projetado [sucumbe] ao seu encanto e o vivencia. Esta é a história tal como é determinada pela parte que a mulher desempenha nela. Se a olharmos a partir do lado do homem, ela fica diferente.

Até o momento de seu casamento Latimer levara a vida de um homem instruído. Reprimiu completamente a anima. Depois sai em busca de "She" e a encontra nesta moça encantadora. O sentimento da juventude foi atiçado nele. Encontrou esta moça estranhamente inconsciente, cheia de uma estranha imprecisão e inconsciente como era dos instintos, e ela se tornou para ele uma maravilhosa oportunidade de projeção da anima. Neste vago e ambíguo quadro você pode colocar qualquer quantidade de fantasia e assim ele a transformou num brinquedo. Ela satisfez o desejo dele mantendo-se quieta. Quanto mais vaga ela se tornava, tanto mais a anima tinha uma chance de desempenhar seu papel. Quanto mais ela se enquadra no papel da anima, tanto menos ele consegue alcançá-la na realidade. Então ele começa a fazer pressuposições para ocupar o lugar das realidades. Ele fica totalmente às escuras a respeito dela e ela se torna mais elusiva que o luar. Ela havia negado o amor e, por isso, ele começou a buscar esta coisa que ele não podia encontrar. Começou a percorrer toda a Europa em busca desta coisa desconhecida. Visto que ela retirou dele toda a libido e começou a tecer fantasias de amantes que viriam libertá-la, sua esposa lhe era realmente infiel. Ele se convenceu de que ela lhe era realmente infiel e começou a certificar-se de seus amantes à noite. Assim, seguindo as suspeitas da anima, ele caiu cada vez mais na armadilha. Finalmente lançou mão do recurso de mantê-la presa. Foi levado a fazer todas estas coisas para livrar-se da tortura que o estava dilacerando.

Dra. de Angulo: Posso ver a verdade de tudo o que você falou se você supõe que Latimer era um homem normal quando se casou com Mary, mas não existe uma razão para entender da maneira como a comissão entendeu, a saber, que Latimer já estava dilacerado e que ele era anormal através de sua unilateralidade quando a encontrou pela primeira vez? Suas experiências na guerra o encharcaram completamente e ele começou a viver seu inconsciente, que por fim o levou a identificar-se com Henrico von Brunnen. Mary é então apenas um incidente em sua vida; o que o leva à loucura é sua incapacidade de chegar aos seus sentimentos. Justamente por ele ser tão irreal quando ela o encontra, ele é para Mary uma figura do animus.

Dr. Jung: Não. Não vejo nenhuma razão para supor que Latimer era anormal desde o início. Além do mais, isto é apenas um esconder-se atrás de palavras, por assim dizer, porque não explica nada.

"L'ATLANTIDE"

O Sr. Bacon leu o relato da comissão sobre *L'Atlantide*. A comissão teve opiniões divididas quanto à adequada interpretação psicológica. Uma maneira de ver foi que o livro mostrava um conflito, na mente de Benoît, entre seu lado espiritual e uma tendência a considerações materiais. Achou-se, por exemplo, que ele tinha consciência de usar mal as mensagens do inconsciente a fim de escrever "best-sellers". Vista a partir deste ângulo, Antinéa não foi aceita como uma verdadeira figura da anima – ou seja, uma criação das fantasias inconscientes – mas considerou-se que mais da metade da sua personagem foi construída com vistas ao efeito literário.

Outra maneira de entender representada na comissão foi que o livro representava um conflito entre o que era racional e o que era irracional na psicologia de Benoît em vez de um conflito entre um ponto de vista espiritual e um ponto de vista materialista.

O Sr. Aldrich, divergindo destes dois pontos de vista, apresentou um relato da minoria, no qual defendeu corajosamente Antinéa não só como uma verdadeira figura da anima, mas também como um símbolo de importância positiva. De acordo com seu parecer, Antinéa não era nem uma mulher boa nem uma mulher má, mas completa por todos os lados. Ele resumiu seu relato da seguinte maneira:

"O complemento natural de uma mulher completa é um homem completo. Na medida em que o homem não é completamente desenvolvido, ou se recusa a dar a ela mais do que um lado de sua natureza, ele pode esperar que ela o punirá. No romance de Benoît, o herói está dividido em dois: o seu lado sensual é personificado por Saint-Avit, enquanto Morhange representa uma espécie de espiritualidade infantil e convencional. Com efeito, o herói dirige-se a Antinéa e diz: 'Ofereço a você meu lado sensual, porque a Natureza me impele; mas pretendo negar a você qualquer participação no lado espiritual, porque, de acordo com minha moralidade convencional, amor a uma mulher e espiritualidade são opostos e não podem harmonizar-se'. Naturalmente isto despertou um demônio em Antinéa – como o faria em qualquer mulher que tivesse alguma individualidade. Obviamente a mulher certa para um homem é a mulher que complementa o estágio de desenvolvimento dele: a mãe é adequada para o bebê, a esposa para o homem que está conquistando seu lugar no mundo, e a hetaira – a mulher completamente desenvolvida, a companheira – para o homem que alcançou a individualidade completa, o Homem Sábio. Antinéa poderia ter sido uma companheira maravilhosa para um Homem Sábio; mas para um homem que não passou do estágio de Guerreiro ela não era inadequada e fatal como uma esposa seria para um bebê".

***

Dr. Jung: O ponto mais interessante a respeito deste livro é a maneira como ele difere de *She*, não é, Sr. Bacon?

Sr. Bacon: Sim. Devo dizer que fiquei um pouco confuso ao tentar apurar as diferenças, mas em primeiro lugar existe o tema do luxo muito enfatizado no livro de Benoît.

Srta. Raevsky: Não só isso; existe uma sensualidade muito desenvolvida neste livro, até mesmo em Antinéa.

Dr. Jung: Sim. Se pensarmos nos detalhes exteriores, existe uma tremenda diferença. Em *L'Atlantide*, como vocês dizem, existe uma atmosfera de luxo, insiste-se na beleza do lugar, a maneira como as pessoas são recebidas é descrita para realçar os detalhes, enquanto os traços correspondentes em *She* são tratados muito escassamente. Benoît é francamente estético. [Não?] se poderia imaginar um escritor anglo-saxão prestando tanta atenção a estes detalhes materiais. O próprio Haggard presta bastante atenção a eles, de fato, como por exemplo ao descrever um chá da tarde em condições totalmente absurdas; mas, quando Haggard o faz, é com uma espécie de frugalidade; é o tipo de sensualidade que pertence ao desportista, enquanto a de Benoît é a do salão.

Quando vocês mencionam a sensualidade em *L'Atlantide*, vocês captam alguma coisa, mas existe uma diferença ainda maior. Benoît reconhece plenamente o lugar da sexualidade, enquanto em Haggard ela sempre aparece como um elemento perverso ou diabólico. Em Benoît ela desempenha uma parte importante, enquanto em todos os livros de Haggard ela está indiscutivelmente no pano de fundo. Pode-se dizer que tivemos aqui o ponto de vista francês e o ponto de vista anglo-saxão em oposição. Não podemos presumir que a visão anglo-saxã seja a única em harmonia com o céu; devemos presumir que a visão francesa também tem fundamento. Por isso, vale a pena entrar em alguns detalhes a respeito desta questão da atitude. Para fazê-lo precisamos prestar alguma atenção a Antinéa. Não estou seguro de que o grupo teve uma imagem muito clara de Antinéa. Sr. Bacon, você poderia descrever a maneira como Antinéa difere de "She"?

Sr. Bacon: Antinéa é um objeto muito mais fisiológico do que "She", que é muito vaga e confusa. Antinéa é representada cheia de desejo animal.

Sr. Aldrich: "She" não me diz nada, enquanto Antinéa é para mim uma mulher real. Penso que fui o único membro da comissão que não a considerou venenosa. Se o autor tivesse sido coerente e não a tivesse abordado como uma personalidade dividida, teria encontrado em Antinéa uma moça muito atraente.

Dr. Jung: Mas você precisa admitir que é uma brincadeira um tanto de mau gosto ter um salão cheio de homens mortos.

Sr. Aldrich: Ah! Mas ela lhes concedeu a imortalidade.

Dr. Jung: Devo dizer que esta visão é um pouco otimista demais, mas é verdade que Antinéa[19] é geralmente depreciada, de maneira desnecessária se levarmos em consideração suas condições. Ela é uma rainha onipotente que pode ter todos os seus desejos e caprichos satisfeitos. Esta rainha oriental pode ser muito cruel sem ser perversa. Se a compararmos com outros tipos semelhantes, ela não é tão má. Além disso, ela está numa situação difícil. É uma mulher que não foi refreada por interferências de educação; ela pôde desabrochar completamente, mas não

---

19. *Original*: "Atlantide".

devemos supor que esta é a melhor coisa que pode acontecer. Ela vê e preza os valores naturais e é inteligente e intelectualmente instruída, mas não teve nenhuma formação nos valores mais elevados. Pode-se duvidar, evidentemente, se estes valores mais elevados valem a pena ou não, mas seria um erro pensar que eles podem ser totalmente ignorados. Se compararmos "She" com Antinéa, podemos ver que a tragédia gira em torno desta questão dos valores. "She" é torturada durante milhares de anos até admiti-los. Antinéa nem é tão avançada para admitir ou enxergar sua existência e, por isso, ela não luta e nós vemos que Antinéa está num nível inferior ao de "She". Por isso, nossa simpatia vai para esta última. Mas Antinéa tem todo o encanto da mulher nativa, toda a força erótica e a instintividade que combina com uma mulher. Isto é algo que desapareceu um pouco em "She", porque "She" já está sob a influência das coisas.

Mas devemos lembrar que Antinéa não é uma mulher real, e sim a anima de um homem francês, e aqui temos uma diferença típica entre os franceses e os anglo-saxões. Se existe algum livro que pode lançar luz sobre esta diferença, é este livro. Eu gostaria de ouvir vocês falarem a respeito deste ponto. Como vocês explicam esta diferença peculiar?

Sr. Schmitz: Acredito que a diferença entre franceses e anglo-saxões, na verdade entre os franceses e o resto da Europa, surge da diferença em sua relação com o mundo pagão. Os franceses são o único povo que teve ligação direta com o mundo pagão. Quando os romanos conquistaram a Gália, cercaram-na de cultura romana. Por isso, quando veio o cristianismo, ele considerou a França um Estado civilizado em oposição à Alemanha. Os alemães resistiram à cultura romana, de modo que não existe continuidade de tradição com o mundo pagão. O cristianismo nos considerou bárbaros e nosso paganismo permaneceu com o elemento bárbaro dentro de si. Esta diferença impregna toda a cultura francesa.

Dr. Jung: O que o Sr. Schmitz diz é muito correto. Aqui está o motivo para a diferença entre o ponto de vista francês e o ponto de vista anglo-saxão. A Gália foi civilizada em tempos primitivos; ela continha até uma fértil cultura romana num tempo em que a Germânia e os anglo-saxões estavam num estágio muito primitivo de desenvolvimento. Naquele tempo até Paris existia como um lugar civilizado e houve poetas, e até imperadores, provenientes dos povos nativos da Gália. A Gália era, em outras palavras, uma civilização rica, tendo sido os antigos gauleses incorporados ao povo romano. As línguas célticas desapareceram e as tribos germânicas que entraram foram absorvidas pela população romanizada e, assim, receberam também a civilização romana. Nesta base foi plantado o cristianismo, não num povo selvagem como na Germânia. Por isso existe uma absoluta continuidade entre a mentalidade romana e a da Idade Média. Não existe interrupção. Até alguns Padres da Igreja primitiva eram franceses.

Além da influência romana, houve também uma forte influência grega que chegou até o Ródano, e influências culturais provenientes do Mediterrâneo chegaram numa data bastante primitiva. Todas estas influências do mundo pagão tiveram um efeito peculiar. Fortaleceram as camadas antigas a tal ponto que o cristianismo não conseguiu anulá-lo. O mesmo vale mais ou menos para todos os povos mediterrâneos; ou seja, eles permaneceram mais pagãos do que cristãos. Seria difícil dizer isto a um francês, porque os franceses se consideram bons católicos. E eles o são, num certo sentido; mesmo quando extremamente céticos, eles ainda são bons católicos. Caso contrário, Voltaire e Diderot não seriam tão aceitáveis como são. Assim, alguém pode ser católico de maneira negativa e sentir prazer em lançar veneno contra a coisa anteriormente mais reverenciada.

Os que estão na Igreja têm uma atitude sumamente positiva. Eles se concentram no catolicismo porque sentem que ele abarca a vida. Em seu campo de interesse o paganismo persiste e por isso encontramos entre os franceses mais religiosos um pleno reconhecimento da sexualidade. Hoje seu ponto de vista sobre a sexualidade é que ela é amoral[20]. É simplesmente óbvio que a sexualidade é aceita e a moralidade quase não é posta em questão. Um homem vai à igreja regulamente e mantém todo tipo de práticas sexuais que lhe parecem apropriadas, porque aos seus olhos a sexualidade nada tem a ver com moralidade. Por isso a sexualidade recebe o tratamento especial que ela recebe na França.

Esta diferença peculiar explica, em minha opinião, toda a diferença entre "She" e Antinéa. E, já que Antinéa tem uma personalidade tão definida, podemos reconstruir algo do consciente do autor e chegar a um apreço de um francês moderno.

Além disso, existem outras figuras que lançam muita luz sobre a psicologia francesa. Tomemos Le Mesge, por exemplo. Aqui está um puro racionalista vivendo de maneira totalmente irracional, uma coisa típica dos franceses. É característico da mente francesa permitir o limite da irracionalidade no comportamento e em nenhum outro lugar se pode ver tantas figuras cômicas na realidade; mas elas são, não obstante, racionais em seus pontos de vista.

Depois temos o Conde Bielowsky, que, apesar de ser polonês, é uma típica figura francesa do Terceiro Império, um *habitué* de Paris. Sua figura forma um contraponto necessário à de Morhange, cuja atitude galanteadora para com a Igreja é compensada pela atitude galanteadora de Bielowsky para com a "vida da alta sociedade". A figura mediadora entre os dois é Le Mesge. Essas contradições exigem sempre um compromisso e este acontece através de uma mediação racional. Mas aqui existe muito pouca vida, e então é introduzido Saint-Avit para proporcionar temperamento e paixão.

---

20. "Amoral". O *original* traz: "a moral".

Um francês sempre se permite ter "acessos", nos quais ele pode aplicar todo um arsenal de retórica. Ali aparece uma longa série de palavras tremendas, ajuntadas num estilo perfeito, e depois ele se sente bem.

Sr. Aldrich: Morhange, da maneira como o vejo, tem apenas uma espiritualidade muito frágil. Não creio que ele tenha tido algum dia uma emoção religiosa.

Dr. Jung: Mas você é um anglo-saxão e ele era um católico. Nunca podemos saber o que Sacré-Coeur[21] significa para eles, nem como eles podem emocionar-se com a imagem da Virgem.

Podemos dizer que existe uma atmosfera peculiar em *L'Atlantide* e uma atmosfera totalmente diferente da de *She*. Isto é algo que eu senti muito profundamente e me pergunto se vocês também não sentiram. Quando alguém lê um livro desses, ele se pergunta: "Para onde ele leva?" O que ele significa para vocês?

Sra. Zinno: A mim me parece um caminhar para a morte e não para a vida.

Sr. Bacon: Existe para mim uma indefinível sensação de vulgaridade a respeito disso. Termina como que preparando para um resultado.

Sra. Zinno: Eu penso que a figura de "She" é um esforço para conectar a irrealidade com a realidade, mas Antinéa permanece agarrada à irrealidade, ou seja, ao inconsciente.

Dr. Jung: Você tocou aqui num ponto importante. Antinéa não procura sair, não faz nenhuma tentativa de entrar em contato com o mundo, nem de deixar o mundo entrar em contato com ela. "She" está planejando dominar o mundo, chegar a ele de alguma maneira. Esta é uma peculiaridade do anglo-saxão: o desejo de alcançar o mundo e dominá-lo. Este desejo está bem consciente na Inglaterra e provavelmente em cinquenta anos será assim também na América. Mas o ponto de vista dos franceses é permanecer onde eles estão. Os franceses não estão realmente preocupados em governar o mundo; isto é uma presunção que Napoleão, que não era um verdadeiro francês, trouxe – isto é, a ideia de dominar a Europa. Os franceses estão preocupados com seu próprio país.

Não é nenhuma surpresa, portanto, que Antinéa permaneça onde ela está. O que eu acho realmente sobre o problema é que ele é inútil. Será repetido uma centena de vezes e depois toda a questão chega a um fim. Antinéa morrerá e depois ela se encontrará num trono em toda a sua beleza real com adornos apropriados. É uma espécie de apoteose, algo que se pode ver no final de um filme, a ideia de La Gloire. Existe um panteão de heróis caídos e ali toda a coisa termina em vã ambição.

Mas em *She* existe um sentimento de enorme expectativa no final. Não se sabe, mas busca-se o futuro. O que faz uma grande diferença entre a anima do francês e

---

21. Ou a basílica do Sacré-Coeur, em Montmartre em Paris, que fora consagrada seis anos antes e que traz um forte simbolismo religioso; ou a devoção católica ao Sagrado Coração.

a anima do anglo-saxão é que a última contém um misterioso lado de promessa, e por isso existe mais sentimento de forças espirituais em "She" do que em Antinéa.

Todo este elemento é arrancado de Antinéa pela suposição de seu nascimento. A suspeita racional é, evidentemente, uma tremenda depreciação da função dos arquétipos. É novamente o espírito do "nada mais do que"[22]. O valor desapareceu do arquétipo. Esse espírito diz: "Você não pode basear-se nos arquétipos, e por isso é melhor não construir nada, o chão não é seguro". Este é um fato peculiar que deve ser levado em conta na análise dos franceses. É muito difícil conseguir que eles o levem suficientemente a sério. Seu racionalismo os está bloqueando em todos os momentos. Eles têm uma visão exata acerca de todas as coisas e sabem o que elas são até o último detalhe. Eles se exaurem nessa luta. Por saberem como cada coisa funciona, eles estão inclinados a depreciar os fatos imediatos da alma e a supor que cada coisa é resultado de uma civilização antiga. Foi esta a atitude que tiveram que assumir na Idade Média como uma compensação contra a força da antiguidade. O cristianismo não era suficientemente forte para sustentá-los no início e este racionalismo deu apoio à Igreja. A relação deste racionalismo com a Igreja é algo que um anglo-saxão dificilmente consegue compreender.

Dra. de Angulo: Você irá analisar a opinião apresentada no relato da comissão no sentido de que Antinéa não era uma figura inconsciente, mas foi colocada deliberadamente no cenário inconsciente?

Dr. Jung: Penso que Antinéa é parcialmente consciente e parcialmente inconsciente. Quando o anglo-saxão afirma que ela é desvirtuada pelo inconsciente pessoal, ele está comentando o caráter racial peculiar de Antinéa.

Sra. Jung: Você poderia dizer algo sobre a relação do animus com a imortalidade da mesma maneira que você analisou a anima e a imortalidade?[23]

Dr. Jung: O animus parece remontar apenas ao século XIV e a anima à antiguidade remota; mas quanto ao animus devo dizer que não tenho nenhuma certeza.

Sra. Jung: Pareceu-me que o animus não era um símbolo da imortalidade, mas do movimento e da vida, e que é a atitude do homem que dá esse aspecto diferente à anima.

Dr. Jung: É verdade que o animus é muitas vezes representado por uma figura que se move – um piloto de avião ou um chefe de tráfego. Talvez haja alguma coisa

---

22. "Nothing but": Um termo que Jung tomou de William James: cf. "A questão dos tipos psicológicos" (1913). *OC* 6, anexo 1, § 937.

23. Emma Jung deu uma conferência sobre o problema do animus em novembro de 1931 para o Clube Psicológico em Zurique. O ensaio foi publicado em *Wirklichkeit der Seele* (Psychologische Abhandlungen 4. Zurique, 1934). Trad. C.F. Baynes: "On the Nature of the Animus". *Spring*, 1941. Reimpresso em JUNG, E. *Animus and Anima*. Nova York, 1957, p. 1-44.

no fato histórico de as mulheres serem mais estáveis, e por isso existe mais movimento no inconsciente.

Sr. Schmitz: Certamente pode não ter havido nenhuma repressão do animus no tempo do matriarcado.

Dr. Jung: Não podemos ter muita certeza.

Sra. Zinno: As figuras dos deuses trazem a ideia da imortalidade, não trazem? Visto que elas são também figuras do animus e entram nos sonhos das mulheres, penso que se poderia dizer que o animus trazia também o sentido da imortalidade.

Dr. Jung: Sim. Isto é verdade. Mas continua havendo uma tremenda diferença entre o animus e a anima.

Sr. Schmitz: Será que a imortalidade está no indivíduo?

Dr. Jung: Não, apenas como a imagem. A imortalidade pertence à criança da anima. Visto que a anima não deu à luz, ela assume a imortalidade. Quando a anima dá à luz ela morre. Mas este problema da anima e do animus é complexo demais para ser tratado aqui.

Fim.

Índices

I
Índice geral

Arte: fantasias de Jung como 81s.; moderna 17, 92-96

Aschaffenburg, Gustav 56n.

Atman 114, 119

Bacon, Leonard 34, 94, 178, 182, 186, 188-190, 193

Bailey, Ruth 24

Barrett, John D. 32

Baynes, Cary F. 7, 9, 11, 13, 17-20, 24, 30s., 112n. *Cf. tb.* de Angulo, Cary F.

Baynes, Charlotte 28, 34, 94

Baynes, H. Godwin 24, 28, 30, 150n.

Beckwith, George 24

Beduínos 134

Benoît, Pierre: *L'Atlantide* 156n.

Bergson, Henri 90, 126

Bertine, Eleanor 25

Bíblia: Mateus e Marcos 132n.; Samuel 53n.

Blackwood, Algernon 177

Bleuler, Paul Eugen 57n.

Böddinghaus (Sigg), Martha 20

Bramanismo 114

Breuer, Josef 56

British Empire Exhibition 150n.

Bullitt, William C. 27

Burnham, John C. 25n.

Campbell, B.F. 133n.

Carotenuto, Aldo 26n.

Casa (Castello) di Ferro 182, 187

Casamento 30n., 142, 149, 178s., 182, 184

Castidade 186

Catacumbas 88, 138

Catedral 88, 103, 139

Cather, Willa 27

Catolicismo romano 96, 143, 149, 191s.

Caverna 88, 97

Chanteclair 115
China, cultura e tradição chinesas 112s., 117, 134, 146
Chronos 139
Churinga 70
Coleridge, S.T. 68n.
Colonna, Francesco 105
Cores 134, 140s.
Cones 137
Conferências Eranos 28, 31s.
Confúcio 113, 117
Consciente e inconsciente 140, 154, 181
Corrie, Joan 9s., 28, 108, 118n., 119n., 139n., 158n., 180
Cowell, Henry 28n.
Cowell, Sidney 28n.
Cozinhar 179
Cratera 104, 134, 136s.
Creuzer, Friedrich 64n., 167n.
Cristianismo 14, 109, 139, 143, 149
Cristo 90, 98, 120, 133, 136, 143, 185, 191s., 194
Cumont, Franz 139

Dalai-Lama 139
Dante Alighieri 137
Daudet, Léon 73n., 77
Davis, Linda H. 26n.
De Angulo, Cary F. 29n., 30, 52, 94, 101, 111s., 127, 146, 188, 194. *Cf. tb.* Baynes, Cary F.
De Angulo, Jaime 14, 24, 27, 30
De Angulo, Ximena 30n., 32
Deificação 137-139
Dell, W.S. 31
Dementia praecox 45, 57-59, 68n., 73, 76, 84, 104, 106
Deus 12, 60, 65, 70, 87, 107, 125, 127s., 162
Diabo, o 125
Diagramas: das funções 158, 160; do indivíduo 165s.; da psique 140-142

Froebe-Kapteyn, Olga 31

Frost, Robert 27

Funções 108, 124, 145, 157-161, 163; sentimento 158s.; inferior 66, 90, 108, 110; intuição 110s., 123, 132, 141; sensação 110, 123s., 159s.; superior 108, 124

Fundação Bollingen 28, 32s.

Füssli, J.H. (Henry Fuseli) 92n.

"Geologia" da personalidade 171

Gnosticismo 28, 105n., 137, 139

Goethe 50, 127, 133

Gordon, Mary 54n.

Graal 139, 180

Grand Canyon 24, 88

Grécia antiga 81, 87, 167n., 185, 192

Guerra 16, 82, 94, 125s., 186, 188

Haggard, H. Rider 105, 132, 150, 156n., 174-177, 179s.; *She* 18, 156, 190

Hannah, Barbara 14n., 18n., 88n.

Harding, M. Esther 18, 25, 84, 100, 174s., 178, 180s., 183

Hartmann, Eduard von 16, 44, 59

Hauer, J.W. 121n.

Hay, Marie: *The Evil Vineyard* 156s.

Helena 154

Helena de Troia 105

Henderson, Joseph L. 20n., 25, 31

Henty, Dorothy 108

Hepburn, Katherine Houghton 29

Heráclito 117

Hércules 98

Hermes Trismegisto 81

Herodes 132

Herói 69, 89s., 97n., 98, 102, 128, 173, 175s., 178s., 181s., 189

Hesse, Hermann 28

Hetaira 73, 189

Hillman, James 46

Hincks, Srta. 10, 110-112
Hinkle, Beatrice M. 19, 25, 63
História russa 137
Hoffmann, E.T.A. 78
Homem, psicologia do 20, 52, 133, 140
Homem de milhões de anos de idade 52
Homem gótico 96. *Cf. tb*. Idade Média
Houghton, Elisabeth 29, 146
Hubbard, Arthur John 103n.

I Ching 20n., 29, 31s., 112n., 113, 116s.
Idade Média 96, 185, 191, 194. *Cf. tb*. homem gótico
Imagens primordiais 127, 161
Imortalidade 53, 138s., 181, 190, 194
Inconsciente 16s., 31, 44s., 49-52, 54, 59, 63-65, 69s., 72-76, 80-83, 91-93, 96, 106, 108, 116s., 128s., 132s., 137, 140, 142-146, 148s., 153s., 158, 163-167, 170, 173-177, 179-182, 184s., 187s., 195; coletivo 31, 63s., 68, 77s., 91, 93, 98, 101, 104, 106s., 110, 131, 145, 148, 150, 152s., 160, 166-170, 174, 176s., 179-181, 185, 187; compensação do 59, 144
Inconsciente coletivo. Cf. Inconsciente
Índia 114, 177
Índios (americanos) 27, 30, 60, 145s.
Indivíduo 122, 138, 142, 144, 165-167, 170s., 180s., 195. *Cf. tb*. Si-mesmo
Instintos 63, 111, 181-184, 186-188
Introversão 71, 91, 100, 127
Intuição. *Cf*. Funções

Jaffé, Aniela 21. *Cf. tb*. Índice 4: 1962, 1973, 1979
James, William 194n.
Jarrett, James L. 47
Jelliffe, Smith Ely 25
Joggi 26
João Batista 132s.
Josefo, Flávio 132n.
Joyce, James e Lucia 31

Mapa do Rio Amarelo 116

Mayer, Julius Robert 115n.

McCormick, Fowler 24

McGuire, William 7, 24,s., 25, 55n., 60n. *Cf. tb.* Índice 4: 1974, 1977 (obras editadas)

Mediterrâneos, povos 192

Mellon, Mary Conover 20n., 31s.

Mellon, Paul 31

Melville, Herman 105

Mencken, H.L. 27, 105, 156, 177n.

Meyrink, Gustav 18; *Das Grüne Gesicht* 105n.

Miguel Ângelo 115

Miller, Frank 64

Mistérios 110, 137-139, 143, 167n.

Mistérios dionisíacos 138

Mitraísmo 69, 88, 138s., 143

Moisés 133

Moltzer, Maria 25, 82n.

Monismo 112, 119

Mountain Lake 27

Mulheres 72, 111, 144-147, 156

Müller, Friedrich von 47n.

Natal 143

Negros 64, 70s., 134s.

New Education Fellowship 150n.

Nietzsche 47, 53, 108, 113s., 133

Night Sea Journey 9n.

Números: doze 81

Ogden, C.K. 26

Opostos 10, 17, 49s., 59s., 68s., 89, 91, 94, 107, 111-115, 117, 119, 125s., 133, 138-140, 154

Osíris 143, 178s.

Paranoia 59, 84, 96

Parcival/Parsifal 139, 181

Paulo, São 105n., 144

Pensamento 67, 72, 90, 102, 110, 116, 165s.; automático 67; dirigido 67, 78; empírico 159; fantasia 67, 71; impuro 68, 72; passivo 67; especulativo 158. *Cf. tb.* Funções

Persona 91, 147s., 166, 170

Peter Blobbs 103

Picasso, Pablo 95n.

Pitágoras 102

Platão 50, 127s., 161

Ponto de vista francês 190-193

Porter, George F. 24, 26

Possessão ancestral

Preiswerk, Hélène 45n., 46n.

Primitivos 70, 76, 84, 103, 111, 143, 185; efeito sobre os europeus 146

Princípio dinâmico 103s.

Projeção 71, 111s., 116, 169s., 178, 184, 187s.

Psicose 85, 176. *Cf. tb.* Loucura *e* Índice 2.

Ra 135

Racionalismo 28, 194

Radin, Paul 27s., 174, 180

Raevsky, Srta. 189

Rafael 115

Rasmussen, Knud 168n.

Renascimento 12, 69, 98

Respeitabilidade 117, 178s.

Revolução Francesa 94

Rivers, W.H.R. 27

Robertson, Kenneth 28, 109, 125s., 145, 177

Robertson, Sidney 28

Robeson, Paul 27

Roelli, Ximena de Angulo 30n., 32

2
Casos mencionados

Segundo a ordem de apresentação. Os casos são os mencionados por Jung, mas não foram necessariamente tratados por ele.

1. H. Preiswek, sonâmbula e médium 43-46, 49-51
2. Mulher psicótica que imitava o movimento de fazer sapatos 57s.
3. B. St., mulher com demência paranoide e delírios 58s.
4. Advogado paranoide que tentara o suicídio 59
5. Jovem suíço que pulou na carruagem da Imperatriz 103s.
6. Escultor que tentou pintar o Espírito Santo 106s.
7. Mulher que ficou louca depois de unir-se ao marido no Japão 118
8. Paciente rico esperando algo que não fosse triste 118
9. Homem alcoólatra que viu porcos em árvores 120s.
10. Mãe com filhos que "simplesmente aconteceram" 123
11. Moça intuitiva que sem saber viveu num bordel 123s.
12. Pacientes intuitivos fracos a respeito da sensação 123-125
13. Homem com fantasia de salvador 128s.
14. Jovem americano cujos quadros mostravam a luta entre os opostos 140-142
15. Garoto austríaco neurótico na América do Sul, quase induzido a um homicídio pelo professor 142s.
16. Estudante de teologia em dúvida acerca de tornar-se ministro 150s.
17. Homem, neurótico compulsivo, mantido por uma mulher mais velha, que supunha que ele tivera seu caso analisado 163s.

3
Sonhos, fantasias e visões

Segundo a ordem de apresentação. Estes são sonhos e, a não ser que se diga outra coisa, foram experimentados por Jung.

1. Sonho de Freud sobre um tema que Jung não pode mencionar 62
2. Casa com muitos andares e adegas (origem de *Wandlungen und Symbole*) 63s.
3. Radiolário 64s.
4. Espírito de um inspetor da alfândega = Freud; e cruzado 77-80
5. Arcada (*loggia*) florentina; pomba branca transformada numa menina 80-81
6. Fantasias da Europa numa catástrofe 81-83
7. Fantasia: voz de mulher (Spielrein?) dizendo que os escritos de Jung eram arte 82s.
8. Fantasia de cavar um buraco, entrar numa caverna, fonte donde jorra sangue 88s.
9. Assassinato de Siegfried 17, 89s., 97s., 102
10. Visão do anel de benzeno de Kekulé 90
11. Sonhos de Peter Blobb 103
12. Visões de Elias e Salomé (à p. 137, descritas como sonhos) 104s., 128-130, 132-137
13. Gado entrando na catedral durante a missa 139
14. Sonho de um estudante de teologia que vê o mago branco e o mago negro 150s.

4
Índice cronológico das obras de Jung citadas e discutidas

As datas são da publicação original ou, quando for importante, da composição.

1896-1899   *The Zofingia Lectures* (CW A) 44n.2, 47n.8

1902   "Zur Psychologie und Pathologie sogenannter occulter Phänomene" (posteriormente "Sobre a psicologia e patologia dos fenômenos chamados ocultos"; *OC* 1) 43n.1

1904-1909 "Estudos diagnósticos de associações" (*OC* 2) 48n.11

1906   "Psicanálise e o experimento de associações" (*OC* 2) 48n.11

1906   *Studien über Hysterie* (*OC* 4) 56n.6

1907   "A psicologia da *dementia praecox*: um ensaio" (*OC* 3) 57n.9, 58

1908   "O conteúdo da psicose" (*OC* 3) 57n.10, 58n.12

1908   *Studies on Hysteria* (SE 2) 56n.6

1912   *Wandlungen und Symbole der Libido* (*Psychology of the Unconscious*, tr. B.M. Hinkle, 1916) 20n.35, 23, 25, 28, 62, 64s., 65-67, 70, 74, 78, 81, 107, 119, 137n.13, 138n.14, 181n.15

1912   "Teoria psicanalítica" (*OC* 4) 71n.10

1913   "A questão dos tipos psicológicos" (*OC* 6, anexo 1) 72n.12, 118n.16, 194n.22

1916   "La structure de l'inconscient = "A estrutura do inconsciente" (*O eu e o inconsciente*; *OC* 7/2) 24n.3

1916   *Psychology of the Unconscious*. Cf. *Wandlungen*

1916-1917 *Collected Papers on Analytical Psychology* 21n.41, 24, 43n.1

1917   *Die Psychologie der unbewussten Prozesse* (*The Psychology of the Unconscious Processes* – tr. 1917) 21, 23

1918   "Psicologia do inconsciente" (*OC* 7/1) 115n.7

1921   *Tipos psicológicos* (*OC* 6) 10, 10n.6, 11, 15, 18, 23, 47n.7, 53n.5, 68n.5, 70n.9, 71n.11, 109n.4, 117n.12, 172n.6

1923   Seminários de Polzeath 10n.5, 14s., 30

1925   Seminários de Swanage 7, 19, 23n.1

1925   "O casamento como relacionamento psíquico" (*OC* 17) 12, 29n.23

1927   "Alma e terra" (*OC* 10/3) 29n.23, 73n.13, 132n.4, 156n.2

1928   *Dois escritos sobre a psicologia analítica*: *Psicologia do inconsciente* (*OC* 7/1) / *O eu e o inconsciente* (*OC* 7/2) 21, 23, 30, 73n.14

1928   "Psicologia analítica e educação" (*OC* 17) 150n.1, 163n.1

1928   *Contributions to Analytical Psychology* (tr. C.F. e H.G. Baynes) 30, 150n.1

1928-1930 *Seminar on Dream Analysis* (pub. 1983) 23n.1, 25n.10, 32, 103n.2, 116n.10, 133n.5, 168n.3

1929   *O segredo da flor de ouro* (*OC* 13) 21

1931   "O problema fundamental da psicologia contemporânea" (*OC* 8/2) 163n.1

1932   "Picasso" (*OC* 15) 95n.4

1933   *Modern Man in Search of a Soul* (tr. Baynes/Dell) 31

1934   "Sobre os arquétipos do inconsciente coletivo" (*OC* 9/1) 105n.9, 150n.1

1934-1939 Seminário: sobre o *Zarathustra* de Nietzsche (pub. 1988) 47n.8

1934   "Fundamentos da psicologia analítica" ("Tavistock Lectures)" (*OC* 18/1) 163n.1

1937   "As visões de Zósimo" (*OC* 13) 90n.11

1939   Prefácio à obra de Suzuki *Introdução ao Zen Budismo* (*OC* 11/5) 120n.18

1946   "A psicologia da transferência" (*OC* 16/2) 90n.11

1950   Prefácio ao *I Ching* (*OC* 11/5) 112n.1

1950   "Sobre o simbolismo do mandala" (*OC* 9/1) 134n.7

1952   *Símbolos da transformação* (*OC* 5) 63n.18, 70n.8, 137n.13

1962   *Memories, Dreams, Reflections [MDR]* (ed. Jaffé) 13n.14, 21, 32

1973   *Jung: Cartas* (ed. Adler/Jaffé), vol. I 26n.11, 29n.24, 65n.24, 178n.11

1974   *Cartas Freud/Jung* (ed. McGuire) 48n.11, 56n.4, 59m.13, 64n.21, 65n.24, 71n.10, 88n.6, 95n.5

1977   *C.G. Jung Speaking* (ed. McGuire/Hull) 55n.3

1979   *Jung: Word and Image* (ed. A. Jaffé) 64n.23, 156n.1

Obras completas de C.G. Jung

1. ESTUDOS PSIQUIÁTRICOS

Sobre a psicologia e patologia dos fenômenos chamados ocultos (1902)

Erros histéricos de leitura (1904)

Criptomnésia (1905)

Distimia maníaca – distúrbios de humor na mania (1903)

Um caso de estupor histérico em pessoa condenada à prisão (1902)

Sobre a simulação de distúrbio mental (1903)

Parecer médico sobre um caso de simulação de insanidade mental (1904)

Um terceiro e conclusivo parecer sobre dois pareceres psiquiátricos contraditórios (1906)

Sobre o diagnóstico psicológico de fatos (1905)

2. ESTUDOS EXPERIMENTAIS

I. Estudos diagnósticos de associações (1904-1907, 1910)

Investigações experimentais sobre associações de pessoas sadias (em coautoria com Franz Riklin)

Análise das associações de um epiléptico

O tempo de reação no experimento de associações

Observações experimentais sobre a faculdade da memória

Psicanálise e o experimento de associações

O diagnóstico psicológico da ocorrência

Associação, sonho e sintoma histérico

A importância psicopatológica do experimento de associações

Distúrbios de reprodução no experimento de associações

O método das associações

A constelação familiar

II. Pesquisas psicofísicas (1907-1908)

Sobre os epifenômenos psicofísicos no experimento de associações
Investigações psicofísicas com o galvanômetro e o pneumógrafo em pessoas normais e doentes mentais (em coautoria com Frederick Peterson)
Pesquisas adicionais sobre o fenômeno galvânico, pneumográfico e a respiração em pessoas normais e doentes mentais (em coautoria com Charles Ricksher)
Apêndice: Dados estatísticos de um recrutamento (1906); Novos aspectos da psicologia criminal (1908); Os métodos psicológicos de pesquisa utilizados na clínica psiquiátrica de Zurique (1910); Exposição sumária da teoria dos complexos ([1911] 1913); Sobre o diagnóstico psicológico da ocorrência (1937)

3. PSICOGÊNESE DAS DOENÇAS MENTAIS

A psicologia da *dementia praecox*: um ensaio (1907)
O conteúdo da psicose (1908/1914)
Crítica a E. Bleuler: sobre a teoria do negativismo esquizofrênico (1911)
A importância do inconsciente na psicopatologia (1914)
O problema da psicogênese nas doenças mentais (1919)
Doença mental e psique (1928)
A psicogênese da esquizofrenia (1939)
Novas considerações sobre a esquizofrenia (1957)
A esquizofrenia (1958)

4. FREUD E A PSICANÁLISE

A teoria de Freud sobre a histeria. Resposta à crítica de Aschaffenburg (1906)
A teoria freudiana da histeria (1908)
A análise dos sonhos (1909)
Contribuição à psicologia do boato (1910-1911)
Contribuição ao conhecimento dos sonhos com números (1910-1911)
Morton Prince M.D. "The Mechanism and Interpretation of Dreams" – Resenha crítica (1911)
A respeito da crítica à psicanálise (1910)
A respeito da psicanálise (1912)
Tentativa de apresentação da Teoria Psicanalítica (1913)
Aspectos gerais da psicanálise (1913)
Sobre a psicanálise (1913)

Questões atuais da psicoterapia: Correspondência entre C.G. Jung e R. Loÿ (1914)

Prefácios a "Collected Papers on Analytical Psychology" (1916, 1917)

A importância do pai no destino do indivíduo (1909/1949)

Introdução a "A psicanálise" de W.M. Kranefeldt (1930)

A divergência entre Freud e Jung (1929)

5. SÍMBOLOS DA TRANSFORMAÇÃO (1911-1912/1952)

6. TIPOS PSICOLÓGICOS (1921)

Anexos: A questão dos tipos psicológicos (1913); Tipos psicológicos (1925); Tipologia psicológica (1928); Tipologia psicológica (1936)

7. DOIS ESCRITOS SOBRE PSICOLOGIA ANALÍTICA

7/1. Psicologia do inconsciente (1917/1926/1943)

Apêndice: Novos caminhos da psicologia (1912)

7/2. O eu e o inconsciente (1928)

Apêndice: A estrutura do inconsciente (1916)

8. A DINÂMICA DO INCONSCIENTE

8/1. A energia psíquica (1928)

8/2. A natureza da psique

A função transcendente ([1916]/1957)

Considerações gerais sobre a teoria dos complexos (1934)

O significado da constituição e da herança para a psicologia (1929)

Determinantes psicológicas do comportamento humano (1937)

Instinto e inconsciente (1919)

A estrutura da alma (1927/1931)

Considerações teóricas sobre a natureza do psíquico (1947/1954)

Aspectos gerais da psicologia do sonho (1916/1948)

Da essência dos sonhos (1945/1948)

Os fundamentos psicológicos da crença nos espíritos (1920/1948)

Espírito e vida (1926)

O problema fundamental da psicologia contemporânea (1931)

Psicologia analítica e cosmovisão (1928/1931)

O real e o suprarreal (1933)

As etapas da vida humana (1930-1931)

A alma e a morte (1934)

8/3. Sincronicidade: Um princípio de conexões acausais (1952)

Apêndice: A sincronicidade (1951)

9/1. OS ARQUÉTIPOS E O INCONSCIENTE COLETIVO

Sobre os arquétipos do inconsciente coletivo (1934/1954)

O conceito de inconsciente coletivo (1936)

O arquétipo com referência especial ao conceito de anima (1936/1954)

Aspectos psicológicos do arquétipo materno (1938/1954)

Sobre o renascimento (1940/1950)

A psicologia do arquétipo da criança (1940)

Aspectos psicológicos da Core (1941)

A fenomenologia do espírito no conto de fadas (1945/1948)

A psicologia do "trickster" (1954)

Consciência, inconsciente e individuação (1939)

Estudo empírico do processo de individuação (1934/1950)

Simbolismo do mandala (1950)

Anexo: Mandalas (1955)

9/2. AION – ESTUDO SOBRE O SIMBOLISMO DO SI-MESMO (1951)

10. CIVILIZAÇÃO EM MUDANÇA

10/1. Presente e futuro (1957)

10/2. Aspectos do drama contemporâneo

Prefácio a "Ensaios sobre História Contemporânea" (1946)

Wotan (1936)

Depois da catástrofe (1945)

A luta com as sombras (1946)

Posfácio a "Ensaios sobre História contemporânea" (1946)

O significado da linha suíça no espectro europeu (1928)

A aurora de um novo mundo (1930)

Um novo livro de Keyserling: "A revolução mundial e a responsabilidade do espírito (1934)

10/3. Civilização em transição

Sobre o inconsciente (1918)

Alma e terra (1927/1931)

O homem arcaico (1931)

O problema psíquico do homem moderno (1928/1931)

O problema amoroso do estudante (1928)

A mulher na Europa (1927)

A importância da psicologia para a época atual (1933/1934)

A situação atual da psicoterapia (1934)

A consciência na visão psicológica (1958)

O bem e o mal na psicologia analítica (1959)

Prólogo aos "Estudos sobre a psicologia de C.G. Jung", de Toni Wolff (1959)

As complicações da psicologia americana (1930)

A Índia – um mundo de sonhos (1939)

O que a Índia nos pode ensinar (1939)

10/4. Um mito moderno sobre coisas vistas no céu (1958)

11. PSICOLOGIA E RELIGIÃO OCIDENTAL E ORIENTAL

11/1. Psicologia e religião (1938/1940)

11/2. A interpretação psicológica do Dogma da Trindade (1942/1948)

11/3. O símbolo da transformação na missa (1942/1954)

11/4. Resposta a Jó (1952)

11/5. Psicologia e religião oriental

Comentário psicológico sobre o Livro Tibetano da Grande Libertação (1939/1954)

Comentário psicológico ao Bardo Thödol (1935/1957)

A ioga e o Ocidente (1936)

Prefácio à obra de Suzuki: A grande libertação (1939)

Considerações em torno da Psicologia da Meditação Oriental (1943)

O Santo Hindu (Introdução à obra de H. Zimmer: O Caminho que Leva ao Si-Mesmo) (1944)

Prefácio ao *I Ging* (1950)

11/6. Escritos diversos

Escritos diversos do vol. 10: Prefácio (1933); Atualidades (1934); Carta circular (1934); Editorial (1935); Nota do editor (1935); Saudação ao oitavo congresso geral em Bad Nauheim (1935); Votum C.G. Jung (1935); Saudação ao nono congresso médico internacional de psicoterapia em Copenhague (1937); Saudação ao décimo congresso médico internacional de psicoterapia em Oxford (1938)

Escritos diversos do vol. 11: Prefácio ao livro de Victor White: Deus e o Inconsciente (1952); Prefácio ao livro de Z. Werblowsky: Lúcifer e Prometeu (1952); Bruder Klaus (1933); Relações entre a Psicoterapia e a Direção Espiritual (1932); Psicanálise e direção espiritual (1928/1929); Resposta a Martin Buber (1952)

12. PSICOLOGIA E ALQUIMIA
Introdução à problemática da psicologia religiosa da alquimia
Símbolos oníricos do processo de individuação (1936)
As ideias de salvação na alquimia (1937)
Epílogo

13. ESTUDOS ALQUÍMICOS
Comentário a "O segredo da flor de ouro" (1929)
As visões de Zósimo (1938/1954)
Paracelso, um fenômeno espiritual (1942)
O espírito Mercurius (1943/1948)
A árvore filosófica (1945/1954)

14/1. MYSTERIUM CONIUNCTIONIS (1955-1956)
Os componentes da coniunctio (união)
Os paradoxa
As personificações dos opostos
14/2. MYSTERIUM CONIUNCTIONIS
Rex e Regina
Adão e Eva
A conjunção
14/3. MYSTERIUM CONIUNCTIONIS
Aurora Consurgens:
Classificação do texto
O texto

15. O ESPÍRITO NA ARTE E NA CIÊNCIA
Paracelso (1929)
Paracelso, o médico (1941)
Sigmund Freud, um fenômeno histórico-cultural (1932)

Sigmund Freud (1939)

Em memória de Richard Wilhelm (1930)

Relação da psicologia analítica com a obra de arte poética (1922)

Psicologia e poesia (1930)

Ulisses: um monólogo (1932)

Picasso (1932)

16. PSICOTERAPIA

16/1. A prática da psicoterapia

Princípios básicos da prática da psicoterapia (1935)

O que é psicoterapia? (1935)

Alguns aspectos da psicoterapia moderna (1930)

Os objetivos da psicoterapia (1931)

Os problemas da psicoterapia moderna (1929)

Psicoterapia e visão de mundo (1942)

Medicina e psicoterapia (1945)

Psicoterapia e atualidade (1945)

Questões básicas da psicoterapia (1951)

16/2. Ab-reação, análise dos sonhos e transferência

O valor terapêutico da ab-reação (1921/1928)

A aplicação prática da análise dos sonhos (1934)

A psicologia da transferência (1946)

17. O DESENVOLVIMENTO DA PERSONALIDADE

Sobre os conflitos da alma infantil (1910/1946)

Introdução à obra de Frances G. Wickes "Análise da alma infantil" (1927/1931)

A importância da Psicologia Analítica para a educação (1928)

Psicologia Analítica e Educação (1926/1946)

O bem-dotado (1943)

A importância do inconsciente para a educação (1928)

Da formação da personalidade (1934)

O casamento como relacionamento psíquico (1925)

18. A VIDA SIMBÓLICA

18/1. A vida simbólica vol. 1:

Fundamentos da Psicologia Analítica (Tavistock Lectures)
Símbolos e interpretação dos sonhos
A vida simbólica (Seminário Guild of Pastoral Psychology)
Sobre o ocultismo
Psicogênese das doenças mentais
Freud e a psicanálise
18/2. A vida simbólica vol. 2:
Sobre o simbolismo (Relacionado ao vol. 5 da OC)
Dois escritos sobre psicologia analítica (Relacionado ao vol. 7 da OC)
A dinâmica do inconsciente (Relacionado ao vol. 8 da OC)
Os arquétipos e o inconsciente coletivo (Relacionado ao vol. 9 da OC)
A civilização em transição (Relacionado ao vol. 10 da OC)
Psicologia e religião (Relacionado ao vol. 11 da OC)
Estudos alquímicos (Relacionado aos vols. 12, 13 e 14 da OC)
O fenômeno do espírito na arte e na ciência (Relacionado ao vol. 15 da OC)
A prática da psicoterapia (Relacionado ao vol. 16 da OC)
O desenvolvimento da personalidade (Relacionado ao vol. 17 da OC)
Adendos

ÍNDICES GERAIS
Índice onomástico
Índice analítico

CARTAS de C.G. Jung
Volume I: Cartas de 1906-1945
Volume II: Cartas de 1946-1955
Volume III: Cartas de 1956-1961